D1983332

GOTTESDIENST PRAXIS SERIE A

Arbeitshilfen für die Gottesdienste
zu den Sonn- und Feiertagen
des Kirchenjahres

Herausgegeben von Horst Nitschke

Gütersloher Verlagshaus Gerd Mohn

GOTTESDIENST-PRAXIS

II. Perikopenreihe

Band 3: 4. Sonntag nach Trinitatis bis Ewigkeitssonntag

Gütersloher Verlagshaus Gerd Mohn

CIP-Titelaufnahme der Deutschen Bibliothek

Gottesdienstpraxis / hrsg. von Horst Nitschke. –
Gütersloh : Gütersloher Verl.-Haus Mohn.
Früher hrsg. von Erhard Domay u. Horst Nitschke
Ser. A, Arbeitshilfen für die Gottesdienste zu den Sonn- und Feiertagen des Kirchenjahres.
Perikopenreihe 2.
NE: Domay, Erhard [Hrsg.]; Nitschke, Horst [Hrsg.]; 1. Abt.

Bd. 3: 4. Sonntag nach Trinitatis bis Ewigkeitssonntag – 1992
ISBN 3-579-02875-8

ISBN 3-579-02875-8
© Gütersloher Verlagshaus Gerd Mohn, Gütersloh 1992

Das Werk einschließlich aller seiner Teile ist urheberrechtlich geschützt. Jede Verwertung außerhalb der engen Grenzen des Urheberrechtsgesetzes ist ohne Zustimmung des Verlages unzulässig und strafbar. Das gilt insbesondere für Vervielfältigungen, Übersetzungen, Mikroverfilmungen und die Einspeicherung und Verarbeitung in elektronischen Systemen.

Satz: Satz-Service-Berkemeier, Gütersloh
Druck und Bindung: Ebner Ulm
Umschlagentwurf: Franz Wöllzenmüller, Oberhaching
Umschlagbild: © Benedikt Werner Traut, 8677 Selbitz
Tröstliches Zeichen 1973, Farbholzschnitt 55 x 70 cm
Printed in Germany

Inhalt

4. Sonntag nach Trinitatis
Röm 14,10–13 (Kant) 7

5. Sonntag nach Trinitatis
1. Kor 1,18–25 (Puttkammer) 14

6. Sonntag nach Trinitatis
Röm 6,3–8(9-11) (Lipp) 19

7. Sonntag nach Trinitatis
Apg 2,41a.42–47 (Popke) 26

8. Sonntag nach Trinitatis
Eph 5,8b–14 (Lück) 37

9. Sonntag nach Trinitatis
Phil 3,7–14 (Seiß) 44

10. Sonntag nach Trinitatis
Röm 11,25–32 (Hardung) 51

Zum Gottesdienst am Israelsonntag (Storz) 56

11. Sonntag nach Trinitatis
Eph 2,4–10 (Daiber) 60

12. Sontag nach Trinitatis
Apg 9,1–9(10–20) (Beppler) 67

13. Sonntag nach Trinitatis
1. Joh 4,7–12 (Behrends) 77

14. Sonntag nach Trinitatis
Röm 8,12–13(14–17) (v. Stuckrad-Barre) 84

15. Sonntag nach Trinitatis
1. Petr 5,5c–11 (Eulenberger) 90

Erntedankfest
2. Kor 9,6–15 (Schad) 98

17. Sonntag nach Trinitatis
Röm 10,9–17 (Brezger) 106

18. Sonntag nach Trinitatis
Röm 14,17–19 (Alpermann) 114

19. Sonntag nach Trinitatis
Eph 4,22–32 (Günther) 121

Reformationsfest
Röm 3,21–28 (Bohlen) 127

20. Sonntag nach Trinitatis
1. Thess 4,1–8 (D. Zeilinger) 132

Drittletzter Sonntag im Kirchenjahr
Röm 14,1–9 (Siegel) 139

Vorletzter Sonntag im Kirchenjahr
Röm 8,18–23(24.25) (Schimpf) 147

Bußtag
Röm 2,1–11 (Theurich) 153

Gedenktag der Entschlafenen
1. Kor 15,35–38;42–44a (Schindehütte) 158

Der Toten gedenken. Morgenfeier (Zippert) 164

Letzter Sonntag des Kirchenjahres
Offb 21,1–7 (Reblin) 170

4. Sonntag nach Trinitatis

Predigttext: Römer 14,10–13

Simone und Hans-Jürgen Kant

Theologisch-homiletische Skizze

Ein verführerischer Text, zuallererst für die Predigerin, den Prediger selbst. Inmitten der Zerrissenheiten des Alltags, angesichts sich verhärtender Fronten in der Diskussion über den weiteren Weg unserer Kirche, herausgefordert durch unterschiedliche Frömmigkeitsstile in der Gemeinde kann er einem so richtig aus der Seele sprechen. Denn oberflächlich gelesen kommt er der eigenen Sehnsucht nach einem harmonischen, friedvollen, vielleicht konfliktfreien Miteinander entgegen. So könnte der Text den eiligen Ausleger dazu verführen, seine Lieblingsthemen munter (und ein bißchen oberflächlich) auf der Kanzel auszubreiten: Versucht einander zu verstehen, seid füreinander da, nehmt Rücksicht, übt euch in Toleranz, laßt euch von der geschwisterlichen Liebe ergreifen.

All dies ist immer richtig und notwendig, aber der Predigttext geht tiefer. Als Begründung dafür, daß unser Richten und Verachten fehl am Platze sind, führt Paulus Aussagen an, mit denen wir uns schwertun. Es sind Aussagen über das endzeitliche Gericht. Letztlich ist eben doch nicht alles möglich, letztlich wird eben doch entschieden zwischen richtig und falsch, gut und böse. Letztlich kann doch die Wahrheit und das Leben verfehlt werden.

Von daher wäre es unverantwortlich, Diskussionen, Konflikte, Ärgernisse, Gegensätze zu nivellieren durch das alles fassende »Mäntelchen der Liebe«. Nicht eine an Gleichgültigkeit grenzende Toleranz sollte uns bestimmen, sondern ein neuer, konstruktiver Umgang mit Kritik. Denn Auseinandersetzungen und Kritik können aufbauend sein, auch wenn wir es zu respektieren haben, daß selbst helfende Kritik ins Leere gehen kann. Mein Gegenüber ist schließlich nicht dazu auf der Welt, so zu werden, wie *ich* ihn mir vorstelle. Abzulehnen ist auf jeden Fall jegliche destruktive Kritik, jedes Ver-Urteilen und Hin-Richten. Wir sind nicht befugt, Mitmenschen zu »Unpersonen« zu degradieren; aber das muß wohl kaum noch gesagt werden.

Bewußt ist uns in der Beschäftigung mit dem Predigttext geworden, daß wir als PredigerInnen oft in der Versuchung stehen, uns zu neutralen Schiedsrichtern zu machen oder machen zu lassen. Dabei stehen wir ja (hoffentlich!) alle selbst mit einer eigenen Position im Gewoge der aktuellen Auseinandersetzungen (um Militärseelsorge, Religionsunterricht, Schwangerschaftsabbruch usw.). Genauso hat jeder von uns seine eigene Frömmigkeitspraxis, der möglicherweise andere Frömmigkeitsstile in der Gemeinde gegenüberstehen. Damit haben wir zu leben.

Paulus stellt nun nicht einfach ein Verbot des Richtens auf. Er will vielmehr, daß wir bei unserem Handeln und Reden den anderen im Blick behalten (Vers 13) und daß wir vor aller Kritik kritisch mit uns selbst ins Gericht gehen. Der Evangelientext des Sonntags macht dies mit einem drastischen Beispiel deutlich. Da ist vom Splitter und Balken die Rede. Im Idealfall, und das Christentum lebt von derartigen Zielvorstellungen, richtet keiner mehr einen anderen, nicht nur, weil jeder mit seinen eigenen Fehlern und Unzulänglichkeiten beschäftigt ist, sondern weil wir alle miteinander überlegen, wie wir heute zu leben haben, um die Zukunft zu gewinnen, oder mit anderen Worten: um im Gericht bestehen zu können.

Vorschläge zur Liturgie

Psalm 57
(in der Übertragung von G. Schille, EVA 1979)

Am Morgen zu singen
Mein Herz ist bereit, Herr,
mein Herz ist bereit,
daß ich singe und lobe.
Wacht auf, meine Lippen,
wache auf, mein kleines Lied,
ich will das Morgenrot wecken!

Abends rief ich: Sei mir gnädig,
sei mir gnädig, mein Gott;
dir vertraue ich mein Leben an.
Unter dem Schatten deiner Flügel
habe ich Zuflucht vor jedem Unglück,
vor dem Unglück, das mich verfolgt.

Herr, ich will dir danken
vor der versammelten Gemeinde,
dich loben vor den Leuten.
Denn deine Güte reicht,
so weit sich das All erstreckt,
deine Treue, so weit die Wolken ziehen.

Ich rufe zu Gott, dem Nächsten.
Er wird meine Sache
zum guten Ende führen,
dem wehren, der mir nachstellt.
Der die Falle stellt,
wird selbst in diese treten.

Kollektengebet
Gott, du bist voll Barmherzigkeit und Liebe,
wie Jesus es uns gezeigt hat.
Hilf uns, daß auch wir barmherzig sind,
nicht kleinlich und engstirnig,
nicht verletzend durch hartes Urteil.
Gib, daß wir andere verstehen lernen,
sie aufrichten und miteinander Wege zum Frieden finden. Amen.
(Vorentwurf der Erneuerten Agende)

Fürbittengebet
Gott, du gehst weit mit deiner Güte.
Bringst uns über uns selbst hinaus.
Wir möchten großzügig werden in unserem Urteil über andere,
auch wenn wir uns ärgern und wehren müssen.
Wir spüren, wie gut es tut,
wenn wir in Schutz genommen und aufgerichtet werden.
Bring uns dahin, selber hilfreich und gütig zu werden.

Wir beten für die Menschen,
deren tägliche Pflicht es ist, sich von anderen ein Bild zu machen,
die Urteile finden oder fällen müssen,
über Bewerbungen entscheiden, Zeugnisse schreiben,
Personalakten führen,
daß sie dabei gütig bleiben und die anderen wohlwollend begutachten.

Wir denken an uns selbst und an die Menschen,
die wir verurteilen, die wir abwerten, unter dem Strich finden.
An uns selbst spüren wir,
wie Urteile verletzen und vernichten können.
Trotz aller Kritik: Den anderen als Menschen zu achten,
das möchten wir lernen, das möchten wir erleben,
bei uns selbst und von anderen.

Gib uns das Vermögen,
mit unseren Worten andere aufzurichten
und hilfreich zu sein in dem, was wir tun.
Laß uns barmherzig sein in unseren Urteilen über andere
und ehrlich mit unseren eigenen Schwächen leben.

Gott, deiner Einladung wollen wir glauben,
auf dein Reich hin möchten wir leben. Amen.
(Agende I der Ev. Kirche von Kurhessen-Waldeck, 1985)

Wo *zwei Lesungen* im Gottesdienst üblich sind, schlagen wir vor, anstelle der Epistellesung, die ja dann noch als Predigttext kommt, die *alttl. Lesung* für den Sonntag, 1. Mose 50,15–21, zu verwenden.

Lieder
»Gott des Himmels und der Erden«, EKG 345, 1–2+5
»Unsere Zeit in Gottes Händen«
EKG 112,5 als Credostrophe
als Lied nach der Predigt: »Wohl denen, die da wandeln«, EKG 190, oder
»Das sollt ihr, Jesu Jünger, nie vergessen«, 159
»Verleih uns Frieden gnädiglich«, 139

Vorschläge zur Predigt

Hinführung

Liebe Gemeinde! »Kein Wunder, daß Herr N. zum Alkoholiker geworden ist. Bei *der* Frau! ...« Solche Sätze sind uns nicht unbekannt. Vielleicht haben wir so etwas noch nicht selbst ausgesprochen, aber sicher schon gehört. So ein Gedanke, erst einmal in Umlauf gebracht, macht schnell die Runde. Alle bedauern den Mann wegen seiner furchtbaren Frau, denn sonst hätte er ja nicht angefangen zu trinken.

Den meisten Menschen geht es so, daß sie sich sehr schnell eine Meinung über andere Menschen bilden und dann darauf beharren. Auch Paulus weiß davon zu berichten. Ihn belastet es sehr, daß sogar Christen harte Urteile übereinander fällen. So schreibt er mahnend nach Rom:

Predigttext

Der letzte Satz klingt mir noch in den Ohren: Wir sollen niemandem einen Anstoß oder ein Ärgernis bereiten. Sollen wir also mit unserer Meinung hinter dem Berg halten? Sollen wir uns immer vorsehen, daß wir nirgendwo in ein Fettnäpfchen treten? Nur immer Rücksicht nehmen? Ich erinnere mich an meine Kindheit. Der Vater saß in seinem Arbeitszimmer am Schreibtisch. Wenn wir Kinder beim Spielen hin und wieder lauter wurden, kam oft meine Mutter und sagte vorwurfsvoll: Seid doch mal ein bißchen ruhig, Vati arbeitet.

Will uns Paulus auch entmündigen? Ich kann nicht glauben, daß Gott von mir will, daß ich mich widerspruchslos den Ansprüchen und Bedürfnissen anderer unterordne. Ich denke, Gott will mich und braucht mich als selbstbewußten Menschen mit einer eigenen Meinung, der nicht alles widerspruchslos hinnimmt. Wir Menschen kämen keinen Schritt weiter und würden einander wohl auch etwas schuldig bleiben, würden wir nicht über unsere Ansichten streiten. Vielleicht ist das, was Paulus meint, wohl dies: Du sollst deine Meinung sagen, aber höre auch auf die des anderen. Denke über dich selbst nach, wenn du plötzlich merkst – vielleicht mitten in einem Gespräch –, daß du den anderen eigentlich nur ärgern willst. Halte ein, wo du einem vermeintlichen Feind mit Berechnung wehtun oder ihn erniedrigen willst. Vielleicht besteht die frohe Botschaft des heutigen Predigttextes darin: Hab Mut zu verblüffenden Pointen und laß dich nicht durch vorgegebene Zwangsläufigkeiten fesseln.

Zum weiteren Verlauf

Im folgenden ist darüber nachzudenken, was Paulus mit dem Begriff »Richten« meint. Dabei ist der Aspekt des endzeitlichen Gerichtes, durch das unser Richten relativiert bzw. ausgeschlossen wird, auszuführen. Denn Paulus hat mit »Richten« ein nicht umkehrbares Ver-Urteilen und ggf. Hin-Richten vor Augen. Freilich gibt es auch nach jeder Verurteilung die Möglichkeit eines Gnadenaktes: Der Verurteilte kommt frei. All dies jedoch ist Gott zu überlassen.

Wie kommt es, daß wir Menschen so schnell ins Beurteilen und Richten verfallen? Es hängt mit dem Wunsch zusammen, sich die Welt möglichst einfach zu erklären. Ein Schubladendenken ist ein gutes Mittel dafür. Freilich, wer richtet, der rechnet nicht damit, selbst in eine Situation zu kommen, da über ihn »zu Gericht gesessen« wird. Und manchmal kann dieses Richten auch eine »Flucht nach vorn« sein: Das Schaffen von Feindbildern fördert für eine gewisse Zeit den Zusammenhalt der eigenen Gruppe.

Mögliche Fortsetzung
Paulus sagt: »So wird nun ein jeglicher für sich selbst Gott Rechenschaft geben.« Was nützt es Herrn N., wenn seine Frau verurteilt wird? Es könnte ihm Genugtuung bereiten, wenn er sie ohnehin haßt. Seiner Ehe hilft das aber nicht weiter. Seiner Krankheit ebensowenig. Und seiner Frau auch nicht. Im Gegenteil: Es beginnt oder wird fortgesetzt, was wir »Teufelskreis« nennen. Die Frau wird sich eingeengt fühlen. Sie verliert jegliches Vertrauen, von ihren objektiven und subjektiven Schwierigkeiten zu sprechen. Ihre Mitbewohner im Dorf glauben ihr ja doch nicht. Herr N. wird sich in seinem Alkoholismus bestätigt fühlen. Der Weg aus der Abhängigkeit wird zunehmend schmaler. Das Bewußtsein, selbst mitverantwortlich zu sein, wird noch mehr verschüttet. Denen, die gerichtet haben, bringt das die Genugtuung: Ha, wir hatten doch mal wieder recht.
Paulus fordert unsere Zivilcourage. Wird sich einer finden, der sich selbst ins Gerede der Leute bringt und hingeht und fragt: Was ist los mit euch? Kann ich euch helfen?

Möglicher Schluß
Paulus will, daß unser Miteinander gelingt. Dazu hilft uns weder das Nicht-Hören, Nicht-Sehen, Nicht-Reden wie in der bekannten Plastik der drei Affen weiter. Auch nicht ein Alles-Hören, Alles-Sehen, Alles-(Zer)-Reden. Ein verantwortliches Miteinander zeigt sich vielmehr dort, wo es den Mut gibt, Zwangsläufigkeiten, Teufelskreise zu durchstoßen. Auch dort zeigt es sich, wo Konflikte ehrlich ausgesprochen, Kritik zugelassen und sachlich diskutiert wird. Allerdings merke ich, daß ich an Grenzen gerate, wenn es um Rassenhaß, Ausländerfeindlichkeit, Verunglimpfung gesellschaftlicher Randgruppen, Gewaltverherrlichung geht. Ob ich es schaffe, in solchen Situationen zwischen der Person und der Sache zu trennen? Oder wird mein Urteil in der Sache dazu führen, den Vertreter einer solchen Einstellung zu verurteilen, ohne in ihm den Menschen wahrzunehmen? Ich bin mir nicht sicher. Gott helfe uns, verantwortlich zu reden und zu schweigen! Amen.

Ein Alternativvorschlag
Der ganze Predigttext könnte auch auf dem Hintergrund des Zusammenwachsens der beiden ehemaligen deutschen Staaten gelesen werden. Es ist

manchmal erschreckend, wie stark die Vorurteile über die jeweils andere Seite verhärtet sind. Die Ostdeutschen, die über Jahrzehnte geschludert und gefaulenzt haben, kein Verständnis für wirtschaftliche Fragen und Notwendigkeiten zeigen und letztlich schuld sind an ihrer Misere. Die Westdeutschen, die sowieso alles besser wissen, die nicht teilen wollen und denen die Mauer wieder sehr lieb wäre. Weitere Vorurteile könnte man leicht anfügen. Dabei gerät in Vergessenheit, daß tatsächlich beide Seiten ihr je eigenes in die neue Gemeinschaft mit einzubringen haben. Daß dies zum Teil auch zum Gewinn des anderen ist, gerät leicht in Vergessenheit. Und wenn auch der Ärger über die jeweils anderen Deutschen zuzeiten berechtigt ist, so darf er doch nicht umschlagen in Haß, in neue Mauern und Gräben. Auch hier also wäre der Predigttext hilfreich mit seiner Ermutigung zu Offenheit, Hilfe und konstruktiver Kritik.

Kontexte

Es ist bemerkenswert, daß wir gerade von dem Menschen, den wir lieben, am wenigsten aussagen können, wie er sei. Wir lieben ihn einfach. Eben darin besteht ja die Liebe, das Wunderbare an der Liebe, daß sie uns in der Schwebe des Lebendigen hält, in der Bereitschaft, einem Menschen zu folgen in allen seinen möglichen Entfaltungen ... Die Liebe befreit aus jeglichem Bildnis. Das ist das Erregende, das Abenteuerliche, das eigentlich Spannende, daß wir mit den Menschen, die wir lieben, nicht fertigwerden: weil wir sie lieben; solange wir sie lieben.
(Max Frisch, Tagebücher 1946–49, vgl. dort auch die Kurznovelle »Der andorranische Jude«)

Ich glaube, daß wir die Ansprüche, die wir an den anderen stellen, nicht herunterschrauben könnten, selbst wenn wir es wollten. Denn nicht wir selbst stellen sie. Die Ansprüche sind eigenmächtig, weil wir sind, wie wir sind.
(Leonhard Frank, Michaels Rückkehr)

jesus
wir horchen miteinander
was wir sprechen
wir sprechen miteinander
was wir hoffen
wir hoffen miteinander
was du versprichst
wir verstehen dich
wenn wir einen von uns
verstehen

(E. Eggimann, Jesus-Texte, 1972)

Wir dürfen uns nicht länger vor unseren Feinden schützen. Wir werden sie vor uns schützen. Das ist das Geheimnis eines dauernden Friedens.
(Bernhard Benson, Das Buch vom Frieden)

Wenn wir einen Menschen hassen, so hassen wir in seinem Bilde etwas, was in uns selber ist. Was nicht in uns selber ist, das regt uns nicht auf.
(H. Hesse, Demian)

2. Unsere Zeit in Gottes Händen. / Leben heißt das Böse wenden
und die Schöpfung zu bewahren, / jeden Tag in allen Jahren.
3. Unsere Zeit in Gottes Händen. / Gottes Liebe wird nicht enden
bleibt bei uns, wird uns begleiten, / jeden Tag in schweren Zeiten.
4. Unsere Zeit in Gottes Händen. / Leben heißt das Böse wenden
und auch gegen Dunkelheiten, / jeden Tag das Licht verbreiten.
5. Unsere Zeit in Gottes Händen. / Leben heißt das Böse wenden
und den Menschen zu vertrauen, / jeden Tag am Frieden bauen.
6. Unsere Zeit in Gottes Händen. / Gottes Liebe wird nicht enden
in der Freude, in den Sorgen, / jeden Tag sind wir geborgen.
7. Unsere Zeit in Gottes Händen. / Leben heißt das Böse wenden,
jeden Tag ein Zeichen geben, / unsere Zeit ist unser Leben.

Paralipomena

Die Geschichte von Paul. Kurz erzählt

Paul, Lehrer
seit zwanzig Jahren.
Einer, bei dem
die Schüler was lernen.
Einer, der
Fehler zugeben kann und über sich lachen.
Einer, der es sich und ihnen nicht leichtmacht.
Die Schüler mögen ihn.
Sie vertrauen ihm
auch noch nach jenem Tag,
als es durchsickerte.
Na, Sie wissen schon, oder wissen Sie
nicht, bei welcher Firma
ER
vor der Wende
auch noch war …

Zur Rede gestellt hat er
nichts geleugnet. Leider,
heißt es in seiner Akte, ist
er
so nicht mehr zu halten.

5. Sonntag nach Trinitatis

Predigttext: 1. Korinther 1,18–25

Joachim Puttkammer

Theologisch-homiletische Skizze

Die Gemeinden, mit denen ich bisher als Pfarrer zu tun hatte, litten sämtlich an zwei Problemen, die hier angesprochen werden:

a) die Frage nach der Weisheit,

b) die Frage nach dem Ansehen der Christengemeinde.

a) Der antikirchliche Schulunterricht und die gesamte Propaganda in der damaligen DDR versuchte ein Bild vom Glauben zu suggerieren, das sich den inzwischen Erwachsenen eingeprägt hat: Glauben bedeutet Nichtwissen, Nichtwissen ist Dummheit, Dummheit ist gefährlich und muß bekämpft werden. Ich habe zwanzig Jahre lang Christenlehre gegeben und bei Eltern und Kindern dieses Denken festgestellt. Es kam also darauf an, den Menschen Selbstbewußtsein zu geben. Wenn Schüler ihren Lehrern etwa Hilfestellung zum rechten Verständnis der Schöpfungsgeschichte gaben, war das für sie sehr wichtig. Das Denken, man müsse klug und weise im Sinne einer Schulgelehrsamkeit sein, scheint sich durch alle Zeiten zu ziehen. Nicht ohne Grund ließen sich viele Pfarrer auf den Porträts in den Kirchen mit vielen Büchern abbilden, oft mit denen, die sie als Autoren und damit als kluge Männer ausweisen.

b) Da die Menschen, die sich klar zu ihrer Kirche bekannten, in den vergangenen Jahren keine Schlüsselpositionen in Politik und Wirtschaft bekamen, oft auch betimmte Berufe wie Lehrer oder Dolmetscher kaum ausüben durften, haben viele Christen eine Art Minderwertigkeitskomplex bekommen. In einer Wechselbeziehung wurden die Gemeinden sehr klein und die Zahlen der Gottesdienstbesucher noch geringer. Dorfpastoren standen zuweilen in völlig leeren Gottesdiensträumen. Zur Zeit der Friedensgebete hatten engagierte Christen die Hoffnung, nun werde es wieder besser in der Kirche. Aber bisher jedenfalls war das ein Irrtum. Ein Kollege hier sagte: »Nun sind wir wieder wer.« Aber in den Gemeinden ist da nichts zu spüren.

Aus diesen Gefühlen, mögen sie begründet sein oder nicht, erzogen oder von allein entstanden, verstehe ich diesen Abschnitt.

Da lebt also in dieser prachtvollen und weltoffenen Stadt Korinth eine kleine christliche Gemeinde neben den großen Weltreligionen, die mit ihren herrlichen Gebäuden und gewaltigen Umzügen ihr Ansehen und ihren Einfluß demonstrieren. Ich will keinem Christen in Korinth unterstellen, daß er sich allzusehr von dem Gehabe dieser Gruppierungen beeindrucken ließ, immerhin ist er ja Christ geworden. Aber jeder, der ernsthaft Christ ist, wird sich Gedanken machen, was er tun kann, um seinen Beitrag zur Ausbreitung des Evangeliums zu leisten. Rezepte dafür hat es zu allen Zeiten gegeben. Die Areopagrede des Paulus unterscheidet sich sehr deutlich von der Pfingstpredigt des Petrus. Und Stephanus argumentiert anders als Philippus – schon, weil da andere Ansprechpartner sind. Beim Streit in Korinth sehe ich – zunächst jedenfalls – keine Machtkämpfe, sondern eine kontrovers geführte Diskussion um das Bemühen, mehr Menschen als bisher mit der christlichen Botschaft zu erreichen.

Und ablesbare Rezepte sind hier:
1. Zeichen (die Juden),
2. Weisheit (die Griechen),
1. Die Zeichenforderung war wohl immer da. Jesus wehrt sie zuweilen ab und sagt, lediglich das Zeichen des Jona, also seine Auferstehung, werde den Menschen gegeben. Mit seinen Heilungen und Totenerweckungen gab er aber Zeichen. Nur zeigte sich dann oft, daß die unbestrittene Handlung anders gedeutet wurde: »Er treibt die bösen Geister aus mit Beelzebub, dem Obersten der Teufel.« Zeichen ohne Glauben haben also keine Bedeutung. In der Literatur ist eins der schönsten Beispiele »Das Wunder des Malachias« von Bruce Marshall. Als die Jünger den auferstandenen Jesus sahen, glaubten sie einem Geist zu begegnen, und noch zu Himmelfahrt zweifelten einige.
2. Die Weisheit wurde zu allen Zeiten gewünscht, auch um die Botschaft jedermann einsichtig zu vermitteln. In Gemeinschaftskreisen spricht man von »vollmächtig«: lauttönend, wohllautend, begeistert und begeisternd. Bei den Korinthern vertrat Apollos wohl diese Richtung. Wenn heute in manchen Landeskirchen nur promovierte Theologen Superintendenten oder Konsistorialräte werden können, wenn gern Theologieprofessoren zu Bischöfen gemacht werden, hat das sicher etwas mit unserem Thema zu tun.

Dagegen stellt Paulus den gekreuzigten Christus. Er ist Ärgernis und Torheit. Mich überrascht es zunächst bei den Juden; denn auch sie wissen von der Notwendigkeit und Kraft des Leidens und Sterbens, etwa in Jes 53 oder in den Prophetenbüchern. Auch andere Religionen jener Zeit wie der Isis- und Osiriskult beziehen Leid, Tod und Auferstehung in ihr Denken ein. Grundsätzlich dürfte die Botschaft vom Kreuz also den Menschen jener Zeit durchaus einsichtig gewesen sein. Wie sonst hätten überhaupt neue Glieder zur Gemeinde gefunden.

Es ist mir nur so verständlich, daß die ersten Christen mehr die *Überwindung* des Kreuzes und Leides betonten als das Kreuz und Leid selbst. Immerhin wurde das Kreuz ja erst Symbol der Kirche, als es den Kreuzestod nicht mehr gab; davor gab es etwa den Fisch oder Jesus als guten Hirten. Die Gemeinde feierte zuerst den Auferstehungstag. Sie feierte den Sieg über den Tod. Folgerichtig betonen vor allem die orthodoxe, aber auch die römisch-katholische Kirche die ecclesia triumphans. Der Leidende bekommt die Zusage, daß ihm Christus hilft, das Leid zu überwinden. Dem Sterbenden wird die Auferstehung zugesprochen. So wird das Kreuz vergoldet. Wer sich noch an die Selbstverbrennung von Pfarrer Brüsewitz erinnert: Brüsewitz stellte die ecclesia triumphans gegen den totalen Machtanspruch des Staates. Als ihm seine Kirchenleitung sagte, wir hätten eine ecclesia crucis zu sein, übergoß er sich mit Benzin und starb, nach seiner Überzeugung als Blutzeuge.

Vorschläge zur Liturgie

Eingangsgebet mit Sündenbekenntnis und Gnadenzusage

Lieber Vater im Himmel, wir danken dir, daß du immer neu Menschen in deine Gemeinschaft genommen und sie über Höhen und Tiefen geführt hast. Wir wissen um unsere eigene Unzulänglichkeit, wo wir uns nicht zu unserem Christsein bekannt oder wo wir als Vorbild versagt haben. Wir wissen um unsere Mutlosigkeit. Wir bitten dich: Vergib, wo wir versagt

haben, rücke zurecht, wo etwas nicht richtig war, was wir sagten oder taten. Und gib uns Kraft und Hoffnung und Zuversicht für unseren Glauben. Durch unsern Herrn Jesus Christus, der mit dir und dem Heiligen Geist lebt und regiert von Ewigkeit zu Ewigkeit.
Der allmächtige Gott bleibe auch in Zukunft bei uns. Er helfe uns in unserem Leben und Glauben und halte seine Kirche auf dem rechten Weg. Barmherzig und gnädig ist der Herr, geduldig und von großer Güte.

Für das *Fürbitten- und Allgemeine Kirchengebet* sollte eine Vorbereitungsgruppe überlegen, welche Meinungsverschiedenheiten, welche Spannungen, welchen Streit es in der Gemeinde gibt. Das Thema dieses Sonntags fordert geradezu dazu auf. Wenn diese Dinge benannt sind, kann ein Gebet formuliert werden.

Vorschläge zur Predigt

Jeder von uns ist auf einem ganz besonderen Weg zur Gemeinde gekommen. Der eine wurde in einem christlichen Elternhaus groß, und mit dem Einfluß von Eltern, Paten, Katecheten und Pastoren wuchs auch sein Glaube. Andere kamen als junge Menschen vom Glauben ab; erst später, als sie getraut werden wollten oder ihre Kinder zur Taufe anmeldeten, nahmen sie wieder Verbindung mit einer Gemeinde auf. Wieder andere kamen durch Freunde dazu, ließen sich als Erwachsene taufen oder konfirmieren und fanden dann einen Platz in der Gemeinde. Jeder von Ihnen könnte jetzt seine ganz persönliche Glaubensgeschichte erzählen. Dann würde deutlich, wie groß die Vielfalt unseres Lebens in der Kirche ist. Darüber dürfen wir froh und dankbar sein, auch wenn es immer wieder einmal schwierig ist in unserem Leben. Auch Paulus stellte an den Anfang jedes Briefes Lob und Dank, daß da eine Gemeinde lebt, auch wenn sie – wie in Korinth – problematisch ist.
Aber was hält uns in der Gemeinde? Was hält uns zusammen? Paulus verweist auf den Mittelpunkt unseres Glaubens, der in jeder Kirche deutlich ist, in jedem Gottesdienst, in jeder Amtshandlung klar wird, wenn das Kreuz über uns geschlagen wird.
Das Kreuz ist die Kraft Gottes an uns allen.
1. Es hilft uns, Gottes Wege recht zu erkennen.
2. Es rettet uns, wenn wir verzweifeln möchten.
3. Es ist weiser als alle menschliche Klugheit.

1. In meinem Leben machte ich die Erfahrung: Wenn es den Menschen gut geht, meinen sie Gott nicht zu brauchen. Geht es ihnen schlecht, strecken sie ihre Hände nach Hilfe aus. Und wie groß ist das Leid der Menschen! Jeder von uns könnte jetzt von *seinem* Leid erzählen, das er bei Gelegenheit

ausspricht oder zu verdrängen sucht. Wie oft fragen Leidende: »Warum gerade ich? Bin ich schlechter als andere, daß Gott mich so hart bestraft?« Und wir können meist darauf nicht zufriedenstellend antworten. Als Strafe will es niemand deuten. Die wenigsten verstehen es als Prüfung. Auch Hiob verstand nicht, was Gott ihm zufügte. Es ist schon ein fester Glaube, wenn jemand im Leid dem Herrn vertraut, daß er weiß, daß der Leidensweg zu einem guten Ziel führt.
(Beispiel 1 – ein authentischer Bericht)
Solch ein Glaube führt zum Lobpreis. Aber nicht einmal das erleben andere. Paulus erzählt dafür das beste Beispiel. Ihm genügt es, daß der Herr sagte: »Laß dir an meiner Gnade genügen; denn meine Kraft ist in den Schwachen mächtig.«
Gottes Wege recht zu erkennen, vor allem im Leid, das geht nur durch Vertrauen zu ihm. Eine andere Möglichkeit kenne ich nicht. Dagegen sträubt sich unser Stolz, unsere Kraft, unser Selbstbewußtsein oder wie wir es nennen wollen. So wie der Patient seinem Arzt zutrauen muß, daß die Diagnose stimmt und die entsprechenden Maßnahmen richtig sind, so will es Gott. Das Kreuz stärkt damit unseren Glauben an den, der uns helfen kann – oder wir zerbrechen am Leid dieser Welt.
2. Wie im Leid Menschen verzweifeln, wissen wir (auch) aus der Bibel: Psalmen oder das Hiobbuch formulieren diese Verzweiflung, auch der große Elia: »Es ist genug, so nimm nun, Herr, meine Seele; ich bin nicht besser als meine Väter« (1. Könige 19,4). Viele von uns kennen Menschen, die so verzweifelt waren, daß sie sich selbst umbrachten. Die Zahl der Suizidgefährdeten ist sehr viel höher, als die meisten von uns meinen. Das bedeutet auch: Die Zahl der Verzweifelten ist sehr viel höher. Da erscheint es als Zumutung zu sagen: Er rettet uns aus unserer Verzweiflung. Worauf begründen wir das? Ich meine, es sind die Erfahrungen und Zeugnisse der Menschen vor und neben uns. Und da ist auch unser persönliches Zeugnis gefragt. Eine andere Möglichkeit sehe ich nicht, wollen wir nicht im Theoretischen steckenbleiben.
Allerdings stellen wir auch fest: Er hilft zuweilen anders, als wir es uns vorstellten. In diesem Anders-Helfen erkennen wir oft nicht die Hilfe, die wir erwarteten. Hier liegt ein Problem, das wir im Blick behalten müssen. Da helfen Zeugnisse von Menschen, die das erkannt haben. Eins der eindrucksvollsten war für mich das Buch »Um Füße bat ich, und er gab mir Flügel«.
3. Diese Weisheit besteht im Vertrauen. So wie Jesus im Garten Gethsemane betete, wenn es möglich sei, solle der Kelch von ihm genommen werden – dann aber anfügte »nicht wie ich will, sondern wie du willst«, so sind wir zum Vertrauen gegen manchen Augenschein gerufen. Uns wird sehr deutlich gemacht, wie ohnmächtig wir oft sind. Unser Selbstbewußtsein wird sehr oft zerschlagen. Wie weit es die menschliche Klugheit gebracht hat, erleben wir täglich in unserer bedrohten Welt. Diese Erfahrungen

befähigen uns, die Hände nach dem Herrn auszustrecken, wie es der sinkende Petrus tat, als sein Selbstvertrauen mit der Welle fortgespült wurde. Menschliche Klugheit: Allen Gewalten zum Trutz sich erhalten, nimmer sich beugen, kräftig sich zeigen, rufet die Arme der Götter herbei! (Goethe) Göttliche Weisheit: Wissen um Fehler und Schwächen, Bitte um Hilfe. Daraus ergibt sich das Wissen um eine Gemeinde der Schwachen, Angefochtenen, Hilfsbedürftigen. Christen leben davon, daß ihnen andere helfen, deshalb helfen sie denen, die in Not sind.
Paulus kämpft für eine Gemeinde, die um ihre Schwachheit weiß, die auch weiß, daß es unterschiedliche Wege zu Jesus gibt, die aber im Wissen um diesen Herrn mit ihren Meinungsverschiedenheiten fertig wird. Dann kann es zum Dank kommen, der am Anfang jedes Briefes steht, den er schreibt. Dieser Dank würde sicher auch vieles Resignative in unseren Gemeinden zum Guten verändern.

Kontexte

In der Kirche bedient Beigang den Blasebalg der Orgel. Da ist ein Hebel, den man bequem mit der Hand hinunterdrücken und heraufziehen kann. Ein kleiner Pegel zeigt an, wieviel Luft im Blasebalg ist. Pumpt man zu hastig, dann zischt die Orgel sehr unangenehm, ist man zu lässig, dann scheint das Instrument in seinen letzten Zügen zu liegen. Es kommt also darauf an, ganz gleichmäßig den Balg zu pumpen. Und das versteht Beigang sehr gut. Er läßt es sich auch mit zunehmendem Alter nicht nehmen, diesen Dienst zu tun; denn zur Kirchenmusik hat er ein besonders liebevolles Verhältnis. Das kam auch von der Flucht her. Damals war das ganze Dorf im Treck unterwegs gewesen. Das Wetter kalt wie im November, ein leiser Nieselregen drang durch und durch. Die Kinder weinten, sie hatten Hunger. Eines Abends kam man an eine große Feldscheune; dort war es wenigstens trocken. Doch da kam ein Trupp sowjetischer Soldaten herangezogen. Die Flüchtlinge schlossen sich in der Scheune ein, verrammelten die beiden Flügel des Scheunentores und setzten die Holzbalken ein. Die Rotarmisten mußten glauben, sie hätten es mit einer versprengten Gruppe deutscher Soldaten zu tun, und schossen in das Holz des Tores. Die Leute in der Scheune waren am Ende ihrer Kraft. Da stellte sich der greise Dorflehrer auf eine Kiste und begann mit Tränen in den Augen und zitternder Stimme das Lied »Harre, meine Seele, harre des Herrn« zu singen, beide Verse, und nach und nach stimmten alle Erwachsenen mit ein, und die Kinder wurden ruhig. Noch während der letzten Zeilen öffneten die Männer wieder die beiden Torflügel. Nun mochte geschehen, was da wolle! Doch nun war die Situation verändert: Die Soldaten draußen drohten nicht mehr mit ihren Waffen, sondern wiesen die Flüchtlinge sehr freundlich darauf hin, daß in der Nähe ein verlassenes Dorf sei, in dem es genug Holz gab, um ein Feuer zu machen. Sie würden aufpassen, daß ihnen nichts Böses geschehe. Und so zog der Treck in das verlassene Dorf, heizte, trocknete die nasse Kleidung, wärmte die letzte Milch für die Kinder und bereitete ein warmes Essen. Sie schliefen unruhig in dieser Nacht wie immer in dieser Zeit, aber am nächsten Morgen, als sie sich wieder auf den Weg machten, da waren sie wunderbar getröstet. Und jedesmal, wenn Beigang dieses Lied hört, denkt er an das Geschehen damals in der Feldscheune.
Aus »Dorfchronik« von Joachim Puttkammer, Evangelische Verlagsanstalt Berlin 1984

6. Sonntag nach Trinitatis

Predigttext: Römer 6,3–8(9–11)

Wolfgang Lipp

Theologisch-homiletische Skizze

Eine Akademikergruppe hat mich eingeladen. Sie fragt nach Freiheit und Unfreiheit. Am ersten Abend referiert ein Biogenetiker, am zweiten ein Psychoanalytiker. Über diesbezügliche Unfreiheiten wird eifrig gesprochen. Schließlich soll ich »de servo arbitrio« verständlich machen. Diese Unfreiheit wird abgelehnt.
Am darauf folgenden Sonntag habe ich Gottesdienst mit Taufe. Als Predigttext soll Röm 6 genommen werden. Ich predige nicht den Text, sondern mit Hilfe des Textes. Es soll eine besinnliche Predigt werden. Der unfreie Wille beschäftigt mich noch. Wie ich vermutete, sitzt die Akademikergruppe vollständig da.
Der 6. Sonntag nach Trinitatis ist der Taufe gewidmet (siehe die anderen Perikopen); am besten eine Taufe, sonst Elemente eines Tauferinnerungsgottesdienstes sollten einbezogen werden.

Vorschläge zur Liturgie

Eingangsvotum
Im Namen ... Hinweis auf Taufe oder Tauferinnerung. Gruß mit Jes 43,1 (Wochenspruch). Wochenpsalm 139, bei Taufe auch Psalm 8.

Lieder
Auf jeden Fall Wochenlied EKG 152; aus Cantate Domino (ökumen. Liederbuch): Nr. 2 »Gott, Zuflucht der Vergangenheit«; Nr. 29 »Gott der Herrlichkeit und Gnade«; Nr. 73 »Wir sind nicht irgendwer«. Von Dieter Trautwein »Wir danken, Herr, daß du uns kennst«.

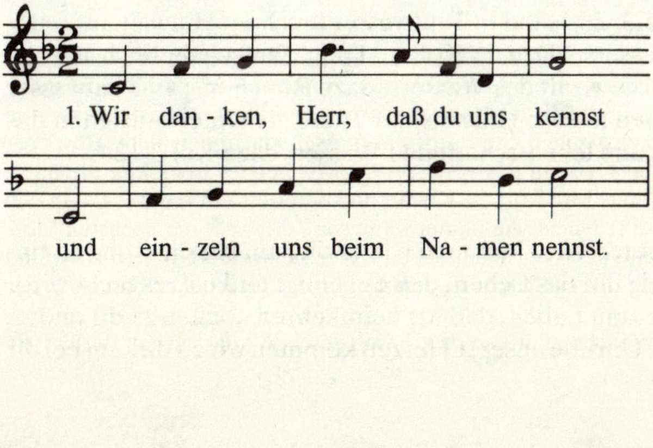

2. Zur Taufe blicken wir zurück,
Was Gott gab, wurde uns zum Glück -
ob uns die Eltern, Paten brachten,
ob wir schon eigne Schritte machten.
Zur Taufe blicken wir zurück.

3. Wir sind als Gottes Volk erwählt,
durch Jesus zu dem Bund gezählt,
den Gott aus Liebe hat geschlossen:
„Mitbürger seid ihr, Hausgenossen!"
Wir sind als Gottes Volk erwählt.

4. Nie gilt das Heil nur uns allein.
Wir sollen Friedensbringer sein,
können durch Gottes Geist getrieben
Menschen, die fern und feind sind, lieben.
Nie gilt das Heil nur uns allein.

5. Wie 1

Text und Melodie: D. Trautwein, 1984

Zu Taufe oder Tauferinnerung
(in Anlehnung an eine Arbeitshilfe der ACK Baden-Württemberg)
1. Wasser in Taufschale gießen: Hinweis auf lebensschaffende Kraft des Wassers, dazu Jes 44,3; 2. Hand in Taufwasser tauchen: Hinweis auf reinigende Kraft des Wassers, dazu 1. Kor 6,11; 3. Taufschale hoch halten: Hinweis auf gefährliche Kraft des Wassers, dazu Röm 6,3f.; 4. Taufwasser durch die Hand rinnen lassen: Hinweis auf Taufe als Untertauchen in das tödliche, reinigende und lebensschaffende Wasser, dazu Kol 2,12.

Eingangsgebet
Aus der Unruhe unserer Tage kommen wir zu dir, um bei dir Ruhe zu finden. Wir sind unruhig um das Leben, daß es gelingt und daß es recht wird. Gib du uns die Ruhe zum Leben, daß wir heimkehren können zu dir und zu uns selbst. – Aus der Unruhe unserer Herzen kommen wir zu dir, um bei dir

Ruhe zu finden. Unser sehnsüchtiges Herz treibt uns vorwärts, hierhin und dorthin, um ja nichts zu verpassen, was wichtig ist, und das Wesentliche zu ergreifen. Laß uns deine Barmherzigkeit fühlen, daß wir mit uns selbst barmherzig werden. – Aus der Unruhe unserer Zeit kommen wir zu dir, um bei dir Ruhe zu finden. Unsere Welt stürzt nach vorne, das macht uns unsicher über unseren Weg. Und die vielen Informationen helfen uns nicht zur Orientierung. Sei du selbst unsere Mitte, und durch dein Wort erleuchte uns unsere Welt.

Lesung
Joh 3,1–8 oder 8,31–36, bei Kindertaufe auch Mk 10,13–16

Gnadenzusage, Taufspruch, Taufgebete
Jes 43,1. Tauferinnerungsgebete und Taufgebet von Bernhard von Issendorff in: Taufe, Gottesdienstpraxis Serie B, 138–140.

Fürbittengebet
Laßt uns beten zu Gott – für die, die nicht zu sich selber finden und darum aggressiv nach außen oder depressiv nach innen werden, für die, die verhärtet sind in Selbstgerechtigkeit und die sich auflösen in Selbstzweifel. Laß sie erkennen, daß du sie gefunden hast. Zu dir rufen wir: Kyrie eleison.
Laßt uns beten zu Gott – für die, die sich nicht mehr kennen vor Arbeit und Mühe, vor Anstrengung und Verantwortung, für die, die nicht Nein sagen können und leer werden. Laß sie erfahren, daß du die Kraft und die Mitte bist des Lebens, aus der sie Mut schöpfen können. Zu dir rufen wir: Kyrie eleison.
Laßt uns beten zu Gott – für die, die sich selbst entzogen sind, weil sie gefangen sind in Angst, in Verzweiflung, in Resignation, weil sie eingesperrt sind in Gefängnisse und Anstalten, weil sie sich selbst entnommen sind in Krankheit und Sterben. Laß sie erfahren, daß sie umfangen sind von deinen Händen und geborgen unter deinen Flügeln. Zu dir rufen wir: Kyrie eleison.
Laßt uns beten zu Gott – für die, die keine Luft zum Atmen haben, kein Brot zu essen, keinen Wein, sich zu freuen, die hungern und dürsten nach Gerechtigkeit und die keinen Lebensgedanken darüber hinaus mehr haben dürfen. Laß sie Hände finden, die geben, Augen, die sehen, Herzen, die teilen. Zu dir rufen wir: Kyrie eleison.
Laßt uns beten zu Gott – für uns alle, die wir ein Leben lang mit uns selbst nicht zurecht kommen. Zu dir rufen wir, der du wie eine schützende Mutter und ein bergender Vater bist: Vaterunser.

Zur Predigt

»Spieglein, Spieglein, an der Wand, wer ist die Schönste im ganzen Land?« Wir kennen, liebe Gemeinde, die Geschichte jener Königin. Und

als das Alter zunahm und als die Tochter nachwuchs, war die Ruhe der Königin dahin und wäre es beinahe um Schneewittchen geschehen gewesen. »Wer ist die Schönste im ganzen Land?« Meist sind ja unsere Pläne nicht ganz so hochfliegend. Nur eine kann die Schönste sein, nur einer der Stärkste, einer der Schnellste und eine die Beste. Wir wissen es. Doch jeder hat einen Plan für das Leben, jede einen Entwurf und Wünsche, wohin der Weg gehen soll für sie, für ihn.
Manchmal, wenn unser Herz Bilder entwirft über unser Leben, was wir gerne möchten, was wir sein wollen und sein könnten, dann drängt sich uns verbunden damit eine andere Frage auf, die uns genau so beschäftigt. Nicht nur: Wer möchte ich sein? Sondern: Wer bin ich denn eigentlich? Manchmal fällt es uns ein inmitten eines sonnigen Tages, und ein Jubel mischt sich ins Fragen hinein. Manchmal überfällt uns die Frage im Dämmer einer schlaflosen Nacht und quält uns, läßt uns nicht los, daß wir nicht zur Ruhe kommen. Wer bin ich? Wir haben ein Bild von uns selbst, manchmal ist es licht und freundlich, manchmal auch voller Trauer und dunkel. Einmal sind wir zufrieden mit uns, und das Herz ist voll guter Gedanken. Ein andermal möchten wir uns verstecken, voller Scham und mit schlechtem Gewissen. Und wieder dann packt uns Angst, Angst ums Leben, Angst auch, das nicht zu sein, was wir sein könnten.
»Wer ist die Schönste im ganzen Land?« Man weiß ja bei dem Märchen nicht so genau, ob man die Königin eigentlich ob ihrer Schönheit bewundern soll oder ob man nicht viel mehr sie bedauern muß, weil sie ihr ganzes Leben nur der Schönheit widmet. Ist dieser Lebensentwurf, die Schönste sein zu wollen, eigentich maßlos oder ist er engstirnig? Er ist maßlos, weil er die Vergänglichkeit vergißt und zu überspielen versucht. Er ist engstirnig, weil er das Leben mißachtet, das mehr ist als Schönheit und einen weiteren Bogen spannt. Zu sich selbst ist die Königin lebensverachtend, unbarmherzig und unmenschlich, und darum ist sie so dann auch zur Tochter. Unmenschlich ist deshalb auch ihr Tod.
Wer möchte ich gerne sein? Und: Wer bin ich? Unsere Wünsche und unsere Wirklichkeit. Vor dem Spiegel gibt es keine Antwort. Sind wir mit uns selbst auch unbarmherzig? Möchten wir anders sein, als wir sind? Möchten wir anders sein, weil wir so sind, wie wir sind? Beim Fragen schwingen in uns mit lebendige Hoffnungen und erlebte Enttäuschungen. Und es tauchen die Zweifel auf, ob wir denn selber darüber entscheiden. Wer möchte ich sein? Und: Wer bin ich? Diese Fragen beschäftigen auch den Apostel Paulus in seinem Brief an die Römer.
Lesung Römer 6,1–11.

Liebe Gemeinde, fast ist es eine Zumutung, solch ein Text. Kaum mehr ist er für uns beim Hören einfach nachzuvollziehen. Auf der einen Seite spüren wir einen Widerstand gegen solch eine Zumutung. Auf der anderen Seite spüren wir, daß der Apostel ganz hingerissen ist, im Überschwang redet; aber wir können die Faszination nicht teilen. Dreimal immerhin beruft sich Paulus auf das Wissen. »Oder wisset ihr nicht ...?« Darum wollen wir mit dieser Frage anfangen.

A) 1. Was wissen wir von uns selbst? So gefragt, stellen sich Erinnerungen ein an Sommertage im Glück und Erfolg. Hand in Hand, geborgen und mutig mit festen Schritten. Aber auch Erinnerungen an Stunden der Tränen im ersten Schmerz, im Liebeskummer, in letztem Abschied und in Nächten der Angst. Und all die grauen Tage dazwischen, all die vielen, sind dem Vergessen anheim gefallen und wie ausgelöscht. Welche Tage haben wir uns ausgesucht? Welche wurden uns geschenkt, welche wurden über uns verhängt? Und haben wir darüber entschieden?
2. Was wissen wir von uns selbst? Wir denken dabei an unser Inneres, denken an die schöne Stube, wo wir uns eingerichtet haben und wo es sich wohlsein läßt mit uns selbst. Aber wir wissen, daß wir auch Kammern haben, verstaubt etwas, von wo der Dreck in die Wohnung zieht aus Kisten und Koffern und wo wir keinen Fremden hineinlassen. Und dann ist da noch der dunkle Keller, den wir natürlich auch haben und kennen und den wir selbst sorgsam meiden, mit all dem, was wir dort vergraben haben und zugedeckt ... Unser Inneres: haben wir es uns gewählt?
3. Was wissen wir von uns selbst? Man kann von den Eltern erzählen, vom prägenden Einfluß ... von braunen Haaren, Gestalt und Schönheit, die doch vergehen ... von den Geschicken des Volkes, von Freundschaft, Beruf und Arbeit ... All das entscheidet ja über unser Leben auch; und wenn wir genau hinblicken, entscheiden diese mehr als wir selbst ...
4. Was wissen wir von uns selbst? Könnte es sein, daß wir der Frage: wer bin ich? deswegen gerne ausweichen, weil wir in der Tiefe nicht nur um das Dunkle in uns wissen? ... Sondern auch dies wissen, daß wir in uns selbst hineingefangen sind ..., daß wir dem Geflecht nicht entrinnen, dem wir entstammen ... Gewiß, wir entscheiden vieles, Tag für Tag. Und manchmal ist das Entscheiden auch ein Muß. Darum aber wollen wir auch bestimmen darüber, wer wir sind, und wollen durch unser Tun uns machen zu denen, die wir sein möchten. So ist das mit uns. So wollen wir es ... aber über unsere Geburt und unseren Tod, über die Frage, wer wir sind und ob uns das Leben gelingt, entscheiden wir nicht selbst. Wenigstens ist dies die Meinung des Apostels Paulus, wenn er sich auf das Wissen der römischen Gemeinde beruft. Wisset ihr nicht, daß über euch bereits entschieden ist? Das ist nicht leicht zu akzeptieren für uns Menschen, die wir über uns selbst bestimmen wollen. Gegenüber den Römern konnte sich Paulus darauf berufen, daß sie dies wissen. Wir heutigen Menschen tun uns dabei schwer. Aber fragen wir weiter: Wie ist eigentlich über uns entschieden?

B) Dies also ist die zweite Frage. Was gilt für unser Leben? Paulus beruft sich auf die Taufe. Von ihr aus entwickelt er diese ganz schwierigen Gedanken von der Taufe in den Tod, vom Leben in Christus, von Begrabenwerden und Auferstehen. Schwierige Gedanken, die doch immer um das Eine und Wesentliche kreisen: Gnädig ist über uns entschieden. Gottes Freundlichkeit gilt uns.

(Durchführung:) 1. Weil wir nicht sind oder weil wir noch nicht sind, was wir sein möchten, darum strengen wir uns an ... Je mehr wir uns mühen, umso mehr entgleitet uns das Leben; je mehr wir eifern, um so ferner rückt das Ziel ... Darum ist das Leben, darum sind wir selbst oft so verkrampft, so fahrig und unwirsch. Im Kampf um das rechte Leben verbringen wir das Leben ... In der Mühe ums rechte Leben zerrinnen die Lebenstage ... Glücklicherweise ist über uns entschieden. Und seit der Taufe gilt für uns und unser Leben die Freundlichkeit Gottes ...

2. Es gibt gewiß viel zu tun, aber um das Gelingen des Lebens brauchen wir uns nicht zu kümmern. Viele Aufgaben warten auf uns, zu denen wir vor lauter Eifer keine Zeit haben, als liefe uns das Leben davon ...

3. Nein, auch um den Tod, der uns durchs Leben peitscht, weil wir ihn nicht akzeptieren können, auch um den Tod brauchen wir uns nicht kümmern ... Das entlastet uns zugunsten des Lebens, daß wir akzeptieren können, wer wir sind, weil wir angenommen sind. Daß wir das Leben nicht dauernd selber bewahren müssen vor dem Tabu des Todes, weil wir im Leben und Sterben geborgen sind ...

4. Und weil wir um der Taufe willen das Leben haben und es nicht abtrotzen müssen, nicht uns, nicht unserer Welt abtrotzen müssen, haben wir Zeit zum Leben, Gelassenheit für das Leben, für unseres und anderes, und können uns am Leben freuen, an unserem, an anderem ...

Schluß

Was wissen wir von uns? Was gilt für uns? Wer bin ich? Und: wer möchte ich sein? Wir sind widersprüchliche Menschen, und wir sind geliebte Kinder Gottes. Beides bleiben wir, solange wir leben. Denn in den uns gegebenen Tagen schauen wir gebrochen wie durch einen Spiegel: »Spieglein, Spieglein, an der Wand.« Dann aber von Angesicht zu Angesicht. Amen.

Kontexte

Denn bei jedem vollbrachten Werk bliebe der ängstliche Zweifel zurück, ob es Gott gefalle oder ob er etwas darüber hinaus verlange, so wie es die Erfahrung aller Werkgerechten beweist und ich zu meinem Unglück so viele Jahre hindurch genügend gelernt habe. Aber nun, da Gott mein Heil meinem Willen entzogen und in seinen Willen aufgenommen hat und nicht auf mein Werk oder Laufen hin, sondern aus seiner Gnade und Barmherzigkeit verheißen hat, mich zu erretten, bin ich sicher und gewiß, daß er treu ist und mir nicht lügen wird, außerdem mächtig und gewaltig ist, daß keine Dämonen und keine Widerwärtigkeiten imstande sein werden, ihn zu überwältigen oder mich ihm zu entreißen. »Niemand«, sagt er, »wird sie aus meiner Hand reißen, weil der Vater, der sie mir gegeben hat, größer ist als sie alle.« So geschieht es, daß, wenn nicht alle, so doch einige und viele gerettet werden, während durch die Kraft des freien Willens geradezu keiner errettet wurde, sondern wir alle miteinander verloren gingen. (Luther, De servo arbitrio, WA 18, 783; Übersetzung Bruno Jordahn).

Ich bin. Aber ich habe mich nicht. Darum werden wir erst. Das Bin ist innen. Alles innen ist an sich dunkel. Um sich zu sehen und gar was um es ist, muß es aus sich heraus. Muß sich herausmachen, damit es überhaupt erst etwas sehen kann, sich unter seinesgleichen, wodurch ein Ich bin, als nicht mehr an sich, zu einem Wir wird. Und draußen geht dem Ansich das Um-uns auf, worin Menschen stehen und unter, neben oder über ihnen Dinge ... Dies Lernen bewegt sich völlig im Außen, ist darin fahrend und so erst erfahrend und so erst auch, mittels des Draußen, das eigene Innen selber erfahrend. Der Mensch besonders ist auf diesen steten Weg nach außen angewiesen, damit er überhaupt nur wieder auf sich zurückkommen könne und so bei sich gerade die Tiefe finde, die nicht dazu ist, daß sie in sich, ungeäußert bleibe.
(Ernst Bloch, Tübinger Einleitung in die Philosophie 1, Anfang).

Wir sind jeder ein Besonderer, und wir brauchen das auch in der Demut nicht zu vergessen. Jeder von uns ist ein besonderer Gedanke Gottes. Wir sollten das einander spüren lassen, daß wir das wissen ... Denn die Gnade Gottes ist kein fernes Zudecken von offenen Rechnungen, sondern eine gegenwärtige Schönheit auch. Sie kann ein Leben wichtig machen, auch dort, wo es sonst ganz unwichtig ist, sie kann die Traurigkeit verwandeln und mit der Fröhlichkeit zum Lobe Gottes bündeln, und sie kann etwas ahnen lassen von den guten Gedanken, die er mit uns hat – immer noch!
(Theophil Askani, Denn Du hältst mich bei meiner Rechten, 28f.32).

Es ist kein zufälliger Irrtum gewesen, sondern ein Irrtum, der zu mir gehört (?) wie mein Beruf, wie mein ganzes Leben sonst. Mein Irrtum: daß wir Techniker versuchen, ohne den Tod zu leben. Wörtlich: Du behandelst dein Leben nicht als Gestalt, sondern als bloße Addition, daher kein Verhältnis zur Zeit, weil kein Verhältnis zum Tod. Leben sei Gestalt in der Zeit. Hanna gibt zu, daß sie nicht erklären kann, was sie meint. Leben ist nicht Stoff, nicht mit Technik zu bewältigen (Max Frisch, Homo faber, Bibliothek Suhrkamp 87, 212; Eintrag zum 9. Juni).

7. Sonntag nach Trinitatis

Predigttext: Apostelgeschichte 2,41a.42–47
Michael Popke

Theologisch-homiletische Skizze

Der Text: Welch ein Idealbild von christlicher Gemeinschaft! Aber war es wirklich so am Anfang? Lukas hat die Kirche seiner Zeit, Jahrzehnte später, vor Augen, in der sie – wie bei uns heute – nicht mehr so ideal war. Er hat ihr ein Vorbild vorgehalten: Wie soll eine Gemeinde des Auferstandenen, eine Gemeinde des neuen Lebens aussehen? Die Apostelgeschichte zeigt, wie es mit dieser idealen Gemeinschaft weitergegangen ist. Die erste Krise kam durch das Geld (Apg 4,32–5,13). Diese Krise betraf zwar nur ein Ehepaar; Lukas aber hielt sie offensichtlich für so wichtig, daß er sie ausführlich erwähnt. In Apg 6 erfahren wir etwas über die Führungskrise. Später wird von den Spannungen zwischen den »Stammaposteln« und Paulus berichtet (Apg 15). Die ideale Gemeinschaft – falls es sie je gegeben hat – war nicht so ideal.
Unser Text schließt an die Pfingstpredigt des Petrus an, die in einen Dialog mit den Hörern mündet und das Leben der frühen Jerusalemer Gemeinde beschreibt, das aus dem Hören und Annehmen der Petrusrede entsteht. Er ist das erste der Summarien (cf. Apg 4,32–35; 5,12–16), die die Erzählungen unterbrechen und verbinden. Lukas streicht sehr deutlich das Wirken und damit die Bedeutung der Apostel heraus. Die Rede des Petrus erreicht ihr Ziel: Menschen lassen sich taufen, und damit wird die Gemeinde größer (Vers 41). Danach wird das Leben der Gemeinde beschrieben, das in der Öffentlichkeit große Beachtung fand (Vers 47b). Vier Hauptelemente der Urgemeinde werden skizziert:
1. Gemeinde als Lerngemeinschaft (Vers 43): Die Apostel verkündeten die frohe Botschaft vom Leben, Sterben und Auferstehen Jesu. Die Gemeinde war aufgerufen, die Geschichte Jesu für die Gegenwart neu lebendig zu machen. Dabei ging es wahrscheinlich weniger um das Festhalten an Formeln und Ritualen als um die Frage: Woran kann ich mich orientieren in einer orientierungslosen Zeit?
2. Gemeinde als Solidargemeinschaft (Vers 44f.): Koinonia – »geschwisterliches Zusammenhalten«, gegenseitiger Beistand, Aufhebung des Privateigentums – das klingt nach Kommunismus. Die Idee ist gut, die säkularisierte Realisierung scheint, nach den Erfahrungen der letzten Jahre und Jahrzehnte, eher fraglich. Dennoch scheint es unerträglich, zu akzeptieren, daß es in der Gemeinschaft von Christen wie überhaupt in der Menschengemeinschaft solche gibt, die sich den Bauch vollschlagen, und andere, die nicht wissen, wie sie den nächsten Tag überleben sollen. Was tun wir, damit jeder – der Arbeitslose, der Obdachlose, der Kranke, der Ausländer, der Gefangene, der Behinderte – das erhält, was er zum Leben braucht? Gottesdienstliche Bekundungen reichen dazu nicht aus. Es handelt sich nach den Aussagen des Lukas weniger um eine neue Wirtschaftsordnung – die heute sicher notwendig wäre – als um improvisiertes Handeln je nach Notlage, um alle Menschen am Wohlstands- (oder in Zukunft einem bescheideneren) Kuchen teilhaben zu lassen. Eine intakte Familie, in der man sich wohlfühlt, ist eine Familie, in der alle füreinander da sind, sich jeder für den anderen verantwortlich fühlt, in der allen alles gehört und jeder bekommt, was er braucht.

3. Gemeinde als Mahlgemeinschaft (Vers 46): Die Verbindung von »Tempel« und »Häusern« macht deutlich, daß die ersten Christen sich in der Tradition Israels wußten und somit sich zum auserwählten Volk zugehörig fühlten. Der Tempel war der Ort, an dem sie zusammenkamen, um sich ihres Ursprungs und Ziels zu vergewissern. Darüber hinaus trafen sie sich in den Häusern, um sich kennenzulernen, sich in einer intimeren Atmosphäre auszutauschen und Sorgen und Nöte zu teilen. Natürlich war es üblich, den Gästen etwas zu essen anzubieten, so daß es sich in Vers 46 möglicherweise nicht um das Abendmahl handelt.
4. Gemeinde als Gebetsgemeinschaft (Vers 42b, Vers 47a): Die ersten Christen trafen sich regelmäßig zum Gebet. Dadurch, daß sie sich nicht nur im Tempel, sondern auch in den Häusern trafen, kannten sie sich besser, als das heute in unseren Kirchengemeinden der Fall ist. Es wurde Anteil genommen an den Freuden, aber auch an den Problemen des anderen. Lob, Dank und Fürbitte waren von daher vielleicht nicht ritualisiert, sondern bezogen auf konkrete Personen, Schicksale und Situationen.
In der Predigt könnte die Frage nach der sog. Volkskirche in Deutschland gestellt werden. Ist sie mit ihren verkrusteten Strukturen und gesellschaftlichen Verflechtungen geeignet und willens, sich von dem bewegen zu lassen, was Lukas als Vision vorgeschwebt hat? Es könnte ferner der Frage nachgegangen werden, ob Menschen in einer konkreten Kirchengemeinde nur eine organisierte Gemeinschaft bilden wollen oder ob sie bereit sind, andere in ihrem Lebensbereich wahrzunehmen, auf sie zuzugehen und an deren Leben Anteil zu nehmen. »Der Herr führte ihnen jeden Tag Menschen zu, die er retten wollte« (Vers 47b). Dieser Satz beinhaltet, daß Menschen, die zu den sog. Randgruppen unserer Gesellschaft gehören, in der Gemeinde Offenheit gegenüber ihren Sorgen und Nöten erwarten dürfen. Die Gemeinschaft der Christen untereinander und ihr Umgang mit »Outsidern« könnte eine Signalwirkung für das Zusammenleben von Menschen überhaupt haben. »Sie waren überall gern gesehen« (Vers 47a) – dies gilt es einzulösen gegenüber Obdachlosen, Straftätern, Asylbewerbern, Behinderten und Arbeitslosen.

Vorschläge zur Liturgie

Zur Einleitung
Sonntag für Sonntag versammeln wir uns hier zum Gottesdienst. Wir sehen oft dieselben Gesichter. Auch bei unseren Kreisen und Gruppen sieht es nicht viel anders aus. Wir wissen, daß sehr viel mehr Menschen zu unserer Gemeinde gehören, aber sie tauchen bei uns nicht auf, sie zahlen höchstens ihre Kirchensteuern. Vielleicht liegt es an der Struktur unserer sog. Volkskirche mit ihren Ortsgemeinden, vielleicht liegt es aber auch an uns ganz persönlich und an der Art, wie wir in unserer Gemeinde Gemeinschaft pflegen. Was müßte geschehen, damit Menschen eine Gemeinschaft finden, in der sie sich wohlfühlen und mit ihren Freuden, Sorgen und Nöten aufgehoben sind? Darüber wollen wir im heutigen Gottesdienst nachdenken.

Zum Kyrie

Seit fast 2000 Jahren versammeln sich Christen, um Gott zu loben und zu preisen. Es sind oft immer dieselben, die kommen. Sie kennen sich untereinander und bilden eine geschlossene Gesellschaft. Aber die Gemeinde ist größer, und es gibt viele, die Hoffnung, Mut und Hilfe brauchen. Wenn sie in unsere Kirchen und Gemeindehäuser kommen, fühlen sie sich fremd. Laßt uns Gott bitten, daß er unsere Türen und Herzen öffne:
Herr, erbarme dich

In der biblischen Überlieferung wird uns ein Idealbild der frühchristlichen Gemeinde gezeichnet. Die Christen trafen sich regelmäßig zum Gebet, brachen das Brot, teilten alles miteinander und kümmerten sich um die, die in Not waren. Vieles hat sich inzwischen verändert, und einiges ist vielleicht so auch nicht möglich. Was jedoch bleibt, ist die Verantwortung füreinander und die Liebe zum Mitmenschen – nicht nur dem Nächsten, damit jeder erhält, was er zum Leben braucht. Laßt uns Gott bitten, daß er unsere Augen und unsern Mund öffne:
Herr, erbarme dich

2000 Jahre Christenheit bedeutet nicht nur Gemeinschaft, sondern auch Trennung. Jede christliche Konfession behauptet von sich, den wahren Weg der Nachfolge zu gehen. Jede Berührung mit einer anderen Glaubensgemeinschaft oder gar Religion birgt die Angst in sich, etwas Eigenes aufzugeben, Toleranz wird nur so lange geduldet, wie die Macht der eigenen Organisation nicht in Frage steht. Viele Menschen an der Basis haben dafür wenig Verständnis. Die Vielfalt an Konfessionen und Religionen ist eine Bereicherung. Sie muß jedoch getragen sein von dem gemeinsamen Ziel: Gerechtigkeit und Frieden für die Welt und Bewahrung der Schöpfung. Laßt uns Gott bitten, daß er unsere Ohren und unsern Verstand öffne:
Herr, erbarme ich

Zwischen den Gebetsteilen kann das Lied B 81 »Mein Gott, das muß anders werden« aus ›Mein Liederbuch‹ gesungen werden.

Gebete

Herr, ich möchte den Mut zum Bau von Brücken haben, zwischen mir und denen, die ich nicht mag und nicht verstehen kann. Die mir mißtrauen oder mich enttäuschen, zwischen mir und den Mitarbeitern meiner Gemeinde und denen, mit denen ich im Streit lebe. Brücken auch für die, die untereinander streiten. Brücken zwischen meinem Kreis und anderen Kreisen, meiner Generation, meiner sozialen Gruppe und anderen Gruppen. Gruppen zu denen, die draußen sind, den Enttäuschten, den in Vorurteil Befangenen, den Abgefallenen, den Spöttern und Feinden. Ich möchte den Mut

zum Brückenbauen haben auch dort, wo Brückenbau unpopulär ist, quer durch die eisernen Vorhänge der Angst, der Selbstgerechtigkeit. Ich bitte dich um den Mut zum Brückenbau.
Ernst Lange

Herr, unser Gott, dein Sohn hat gesagt: Wo zwei oder drei von euch in meinem Namen versammelt sind, da bin ich mitten unter ihnen. Auch hier, gerade auf diesem Abstellgleis, brauchen wir dich, versuchen wir, durch die Schlösser und Türen hindurch, Mensch zu werden, Mensch zu bleiben. Ein langer Weg. Denn die Mauern in uns sind hart, Angst und Mißtrauen stehen uns selbst im Wege. Wir danken dir für Jesus. Lebensnotwendig ist es, seinen Weg kennenzulernen und ihm zu begegnen. Sein Weg ist neu und grenzenlos; er geht durch Mauern und verschlossene Türen zu den Menschen. Diesen Weg sollen wir alle gehen: den Weg der Freundschaft, der Gerechtigkeit und Freiheit. Stärke uns auf dem Weg, lebendiger Gott. Teile mit uns, teile dich mit, damit wir endlich kapieren: Wer sich krampfhaft festhält, steckt in der schlimmsten Unfreiheit. Wir müssen uns auf den Weg machen zu den Menschen und teilen, was wir haben. Das ist der einzige Weg, der frei macht, der uns rettet, der einzige Weg zu dir, Menschen-Gott. Komm uns entgegen. Nimm uns mit.
(Aus »Gott im Gefängnis«, Reiner Padligur Verlag)

Wir danken dir, Gott, für den neuen Tag. Wir danken dir für die Zeit, die du uns schenkst und für die Gemeinschaft untereinander. Sieh uns als deine Kinder, die unter deinem Schutz leben und alles von dir erwarten.

Wir bitten dich:

Wir bitten dich, daß die Hoffnung aus dir Licht und Kraft werde für diesen Tag. Daß unsere Phantasie ungewohnte Wege geht, nicht auf Rache sinnt, nicht Haß brütet, sondern Frieden wirkt.
Wir bitten dich: Kyrie eleison

Wir bitten dich für die Gefangenen, Kranken, Einsamen und Verzweifelten. Sei ihnen nahe und hilf ihnen in ihrer Not.
Wir bitten dich: Kyrie eleison

Wir bitten dich, gib deinen Frieden hinein in unsere Sprache, in unsere Blicke, in unsere Hände und Füße, in unser Denken, in unsere Gefühle, in unser Herz.
Wir bitten dich: Kyrie eleison

Zum Abendmahl
Jesus hat seine Freunde gebeten, nach seinem Tod beieinander zu bleiben, sich bei Brot und Wein an ihn zu erinnern und in Zukunft füreinander da zu sein.
Schuldbekenntnis
Unser Gott, wir bekennen unsere Schuld. Um uns herum passiert Schlimmes, und wir haben den Mund gehalten. Um Privilegien haben wir gekämpft und andere bezahlen lassen.
Wir bekennen, Gott: Wir waren oft blind, wenn wir hätten hinsehen müssen. Wir stellten uns taub, wenn einer neben uns fertiggemacht wurde. Unser Gott, wir tragen lieber eine weiße Weste als dreckiges Zeug. Fein raus sind wir lieber als in den Problemen anderer. Unser Gott, wir sind Weltmeister im Verdrängen. Wir vergessen wie Gehirnverkalkte und sammeln Alibis wie andere Schmetterlinge. Vieles wollen wir nicht wahrhaben und erklären Geschehenes für nicht geschehen. Unser Gott, ich möchte ich selbst sein, meine Schuld frei bekennen, meine Macken zugeben, mir selbst und anderen ehrlich in die Augen sehen. Du machst mich frei. Dir brauch ich nichts vorzumachen, vor dir nichts zu verdrängen. Vor dir darf ich sein, wie ich bin. – Dann kann ich werden, wie du mich willst.
(Aus: »Gott im Gefängnis«)
Einsetzungsworte
Zum Zeichen, daß wir zusammengehören, daß wir im Namen Jesu alles, was uns trennt, überwinden können, feiern wir jetzt miteinander das Abendmahl: An dem Abend, bevor er von seinem Freund verraten und von seinen Feinden umgebracht wurde, hat Jesus mit seinen Nächsten noch einmal gegessen. Er nahm das Brot, dankte dafür, zerteilte es und gab es ihnen weiter mit den Worten: Nehmt und eßt davon. So wie dieses Brot, so teile ich mein Leben mit euch. Nach dem Essen nahm er den Becher mit Wein, dankte und gab ihn weiter mit den Worten: Trinkt alle daraus und nehmt ihn als Gottes neues verbindliches Bundeszeichen: Er will eure Schuld vergeben, damit ihr euch gegenseitig annehmen könnt. Dafür lebe und sterbe ich. Denkt daran, wenn ihr miteinander eßt und trinkt.
Vaterunser
Lied B 96 »Brich mit den Hungrigen dein Brot«; B 9 »Komm, sag es allen weiter«

Zum Segen

L: Der Herr ist vor euch, um euch den Weg zu zeigen. / Der Herr ist neben euch, um euch zu schützen vor Gefahren und euch in die Arme zu schließen. / Der Herr ist bei euch, um euch aufzurichten, wenn ihr am Boden liegt. / Der Herr ist in euch, um euch mit Freude zu erfüllen. / Der Herr ist mit euch, um euch zu segnen. / Der Friede Christi sei mit euch
A: und mit allen unseren Schwestern und Brüdern in der Welt. Amen.

Lesungen

Mk 3,31–35 / 2. Mos 16,3 / Matth 19,16–22
Psalm 103
Psalm 1 (nach D. Zils): Glücklich die Kirche, die nie aufhört zu fragen, die nie aufhört zu suchen. Glücklich die Kirche, die sich selbst in Frage stellt, die über sich selber lächeln kann. Glücklich die Kirche, die Freiheit verbreitet aus ihrem Glauben, die Freude ausstrahlt aus ihrem Leben.
Glücklich die Kirche, die den Menschen neue Zuversicht schenkt, die den Frieden und die Gerechtigkeit in die Tat umsetzt. Glücklich die Kirche, die ein Ort der Menschlichkeit ist in einer unmenschlichen Welt, sie könnte selber Modell sein für eine gute Zukunft. Glücklich die Menschen dieser Kirche, sie brauchen keine Angst zu haben, von Gott und den Menschen verlassen zu sein.

Lieder

EKG 218 / 437,1–5 / 470: aus »Mein Liederbuch«:
B 2 »Ein Schiff, das sich Gemeinde nennt« B 4 »Ich möcht', daß einer mit mir geht« B 11 »O Herr, mach mich zu einem Werkzeug« B 22 »Ihr seid das Salz der Erde« B 35 »Wenn jeder gibt, was er hat« B 60 »Herr, gib mir Mut zum Brückenbauen« B 27 »Wir haben einen Traum«

Vorschläge zur Predigt

Möglicher Anfang

Vor kurzem sprach mich ein Gefangener in der Jugendstrafanstalt an, dem ich ein paar Tage zuvor eine Bibel geschenkt hatte: »Hier im Knast hat man ja viel Zeit, und da habe ich einfach mal in der Bibel geblättert. Eine Stelle ist mir besonders aufgestoßen. Da steht doch tatsächlich drin, daß die Christen früher ihr Geld zusammengeschmissen und es miteinander geteilt haben. Jeder hatte soviel, wie er brauchte. Das finde ich toll, aber wer bestimmt denn, wieviel jeder braucht? Ehrlich, ich würde natürlich zusehen, daß ich soviel wie möglich von dem Kuchen, der da zu verteilen ist, abbekomme. Man könnte ja fast meinen, daß der liebe Gott auf unserer Seite steht.« Ich habe ihm gesagt: »Das stimmt, auch wenn Ihre Erfahrungen ganz andere sind.«

Ja, früher war eben alles ganz anders, alles viel besser – die gute alte Zeit. Da wußte man, wo es lang geht, hatte eine klare Orientierung, da gab es Sauberkeit und Ordnung und da waren die Kirchen noch voll. Schon das Volk Israel glorifizierte seine Vergangenheit, als es Entbehrungen während seines Befreiungszuges durch die Wüste hinnehmen mußte: »Hätte uns der Herr getötet, als wir noch in Ägypten waren! Dort saßen wir vor vollen Fleischtöpfen und konnten uns an Brot sattessen.« Lukas macht es genauso: Er glorifiziert in der Apostelgeschichte die gute alte Zeit, als die Christen sich noch im Tempel und in den Häusern trafen, um sich geistlich von den Aposteln aufbauen zu lassen, um gemeinsam zu essen und zu trinken und um ihren Besitz, aber auch ihre Sorgen und Nöte miteinander zu teilen.

Vergleichen wir die Situation in unserer Gemeinde mit diesem Idealbild, dann müßte sich bei uns großer Frust breitmachen. Wir dürfen jedoch sicher sein, daß auch Lukas eine solche von ihm beschriebene Gemeinde nie erlebt hat. Schon sehr früh ging es in den Gemeinden um Macht, Einfluß und Geld. Wer da nicht mitspielte, blieb auf der Strecke. Daran hat sich ja bis heute nichts geändert. Wenn wir uns heute im Gottesdienst mit diesem Text beschäftigen, dann müssen wir uns zumindest fragen, ob wir uns der Vision des Lukas von christlicher Gemeinde und Gemeinschaft anschließen können und wollen oder nicht. Stimmt die Einschätzung des Gefangenen und werden wir durch die Vorstellung des Lukas von Gemeinschaft unter Christen und den Menschen überhaupt motiviert, unsere Form von Gemeinschaft zu überdenken?

Weiterer Verlauf

Hier sollte zunächst eine Bestandsaufnahme gemacht werden. Was ist los in und mit unserer Gemeinde? Herkömmliches und Aktivitäten, die die traditionellen Strukturen der Kirchengemeinde durchbrechen, sollten benannt werden. Was spielt sich in den Häusern ab? Wo gibt es Barrieren, wo tun wir uns schwer, Menschen aufzunehmen, die eine andere Biografie haben als wir, deren Leben sich anders entwickelt hat als das unsere, die eine andere Sprache sprechen und deren Kultur und Religion sich von der unseren unterscheidet?

Gemeinschaft hat etwas zu tun mit Beziehungen zwischen Menschen. Kann unsere Gemeinde dies leisten im Gottesdienst, beim Abendmahl, in Gruppen oder auf Festen?

Defizite sollten jedoch so aufgezeigt werden, daß sie nicht entmutigend wirken. Positives, Mutmachendes ist besonders herauszustreichen. Kleine Begebenheiten, Nachbarschaftshilfe können oft mehr über Gemeinschaft aussagen als organisierte Treffen. Auf übergemeindlich und ökumenisch arbeitende Gruppen sollte ebenso hingewiesen werden wie auf Menschen, die gemeinsam an aktuellen Themen arbeiten und sich engagieren.

Man könnte auch die Situation beim »Zusammenwachsen« der Kirchen im Osten und Westen Deutschlands aufgreifen. Was für eine Gemeinschaft wird hier sichtbar, wenn die einen alles in die Hand nehmen und den anderen sagen, was sie zu tun haben?
Urchristliche Verhältnisse haben wir nicht. Zuviel hat sich in den vergangenen Jahrhunderten bei den Menschen und mit unserer Welt verändert. Wir alle sind geprägt von dem, was uns umgibt. Dennoch gilt es, etwas von dem festzuhalten, was Lukas bei seiner Visionsbeschreibung wichtig war: Verantwortung tragen füreinander, auch für die, die nicht zum »inner circle« gehören. Lukas möchte uns ermutigen wahrzunehmen, wer wie um mich herum lebt. Er möchte uns sagen, daß wir das teilen lernen sollen, was uns eh nur geliehen ist und allen zur Verfügung steht. Er wünscht sich, daß wir unser Leben mit anderen teilen, d.h. Anteil nehmen am Leben anderer und dies nicht hauptamtlichen Fachkräften überlassen. Dazu gehört auch, daß in einer solchen Gemeinschaft Menschen Vergebung erfahren, die Schuld auf sich geladen haben. Die Struktur unserer Ortsgemeinden muß dabei nicht hinderlich sein. Es kommt darauf an, daß jeder einzelne von uns bereit ist, sich zu öffnen gegen den nahen und fernen Nächsten.

Schluß
Am Schluß des Gottesdienstes möchte ich Ihnen als Erinnerung eine große Wäscheklammer mitgeben. Sie besteht aus zwei Plastikteilen, die durch eine Stahlfeder zusammengeklammert werden. Wenn die Feder in der Mitte fehlt, sind die beiden Hälften fast wertlos, weil sie das Wäschestück nicht halten können. So wie eine Freundschaft mehr als die Summe zweier oder mehrerer Personen ist, eine Familie mehr als die Summe von Eltern und Kindern und eine Schulklasse mehr als die Summe einer bestimmten Anzahl von Schülern, so ist auch eine christliche Gemeinde mehr als die Summe ihrer Mitglieder. Die Klammer, die uns zusammenhält, ist der Glaube an Jesus Christus. Wenn es ihn nicht gäbe, wären wir heute nicht hier. Diese Klammer soll sich auch außerhalb des Gottesdienstes in der Art unseres Umgangs miteinander und mit anderen zeigen. Die anderen sollen spüren, daß uns etwas miteinander verbindet. Wenn wir andere bei uns gern sehen, dann werden wir auch bei anderen gern gesehen sein.

Kontexte

»Der erste Mensch, der ein Stück Feld einzäunte und zu den anderen sagte: ›Das gehört mir‹, und der Leute fand, die einfältig genug waren, ihm zu glauben, der war der erste, wahre Begründer der bürgerlichen Gesellschaft. Wieviele Verbrechen, wieviele Kriege, wieviel Morde, wieviel Elend hätte der dem Menschengeschlecht erspart, der den Zaun eingerissen, den Graben ausgefüllt und zu seinen Mitmenschen gesagt hätte: ›Hört nicht auf diesen Betrüger! Ihr seid verloren, wenn ihr vergeßt, daß die Früchte allen und das Land niemandem gehört.‹ Jean Jacques Rousseau

Reich ist man nicht durch das, was man besitzt, sondern mehr noch durch das, was man mit Würde zu entbehren weiß, und es könnte sein, daß die Menschheit reicher wird, indem sie ärmer wird, und gewinnt, indem sie verliert. Immanuel Kant

Ein Mensch, der nur an sich denkt und in allem seinen Vorteil sucht, kann nicht glücklich sein. Willst du für dich leben, leb für andere. Lucius Annaeus Seneca

Das ist die Ordnung der Welt.
Wer die Macht hat, der hat das Sagen.
Wie wäre die Welt sonst zu regieren?
Es muß eindeutige Kompetenzen geben,
klare Leitungsfunktionen.
Andernfalls gibt es nur Verwirrung.

Jesus stellt diese Ordnung trotzdem in Frage.
Bei euch muß es anders sein.
Also unten plötzlich oben?
Mal andersherum?

Die neue Ordnung meint nicht die Anarchie.
Es geht überhaupt nicht um politische Ambitionen.
Eine durchgehende Gesinnung ist gemeint:
Dienst, ein Leben mit Hingabe!
Jesus meint:
Kämpft nicht um die ersten Plätze.
Die Frage lautet nicht: »Wer ist der Größte?«
Das zählt nicht im Reich Gottes.
Die Frage lautet: »Willst du für den anderen dasein?«
Dann lege den Anspruch ab, über ihm stehen zu wollen.

Bei euch muß es auch so sein:
Der ganz oben ist wie der ganz unten,
und wer das Sagen hat, der gehorche auch.
Das ist die Ordnung der Welt Gottes.

Werner Kunath, 28 Jahre, verheiratet, zwei Kinder,
hat sich vorgenommen,
die Gemeinschaft der Einsamkeit vorzuziehen,
also nicht nur familiär offen zu sein,
sondern jedem, der ihm im Treppenhaus begegnet,
»Guten Tag« oder »Guten Abend« zu sagen,
vielleicht dabei zu lächeln und
eine Geste zu machen, die ausdrückt:
Wir sind Nachbarn!

Werner Kunath will hinter jeder Nummer
den Namen kennenlernen,
das Hochhaus auch in der Breite entdecken,

also nicht nur mit seiner eigenen Frau reden,
sondern die Hausgemeinschaft ernst nehmen,
Kontakte suchen und Verbindungen herstellen,
schließlich sei es Geschwätz,
über »Anonymität« zu klagen und
nichts dagegen zu tun.

Werner Kunath will etwas tun, das – eigentlich –
ganz selbstverständlich ist.
Es müßte viel mehr solcher Kunaths geben,
die freundliche Einfälle haben und die
den ersten Schritt dann auch wagen,
die nicht zögern, um sich Distanz zu erhalten,
sondern die mal fragen: Kann ich Ihnen helfen?
Oder die das Schweigen im Fahrstuhl brechen,
also, solche müßte es viel mehr geben.

Aus: »Gedanken für ein paar Minuten«, (Ost)Berlin 1985

Aus der guten alten Zeit

Es melden Bücher und Sagen
so manches Wunderding
von einem guten Wagen,
der durch die Länder ging.
Die Kutsche fuhr, man denke
des Tags drei Meilen weit
und hielt vor jeder Schenke.
O gute alte Zeit.
Es war von den Passagieren
zuvor das Haus bestellt.
Sie schieden von den Ihren
als ging's ans End der Welt.
Sie trugen die Louisdore
vernäht in Stiefel und Kleid,
im Sack zwei Feuerrohre. –
O gute, alte Zeit!
Oft, wenn die Reisegenossen
sich sehnten nach Bett und Wirt,
da brummte der Schwager verdrossen
»Potz Blitz! Ich hab' mich verirrt.«
Von fern her Wolfsgeheule,
kein Obdach weit und breit;
es schnaubten zitternd die Gäule. –
O gute, alte Zeit!

Auch war es sehr ergötzlich,
wenn mit gewaltigem Krach
in einem Hohlweg plötzlich
der Wagen zusammenbrach.
War nur ein Rad gebrochen,
so herrschte Fröhlichkeit.
Mitunter brachen auch Knochen. –
O gute, alte Zeit!
Der Abenteuer Perle
war doch das Waldwirtshaus.
Es spannten verdächtige Kerle
die müden Schimmel aus.
Ein Bett mit Federdecken
stand für den Gast bereit,
das zeigte blutige Flecken. –
O gute, alte Zeit!
Und waren der Gäste hundert
verschwunden im Waldwirtshaus,
dann schickte der Rat verwundert
berittene Häscher aus.
Die Leichen wurden gefunden,
bestattet und geweiht,
der Wirt, gerädert, geschunden. –
O gute, alte Zeit!

Rudolf Baumbach in: »Der ewige Brunnen«

Oft gilt noch immer der Titel eines Menschen,
auch in der christlichen Gemeinde, mehr
als der Mensch selbst.
Doktoren und Räte
scheinen mehr zu zählen
als der schlichte Name,
der einfache Mensch,
Christ XY.
Überheblichkeit nennt sich das Übel!
Die kleinen Leute werden von oben herab behandelt,
so, als wären sie weniger wertvoll,
als müsse man sich mit ihnen nicht sonderlich abgeben,
weil weder ihre Bildung
noch ihr Ansehen
angeblich von Bedeutung sind.
Zum Teufel mit solcher Arroganz!
Die einfachen Leute sind oft glaubwürdiger,
sie leben meistens so, wie sie reden,
sie sind weniger verdorben durch Ehrgeiz
und Karrieredenken.
Es gibt soviel Überheblichkeit
auch in der Gemeinde Jesu, leider;
Menschen, die sich für perfekt halten,
theologische Spezies,
synodale Experten,
und das Denken von oben nach unten blüht und gedeiht,
obwohl es nicht sein soll,
obwohl es den Menschen nur verdirbt.
Nichts gegen Fachkenntnis und Begabung,
aber alles gegen Hochmut und Angabe.
Weil vor Gott alle Menschen gleich sind,
zählt da kein Titel.
Verdirb es nicht mit den Menschen!
Wir müssen innerlich ein wenig an uns arbeiten und suchen,
milder in unserem Urteil,
anspruchsloser in unseren Forderungen zu werden.
Wir müssen anfangen, die Leute zu nehmen, wie sie sind,
und zur Erleichterung dieser Arbeit immer eingedenk sein,
daß es in Nord und Süd,
in Ost und West
immer wieder die alte Geschichte ist
und daß wir selber die Fehler teilen,
die wir an anderen rügen und verdammen.
Theodor Fontane

Aus: Gedanken für ein paar Minuten

8. Sonntag nach Trinitatis

Predigttext: Epheser 5,8b–14

Wolfgang Lück

Theologisch-homiletische Skizze

In der Exegese (Band 4) lese ich, daß die Hauptaussage des ersten Textteils hinausläuft auf den Gedanken: »Als ›Lichtkinder‹ deckt die verborgenen Werke der (Kinder der) Finsternis auf.« Da krampft es sich in mir zusammen. Ich denke an manche, die für sich heute in Anspruch nehmen, »Lichtkind« zu sein und die Werke von »Finsterniskindern« aufzudecken. Bestimmte theologische Programme bekämpfen mit solchen Chiffren ihre Gegner. Ist das gemeint: Eröffnet den theologischen Streit? Deckt alle das Schändliche von euren Gegnern auf? Wer führt dann gegen wen die Auseinandersetzung? Sind die Herrschenden dann Licht und die Opposition Finsternis? Oder ist es gerade umgekehrt? Mir gibt ein junger Mann zu denken, den ich bei einem Seminar kennenlernte. Er sagte: »Euch Pfarrern und allem Christlichen traue ich nicht über den Weg.« War er nun Finsternis, und waren die beiden anwesenden Pfarrer Licht? Ich hatte eher das Gefühl, daß er Licht war und Vertreter des Christlichen in der Finsternis sah. Kann das Licht sein, was andere unter Druck setzt, bevormundet? Ist »deckt auf« ein Freibrief für jegliche Form der Besserwisserei? Ich merke, wie schwierig solch dualistisches Reden ist. Wenn es denn im Text steckt, darf ich es einfach auf meine Situation übertragen? Wenn es nicht drin steckt, wie vermeide ich entsprechende Festlegungen, die ich mit dem Begriff assoziiert habe?

Frühere Meditatoren (Peter Bukowski, in: PTh 75. Jg. 1986. S. 373–379 und Wolfgang Schrage, in: WUPKG 69. Jg. 1980, S. 307–316) sind sich einig darin, daß es irgendwie um die Beschreibung der Besonderheiten und Aufgaben christlicher Existenz gehen müssen. Mal wird abgehoben auf den erkennbar andersartigen Lebensstil der Christen (1980), mal auf die »Lichtexistenz« der Christen, die erkennbar an der Herrschaft Jesu Christi partizipiert (1986). Man merkt den Hintergrund deutlich: hier der Horizont des Sozialen, dort der der neuen religiösen Bewegungen wie z.B. New Age.

Auch alle Texte, die den Charakter des Sonntags ausmachen, reflektieren diese Frage. Evangelium ist das Wort von Salz und Licht aus der Bergpredigt (Mt 5,13–16). Man sollte es in die Predigt einbeziehen. Alttestamentliche Lesung ist die Völkerwallfahrt zum Zion: »Kommt nun, ihr vom Hause Jakob, laßt uns wandern im Licht des Herrn.« Und erläutert wurde dieses Licht mit dem Hinweis auf die Weisung Gottes: »Schwerter zu Pflugscharen« usw. (Jes 2,1–5). Auch die weiteren Lesungen bringen interessante Aspekte: 2. Kor 6,9–20 »Alles ist erlaubt, es soll aber nichts gefangen nehmen.« Joh 9,1–7 stellt die Frage, wessen Schuld die Blindheit sei, und gibt die Antwort mit dem Hinweis auf das herrliche Tun Gottes. Psalm 48,2–11 schildert die »Stadt Gottes auf dem Berge«.

Vorschläge zur Liturgie

Eingangswort
Für das Eingangswort schlage ich Jesaja 2,1–5 vor. Man kann sich auf die »Völkerwallfahrt« dann besser in der Predigt beziehen. Auch das Thema »Licht« wird hier schon angestimmt.

Sündenbekenntnis
Wir hören, wie die Alten Dich, Herr, Deiner großen Taten wegen preisen, wie sie von Dir ihr Heil erwarten und Dir hoffnungsvoll entgegengehen. Haben sie mehr von Dir gesehen als wir? Herr, öffne uns die Augen für Dich, für Deine Taten, Dein Licht. Laß uns erkennen, was Du wirkst, damit wir wissen, wohin wir gehen können. Herr, erbarme Dich unser.

Gnadenwort
So spricht der Herr: Es wird nicht dunkel bleiben über denen, die in Angst sind. Gott läßt sich finden von denen, die ihn ernsthaft suchen. Er verbirgt sich wohl eine Zeitlang, aber dann offenbart er sich auch wieder denen, die nach ihm fragen, die Sinn finden möchten in ihrem Leben. Wir sind nicht verlassen. Kommt, lasset uns anbeten: ...

Kollektengebet
Herr, sammle die Gedanken und gib uns Deinen Geist! Hole uns weg, Herr, von unseren Sorgen und Nöten, von allem, was uns gefangen hält. Bringe uns auf andere Gedanken, auf Deine Gedanken. Begeistere uns durch Dein Wort. Dein Geist fülle uns aus und vertreibe, was uns mit Beschlag belegen will. Herr, erleuchte uns durch Jesus Christus, Deinen Sohn. Amen.

Als *Lesungen* schlage ich für die Epistel den Predigttext Eph 5,8b–14 und als Evangelium Matth 5,13–16 vor. Wo nur eine Lesung üblich ist, sollte Matth 5 genommen werden. Man wird so in der Predigt auf das Wort vom Salz und Licht Bezug nehmen können.

Lieder
SC 790,1–2+5; 190,1–4; SC 769,1–4; 451,1–4; 108,7

Vorschläge zur Predigt

Anfang
Liebe Gemeinde, ich habe zur Vorbereitung meiner Predigt jemandem, den ich gut kenne, diesen Text vorgelesen. Die Reaktion war: Bo, das sollst du alles predigen; das ist aber schwer. Interessant ist der Schluß. Da kommt plötzlich der Tod rein. Sonst habe ich vor allem gehört Licht, Licht, Licht. Und ich habe an schöne, helle Farben gedacht. Lies doch noch einmal den

Schluß: Ja, aufwachen. Das heißt für mich: Benutze deinen Verstand, so wird dir alles licht, so wirst du frei von dem, was dich bedrängt. Aber den Text als ganzes habe ich nicht behalten. Darüber habe ich keinen Überblick.
Liebe Gemeinde: Als ich den Text für diese Predigt zum erstenmal las, ging es mir ganz anders. Ich konnte diese Wörter Licht und Finsternis so nicht hören. Ich hatte eher eine Beklemmung. Ich dachte nämlich daran, wie in meiner Jugend diese Begriffe oft von frommen Leuten gebraucht wurden, die damit andeuteten, daß sie zum Licht, die anderen aber zur Finsternis gehörten. Die Menschen wurden sortiert in gute und böse, in Kinder des Lichts und Kinder der Finsternis. Und ich sah sie vor mir, diese selbsternannten Kinder des Lichts, wie sie uns Jugendliche damals bedrängten mit ihrer Forderung, daß wir Zeugnis ablegen sollten usw.
Ich würde diesen Eingangsteil eventuell mit einer zweiten Lesung des Textes abschließen und dann die Frage stellen: Wir haben jetzt überlegt und gesehen, wie es heutigen Menschen spontan mit diesem Bibelwort gehen kann. Nun wäre zu fragen, worum es in diesem Text denn wohl ursprünglich gegangen sein mag.

Den zweiten Teil würde ich vielleicht so beginnen:
Sehen wir uns einmal die Wörter an, die da benutzt werden: Licht, Finsternis, prüfen, offenbar werden. Ich habe den Eindruck: Hier geht es ums Sehen. Man könnte vielleicht formulieren: Was gibt's an Christen zu sehen? Und: Was kriegen Christen zu sehen? Ich denke, daß wir damit einigermaßen richtig liegen. Im Zusammenhang unseres Abschnitts aus dem Epheserbrief wird das Thema behandelt »Vom neuen Wandel in Christus«. Und die, die all die Texte für die Sonntage ausgesucht haben, verstanden das auch wohl so. Das Evangelium für heute hörten wir: Ihr seid das Licht der Welt und das Salz der Erde. Die Frage wird man stellen dürfen und müssen: Was gibt's an Christen zu sehen?
Hier können und sollen wieder eigene Erlebnisse erzählt werden.
Ich würde beispielsweise von jenem jungen Mann erzählen, den ich bei einem Psychodramaseminar kennenlernte. In unserer Gruppe waren wir zwei Theologen. Bei einer Auswertungsrunde kam zur Sprache, wer mit wem etwas anfangen konnte und wer mit wem nicht. Wir hatten alle unsere Schuhe ausgezogen und jeweils einen Schuh in die Mitte gestellt. Nähe und Distanz wurden durch die Plazierung der Schuhe abgebildet. Da war eine große Distanz zwischen diesem jungen Mann und den Theologen. Wieso das? Die Antwort war: Euch Pfarrern und allem Christlichen traue ich nicht über den Weg. Und es stellte sich heraus, daß Anton – so wollen wir ihn mal nennen – durchaus recht intensive Berührung mit kirchlichen, christlichen Leuten gehabt hatte. Aber sein Haupteindruck war gewesen: Die verlangen immer etwas von mir. Die wollen mich ständig erziehen. Die kommen mir moralisch und lassen mich gar nicht erst einmal so sein, wie ich

bin. Anton hatte etwas an Christen erfahren und gesehen, was ihn nicht frei und fröhlich, sondern bedrückt und abwehrend machte.
Ich könnte mir vorstellen, daß man – wenn solch eine negative Erfahrung berichtet worden ist – fortführe mit ungefähr folgenden Gedanken:
An dieser Begebenheit wird deutlich, wie wichtig es ist, welches Bild Christen abgeben. Es kann andere abschrecken. Berühmt ist das vom Philosophen Friedrich Nietzsche stammende Wort: »Die Christen müßten mir erlöster aussehen.« Es muß aber wohl auch positive Erfahrungen geben. Sonst gäbe es das Christentum kaum mehr. Zwar wird oft und gern darüber geklagt, daß Wort und Tat bei Christinnen und Christen, Pfarrerinnen und Pfarrern nicht übereinstimmten, daß sie nicht vorbildhaft genug seien usw. Aber es gibt auch die anderen Wahrnehmungen. Man muß danach nur mal fragen. Es gibt kaum jemanden, der nicht auch von beeindruckenden Gestalten in der Pfarrerschaft zu erzählen wüßte oder von überzeugenden Christinnen und Christen.

Hier begänne der *dritte Teil* der Predigt:
Das Erscheinungsbild der Christen bedeutet etwas für das Ansehen des christlichen Glaubens. Aber außerdem geht es um den Zustand der Welt überhaupt. Es geht um die Verwandlung der dunklen Welt in eine erhellte Welt. Es geht um das Offenbarwerden des Lichts.
Hier könnte man vielleicht so formulieren:
Liebe Gemeinde, geht es nun aber wirklich darum, daß Christinnen und Christen samt Pfarrerinnen und Pfarrern ein gutes Bild abgeben? Ich denke nicht. Hier sollen ja nicht die tollen Christen gezeigt und offenbart werden, sondern das Licht soll gezeigt werden. Die dunkle Welt soll erhellt werden. Die Welt soll verwandelt erscheinen und auch verwandelt werden. Ich erinnere an die Vision, die Jesaja hatte.
Man kann auf die Völkerwallfahrt verweisen, sie vielleicht noch einmal erzählen und dabei betonen:
Wo Gott erscheint, tut sich auch was. Die Leute staunen nicht nur, sondern rüsten ab, machen aus Schwertern Pflugscharen ... So etwas ist gemeint, wenn es in unserem Text heißt: »Die Frucht des Lichtes ist lauter Gütigkeit und Gerechtigkeit und Wahrheit.« Das sind nicht nur schöne und lobenswerte Eigenschaften. Gemeint ist: Wo Gott auftritt, verändert sich was. Da kommt tatsächlich etwas in Bewegung. Damals hatte man drei Begriffe, die das signalisierten: Gütigkeit, Gerechtigkeit, Wahrheit. In unserer heutigen Situation haben wir auch drei derartige Schlagwörter: Frieden, Gerechtigkeit, Bewahrung der Schöpfung. ...
Hier kann man etwas bei der Darstellung der Bemühungen um den konziliaren Prozeß verweilen. Doch sollte deutlich bleiben, daß es nur um die Illustration der Aussage geht, daß sich tatsächlich etwas tut, wo Gott auftritt.

Der vierte Abschnitt der Predigt müßte einsetzen mit dem Streit, der gerade über solche Dinge wie den konziliaren Prozeß möglich ist und auch geführt

wird. Solange das Reich Gottes noch nicht da ist, so lange werden wir nicht eindeutig sagen können, was richtig und falsch, was dem Licht Gottes entsprechend ist. Nach einer kleinen Schilderung von Streitpunkten in Sachen Friedenssicherung, Gerechtigkeit für die Dritte Welt und Bewahrung der natürlichen Grundlagen unseres Lebens könnte es etwa so weitergehen:
Liebe Gemeinde, viele von uns leiden unter dem Streit, der darüber entsteht, wie Christen am besten Zeugnis ablegen, was aus Glauben an Taten folgen soll. Aber unser Text predigt keine Harmonie. Er geht nicht davon aus, daß alle das gleiche sehen und übereinstimmen. Er spricht vom Prüfen. Es ist keineswegs vor aller Augen klar, was dem Herrn wohlgefällig, was Licht ist und was zur Erhellung der Welt beiträgt. Solange wir auf dieser Erde leben und Gottes Reich noch nicht verwirklicht ist, wird es Streit um die Wahrheit geben. Das kann natürlich nicht heißen, daß alle nach Gutdünken entscheiden. Es heißt »was dem Herrn wohlgefällig ist«. Martin Niemöller hat das auf eine einfache Formel für sich gebracht: »Was würde Jesus dazu sagen?« Ich muß nach Maßstäben suchen. Jesus ist einer. Auch da wird es noch Meinungsverschiedenheiten geben. Aber ich darf mir die Sache nicht zu leicht machen. Ich muß mir die Mühe machen, mich kritisch von ihm fragen zu lassen. ...
Hier könnte und sollte man vielleicht noch einflechten, daß heute vom Dialog der Religionen gesprochen wird. Das bedeutet, daß ich offen lassen muß, ob nicht andere mit anderen Maßstäben auch gute Prüfungsergebnisse haben können. Wir können nur sagen, daß wir in unserem Kulturkreis, in unserer Tradition mit dem Christentum gute Erfahrungen gemacht haben und meinen, daß es all das enthält, was zur Erhellung dieser Welt beitragen kann. Ob das auch auf anderen Wegen möglich ist, ist eine theoretische Frage und entzieht sich unserer Kenntnis.

Zum Schluß kann man sich auseinandersetzen mit der Aufforderung von Vers 14 »Wache auf, der du schläfst ...«. Hier könnte man sagen:
Liebe Gemeinde, wir sind der Frage nachgegangen, was man denn an dem Christen sehen könnte, und haben gemerkt, daß es dabei nicht um das Bild der Leute geht, sondern um die Erhellung der Welt. Aber, ich denke, es geht natürlich auch um uns selbst. Nicht darum, daß wir in den Augen anderer gut dastehen, sondern darum, daß unser Leben erfüllt und sinnvoll ist, hell und klar wird. Beim ersten Hören hatte es geheißen: Benutze deinen Verstand, so wird dir alles Licht; so wirst du frei von dem, was dich bedrängt. Ja, so könnte man es sagen.
Der Text endet mit einem Aufruf: Wache auf, der du schläfst, und stehe auf von den Toten, so wird dich Christus erleuchten. Wir sollten Licht sein. Die Welt soll hell werden. Wir werden erleuchtet sein. Wir sollen auch etwas davon haben, nicht nur für andere, für die Welt, sondern auch für uns. Erleuchtung heißt auch Freiheit, innere Freiheit, Erfüllung, Weg und Ziel. Uns wird nicht Moral abverlangt, sondern Erleuchtung geschieht. Auch insofern stimmte etwas nicht, wenn der junge Mann, von dem ich eingangs

erzählte, nichts mit Pfarrern und Christlichem zu tun haben will. Es stimmt etwas nicht, wenn Nietzsche meint, daß ihm die Christen erlöster aussehen müßten. Die entsprechenden Christen haben offenbar gemeint – so sehen wir jetzt –, man dürfte vom Glauben selbst nichts haben, Glaube müßte Last und Kreuz sein. Sie haben sich die Freude am Glauben selbst verboten. Sie haben nicht gesehen, daß der Glaube Erlaubnis ist. So möchte man ins Land rufen: Verbietet Euch nicht so viel! Meint nicht, ihr müßtet immer geben. Lernt das Nehmen, das Freuen, das Leuchten. Dann kommt das rechte Tun schon von ganz allein hinterher.

Die Dichterin Luise Rinser schrieb zu unserem Text: »Wir sind Licht. Es ist eine wunderbar wirksame Meditationsübung, sich hundertmal am Tag zu sagen: Ich bin Licht vom Licht. Das Wort zieht den Christus herbei, und der Christus in uns wird zum Licht für andere.«

Ich könnte mir vorstellen, daß die Predigt hier mit einem Gebet oder einem Gedicht abgeschlossen wird, das noch einmal das Erscheinen des Lichtes aufzeigt. Ich finde das Gedicht »Ostern« von Johannes Bobrowski (vgl. Kontexte) sehr geeignet. Ich würde es einfach ohne Kommentar am Schluß sprechen.

Kontexte

Johannes Bobrowski:

Ostern
Dort noch Hügel,
die Finsternis, aber
die Steige sind recht, aus der Ferne
die Ebenen nahn, mit dem Wind
herüber ihr Schrei.
Über den Wald. Der Fluß
kommt, die Birkenschläge
gehn an die Mauer, Türme,
Gestirn um die Kuppeln, das goldne
Dach hebt an Ketten ein Kreuz.
Da
in die finstere Stille
Licht, Gesang, wie unter
der Erde erst, Glocken, Schläge,
der Stimmen Hähnegeschrei
und Umarmung der Lüfte,
schallender Lüfte, auf weißer
Mauer Türme, die hohen
Türme des Lichts, ich hab
deine Augen, ich hab deine Wange,
ich hab deinen Mund, es ist
erstanden der Herr, so ruft,
Augen, ruft, Wange, ruf, Mund
ruf Hosianna.

Luise Rinser:
Aber kann man das: das Licht *wollen*? Kann man von sich aus aufwachen? Konnte Paulus, der Saulus, die Christusbegegnung *wollen*? Brach das Licht nicht über ihn herein ohne sein Zutun? Kaum. Er *war* schon Licht, ehe er wußte, das er's war. Das Licht in ihm, das Geisteslicht, zog den Blitz auf sich. Seine Sehnsucht nach Wahrheit, die den Saulus das Christentum als Irrtum ansehen ließ, ebendiese Sehnsucht rief den Christus herbei. Licht zum Licht, so geschehen Bekehrungen. Aber wer seine Sehnsucht erstickt, wer gar kein Licht will, wer sich gerade wohl fühlt im Finstern? Ach, so einen gibt's nicht. So einer ist wie ein Kind, das, weil es das Osterei nicht sofort findet, sich im dunklen Keller versteckt und mit aller Welt zerfallen ist und sich doch mit Schmerzen sehnt danach, gefunden und zum Spiel zurückgeholt zu werden.
Wir sind *Licht*. Es ist eine wunderbar wirksame Meditationsübung, sich hundertmal am Tag zu sagen: *Ich bin Licht vom Licht.* Das Wort zieht den Christus herbei, und der Christus in uns wird zum Licht für andere. Denn: Nicht einer allein ist Kind des Lichts, er kann es nur sein *mit* den andern, nämlich in der *Liebe*. Denn: *Liebe ist Licht.*
(aus: Walter Jens (Hg.), Assoziationen Bd. 2, Stuttgart 1979, S. 143–144)

9. Sonntag nach Trinitatis

Predigttext: Philipper 3,7–14
Johannes Seiß

Theologisch-homiletische Skizze

Der Text spricht mich unmittelbar auf die Frage an, woher ich mein Selbstwertgefühl beziehe, wodurch es immer wieder beschädigt wird und wie ich es aus dieser Beschädigung zu retten versuche (»Gewinn«, »Schaden«).
Was bedeutet für diese Frage die Rechtfertigungslehre von der Gerechtigkeit, die aus Gott kommt, und von der eigenen Gerechtigkeit, die ich aufzählen kann bzw. mir zu schaffen versuche? Und was bedeutet dafür der Blick auf Kreuz und Auferstehung Jesu Christi und das Leben in seiner Nachfolge und in der Gemeinschaft mit ihm? Für Paulus ist die Gerechtigkeit aus Gott und die Gnade Christi nicht billig zu haben. Er hat sie nicht sicher und für immer. Er will Christus *gewinnen*. Er will in der Gnade gefunden werden, will sie ergreifen, streckt sich danach aus und jagt ihr nach.
Die Leidenschaft dieses Textabschnittes mit seinen Kraftausdrücken läßt etwas von dem Kampf mit sich selbst und der Arbeit an sich selbst spüren (vgl. Phil 2,12f.). Paulus erzählt, daß dieser Kampf nicht verkrampft zu sein braucht, zerfressen von Ehrgeiz, Angst, Enttäuschungen, sondern voller Gewißheit, voller Hoffnung und Freude. Theoretisch kann ich diesen Unterschied verstehen. Hier beeindruckt mich, wie sehr Paulus offensichtlich den »Gewinn« dauernd verteidigen muß gegen die Versuchung zur »eigenen Gerechtigkeit«, die ihn ihm immer wieder streitig macht. Das hilft mir in meinen persönlichen Kämpfen.
Die Gefährdung der Philipper durch eine judenchristliche Irrlehre – und eine verkehrte Praxis des Glaubens – bleibt etwas unbestimmt. Man darf sie auch nicht einfach mit alttestamentlich-jüdischem Glauben und Leben identifizieren, obwohl Paulus von seiner jüdischen Herkunft spricht. Es ist wohl eher eine Mischung jüdischer Tradition mit hellenistischen, gnostischen Elementen, eine Variante der Verabsolutierung einer bestimmten Lebensweise, der Heilsbedeutung zugesprochen wird, die den Himmel auf Erden garantiert. Rechtfertigung, Kreuz und Auferstehung werden zu Hilfsmitteln auf dieser Heilsstufenleiter degradiert. (Vgl. Verse 18–21)
Moderne Heilslehren dieser Art finde ich bei christlichen Fundamentalisten ebenso wie in vielen Ausprägungen der New-Age- und Esoterik-Welle. Dabei sind nicht irgendwelche besonderen und fremdartigen Lehren gefährlich, sondern jene Wertvorstellungen, die in unser Wertsystem recht gut zu passen scheinen und uns im Kampf um unsere eigene Gerechtigkeit bestätigen. Es geht aber nicht um Bestätigung, sondern darum, Abschied zu nehmen von dem, was »dahinten« ist, und sich dem zu öffnen, der kommt. Wie also gehe ich mit solchen Erkenntnissen, Idealen und Zielen um, die heute in der Luft liegen und die mich beeindrucken? Wie gehe ich so damit um, daß sie mir nicht zum Schaden werden, mich nicht aus der Bahn werfen, auf die Christus uns gebracht hat?

Vorschläge zur Liturgie

Das Thema des 9. Sonntags nach Trinitatis ist durch die Evangelienlesung bestimmt, das Gleichnis von den anvertrauten Zentnern. Wie setzt sich das Geschenk der Gnade Gottes im Evangelium bei uns um in der täglichen Lebenspraxis, so daß es nicht zum Ruhekissen wird, sondern zu einer Energie, die uns verwandelt und erneuert?

Lieder
Wochenlied EKG 384 – nach der Predigt 254,1–3.6 oder 262,(1)10–11

Zum Confiteor oder zu einem erweiterten Kyrie
Gott lädt uns ein, die ungelösten Probleme unseres Lebens, die uns quälen, und alles, was uns an Schuld und Versagen belastet, vor ihm niederzulegen und seiner Gnade anheimzustellen. So bitten wir …
Gott will uns unsere Angst und Sorge um uns selbst und um andere abnehmen. Wir dürfen sie ihm klagen in der Hoffnung auf die Macht seiner Liebe und auf seine Hilfe. So bitten wir …
Gott erinnert uns in seinem Wort, daß nicht von uns allein alles abhängt. Wir dürfen unsere Verantwortung und unsere Pflichten ruhen lassen und zurückstellen, bis wir ihn um Wegweisung und Orientierung durch seinen Geist gebeten haben. So bitten wir …

Zum Gloria
Gott hat sich unser erbarmt. Nicht weil wir stark und tüchtig sind, hat er uns erwählt und durch Jesus Christus in seinen Dienst gerufen, sondern weil er uns geliebt hat. Diese Liebe laßt uns mit unserm Lied und unserm Leben preisen: Ehre sei Gott in der Höhe …

Als Eingangsgebet eignet sich etwa das Morgengebet von Dietrich Bonhoeffer:

Gott, zu Dir rufe ich in der Frühe des Tages.
Hilf mir beten
und meine Gedanken sammeln zu Dir;
ich kann es nicht allein.
In mir ist es finster,
aber bei Dir ist das Licht;
ich bin einsam, aber Du verläßt mich nicht;
ich bin kleinmütig, aber bei Dir ist die Hilfe;
ich bin unruhig, aber bei Dir ist der Friede;
in mir ist Bitterkeit, aber bei Dir ist die Geduld;
ich verstehe Deine Wege nicht, aber
Du weißt den Weg für mich.

Anregungen geben auch die folgenden Gebete von Hermann Bezzel:

O Herr Jesu, der du deiner Gemeinde auf Erden die Gnade gegeben hast, daß sie in dem verordneten Beruf lebe, leide, streite und deine Nachfolge bewahre, verleihe gnädig allen denen, die dich suchen, daß sie deiner zu aller Zeit gewiß und froh werden und in dir ihres Lebens Kraft und das Ziel ihrer Arbeit erblicken, um deiner Liebe und Erbarmung willen.

O Herr Gott, nimm hin von uns alles, was uns hindert vor dir; mein Gott, gib uns alles, was uns fördert zu dir, und mache aus uns Menschen nach deinem göttlichen Willen, daß du allezeit in uns wohnest, lebest und regierest und deine Werke an uns offenbarest.

Fürbitten

O Gott, du befreist uns aus der Einsamkeit und Verstocktheit unserer Bilder von uns selbst und von den anderen und gibst uns Mut und Hoffnung füreinander und zueinander. Wir bitten dich:

Für unsere Kirche und Gemeinde, daß wir einander nicht unerträgliche Lasten der Rechtgläubigkeit oder Moral auferlegen, sondern einander ermutigen, uns zu geben, wie wir sind, und dir und einander mit aufrichtigem Herzen zu dienen.

Für die Menschen, die im politischen Streit den rechten Weg zu Frieden und Gerechtigkeit suchen, daß sie nicht nur um Standpunkte streiten, sondern daran denken, wie es nach dem Streit weitergehen, wohin er führen soll; daß sie nicht nur auf das Arsenal altbewährter Lösungen zurückgreifen, sondern Mut fassen, neue Wege zu suchen zum Frieden, zur Gerechtigkeit und Bewahrung der Schöpfung.

Für alt und jung, Mann und Frau, Starke und Schwache, daß sie einander nicht verschlossen gegenüberstehen und ihre Wünsche und Bedürfnisse nicht stolz verschweigen; daß sie es wagen, sich im Gespräch miteinander auch Blößen zu geben, um einander besser zu verstehen und besser helfen zu können.

Für Gesunde und Kranke, Hilfsbedürftige und Helfer, daß die Starken sich ihrer Schwäche nicht schämen und die Schwachen ihre Stärken erkennen und darin anerkannt werden; daß sie sich so gegenseitig helfen und fördern.

Gott, du hast uns dein Reich verheißen. So laß uns heute aufbrechen, wo wir stehengeblieben waren, und geleite uns durch deinen Geist durch alle Begegnungen, alle Wege und Irrwege dieser Woche. Laß uns nicht müde werden und laß deine Gnade leuchten über uns und über denen, die mit uns auf dem Weg sind.

Vorschläge zur Predigt

Möglicher Predigtanfang

Auf manchen Photos gefalle ich mir nicht. Wenn ich sie mit anderen alten Photos betrachte, stecke ich sie schnell wieder weg oder blättere im Album weiter. Vielen Menschen geht es ähnlich. Anscheinend schwebt uns irgend ein Bild von uns selbst vor. Und manches Photo will gar nicht dazu passen. Wir möchten uns gern anders sehen. Auf manchen Bildern mache ich eine gute Figur, wie sie mir gefällt. Oder ich spiele eine Rolle, in der ich mich gern sehe: So möchte ich sein, darum bemühe ich mich. Auf anderen bin ich ertappt, wie ich eigentlich nicht sein will.

Ab und zu kann es geschehen, daß dann jemand anders sagt: »Gib mir das Photo. Ich mag es.« Dann wundere ich mich und frage mich: Was kann ihm daran gefallen? Wie kommt er oder sie dazu, mich auch *so* zu mögen? Und vielleicht vergesse ich dann das Bild, das ich von mir selbst habe, und denke vielmehr über diesen anderen nach, der mich so mag, wie ich eigentlich nicht sein will. Es kann sein, daß mir das auf einmal viel wichtiger ist.

Auch Paulus hatte ein Bild von sich selbst. Es ging ihm nicht ums Aussehen, sondern darum, was sein Leben wertvoll macht, was ihm Wert und Selbstwertgefühl gibt. Dieses Bild von sich selbst war ihm sehr wichtig. Als er Jesus Christus damals vor Damaskus begegnete, erlebte er mit Staunen, daß Jesus ihn sah und liebte, wie er wirklich war. Seitdem vergaß er sein Bild von sich selbst und achtete vielmehr darauf, wie er ihm nahe sein und ihm immer näher kommen könnte. Davon erzählt er im Philipperbrief im 3. Kapitel.

Textlesung

Man merkt es diesem Text an, daß es Paulus nicht leicht fiel, das Bild, das er sich von sich selbst gemacht hatte, zu vergessen und sich ganz auszustrecken nach der Liebe Christi. Es war auch nicht in einem einmaligen Akt geschehen, damals vor Damaskus. Es bedeutete dauernden Kampf und Arbeit an sich selbst. Darum spricht er hier so heftig und leidenschaftlich und in Kraftausdrücken davon.

Zum weiteren Verlauf

In einem ersten Teil möchte ich zeigen, wie tief das Bild von uns selbst in uns wurzelt und wie es durch die Gerechtigkeit aus Gott, durch Kreuz und Auferstehung Jesu seine Faszination verliert, wie wir davon frei werden. Als Beispiel nenne ich den Ehrgeiz, ein guter, ein frommer, anständiger Mensch sein zu wollen. Er begegnet uns als eine starke moralische Kraft, die zum Guten treibt. Seine Rückseite ist freilich die mehr oder weniger verheimlichte Enttäuschung und Demütigung, das mühsame Aufrechterhalten einer Fassade. Wir sagen dann gern, daß natürlich auch wir immer wieder Vergebung brauchen. Aber so machen wir die Gnade Gottes zu einem Hilfsmittel für unsere eigene Gerechtigkeit, setzen neue Flicken auf einen alten Schlauch. Darum wehrt Paulus sich so heftig dagegen. Nicht, weil er aufhören will zu kämpfen, sondern weil er anders kämpfen will und kann – aus dem Wissen um seine Grenzen, seine Schwäche und Schuld heraus. Er gibt dem schönen Bild von sich selbst den Abschied, um frei und ehrlich kämpfen zu können; denn er muß sich trotzdem nicht verloren geben. (Ein gutes Beispiel dafür sind die anonymen Alkoholiker, für die Einsicht und Bekenntnis zur eigenen Krankheit Voraussetzung aller Fortschritte in der Auseinandersetzung damit sind.)

Manchmal haben wir kein großes und schönes, sondern ein kleines und ängstliches Bild von uns selbst. Es sagt: Du schaffst das nie, was du möchtest oder sollst. Gib auf, zu oft schon bist du gescheitert. – Bei Jesus aber hat Paulus gelernt: Ich darf Angst haben und verzagt sein. Er tut Wunder an den Ängstlichen und Verzagten. Er richtete sie auf, wie Gott ihn auferweckt hat. Aus der Klinikseelsorge weiß ich, wie befreiend es für einen Patienten sein kann, wenn er weiß, daß er Angst haben darf. Solche Angst ist nicht mehr sinnlos. Sie kann weiterführen.

Deshalb wehrt sich Paulus so leidenschaftlich gegen die vorgefaßten Bilder von sich selbst, von seinem Wert oder Unwert. Und er will lieber dem Kreuz und der Auferstehung Jesu trauen, der ihn liebt.

In einem zweiten Teil der Predigt möchte ich kurz von den Irrlehrern in Philippi erzählen, gegen die Paulus sich mit polemischer Schärfe wendet. Sie können nicht im einzelnen geschildert werden, dürfen schon gar nicht mit »den Juden« verwechselt werden. Sie gehören einer Zeitströmung an, die der Gemeinde scheinbar fromme, christliche Idealbilder vor Augen stellt, wie sie zu sein hätte. Zwei Zeitströmungen unserer heutigen Zeit möchte ich nennen.

a) Angesichts der immer komplizierter und unüberschaubarer werdenden Welt flüchten viele Menschen zurück zu den einfachen Lösungen von früher (Fundamentalismus). Charakter, sagen sie, zeigt, wer sich selbst treu bleibt. Ein guter Deutscher, ein guter Katholik, ein guter Protestant. Nun ist es sicher gut, dankbar zu sein für das, was wir einmal in unserer Erziehung empfangen haben. Mancher hat als Kind im Schonraum der Familie gelernt, was Liebe ist. Aber wenn er später nicht lernt, dies nun auszuweiten über die Grenzen der Familie hinaus gegenüber Menschen, die anders denken und handeln, als er es gewohnt ist, dann bleibt diese Liebe infantil. Sie verkehrt sich in ihr Gegenteil und wird zur Abgrenzung. Vergleiche Jesu Verhältnis zu seiner Familie und zu seinem Volk Israel. Dietrich Bonhoeffer schreibt in seinem Brief aus dem Gefängnis zur Taufe seines Patenkindes von dem hohen Wert der Familientradition, in die das Kind hineinwächst. Aber er weiß, daß wir in einer veränderten Welt ganz neu lernen müssen, was Glauben und Leben aus dem Glauben heißt. So sind wir, sagt er, »zurückgeworfen auf die Anfänge des Verstehens«. Wir brauchen uns nicht zu genieren, immer wieder ganz neu zu lernen. Dazu befreit der Blick auf das Kreuz und die Auferstehung Jesu. Darin besteht die Gerechtigkeit aus Gott.

b) Von vielen Leuten werden uns heute auch Bilder vor die Augen gestellt, die das Ideal einer »neuen Lebensweise« beschreiben. Bilder von New Age, vom neuen Zeitalter: Man muß sich nur die neue Lebensweise aneignen, die richtige Ernährung, den richtigen Umgang mit dem Körper und mit der Natur, das richtige Denken, die richtige Einstellung. Dann versprechen sie einem persönliches Glück im kleinen Kreis oder das Heil der Welt. Und viele dieser Ideale sind ganz gewiß bedenkenswert und richtig. Aber entweder führen sie in die Enttäuschung oder zu sektenhaftem Abschluß gegen die andern: Wir sind die Besseren. Und wer es wirklich ernsthaft versucht, die Welt zu retten, gerät leicht entweder in die Verzweiflung oder in zynische Menschenverachtung. Jesus nimmt uns unsere Verantwortung nicht ab. Aber am Kreuz wird offenbar, daß unsere Zukunft und die Zukunft der Welt nicht von unserem Erfolg abhängt. So können Menschen den mühsamen Weg in die Zukunft miteinander immer wieder neu auf sich nehmen. Auch mit denen, die sich nicht nach unserm Bild formen lassen wollen. Wo für uns Türen zuschlagen, tut Gott neue Türen auf. Wir können uns seiner Führung anvertrauen, weil sein Ziel kommt.

Möglicher Schluß
Paulus schließt mit einem ganz neuen Bild von sich selbst. Es ist nicht festgelegt: So muß ich sein. Er sieht sich als einen Läufer auf einer langen Strecke. Er braucht nicht an die Vergangenheit zu denken und braucht nicht um das Ziel zu sorgen. Darum kann er jetzt laufen, ganz konzentriert auf den Augenblick, ohne Angst, wie er das schaffen soll oder kann. Er kann sich ganz hingeben im Vertrauen darauf, daß ihm Schritt für Schritt die nötigen Kräfte zuwachsen werden, daß sich Schritt für Schritt neue Ausblicke auf das Ziel auftun.
Ich könnte die Predigt abschließen mit einer Kurzfassung aus den 10 Geboten der Gelassenheit von Johannes XXIII. (Siehe Kontexte)

Kontexte

Max Frisch, Tagebuch (1946):

Du sollst dir kein Bildnis machen

Es ist bemerkenswert, daß wir gerade von dem Menschen, den wir lieben, am mindesten aussagen können, wie er sei. Wir lieben ihn einfach. Eben darin besteht ja die Liebe, das Wunderbare an der Liebe, daß sie uns in der Schwebe des Lebendigen hält, in der Bereitschaft, einem Menschen zu folgen in allen seinen möglichen Entfaltungen. Wir wissen, daß jeder Mensch, wenn man ihn liebt, sich wie verwandelt fühlt, wie entfaltet, und daß auch dem Liebenden sich alles entfaltet, das Nächste, das lange Bekannte. Vieles sieht er wie zum ersten Male. Die Liebe befreit es aus jeglichem Bildnis. Das ist das Erregende, das Abenteuerliche, das eigentlich Spannende, daß wir mit den Menschen, die wir lieben, nicht fertigwerden; weil wir sie lieben; solange wir sie lieben. Man höre bloß die Dichter, wenn sie lieben; sie tappen nach Vergleichen, als wären sie betrunken, sie greifen nach allen Dingen im All, nach Blumen und Tieren, nach Wolken, nach Sternen und Meeren. Warum? So wie

das All, wie Gottes unerschöpfliche Geräumigkeit, schrankenlos, alles Möglichen voll, aller Geheimnisse voll, unfaßbar ist der Mensch, den man liebt –
Nur die Liebe erträgt ihn so. ...
... Unsere Meinung, daß wir das andere kennen, ist das Ende der Liebe, jedesmal, aber Ursache und Wirkung liegen vielleicht anders, als wir anzunehmen versucht sind – nicht weil wir das andere kennen, geht unsere Liebe zu Ende, sondern umgekehrt: weil unsere Liebe zu Ende geht, weil ihre Kraft sich erschöpft hat, darum ist der Mensch fertig für uns. Er muß es sein. Wir können nicht mehr! Wir künden ihm die Bereitschaft, auf weitere Verwandlungen einzugehen. Wir verweigern ihm den Anspruch alles Lebendigen, das unfaßbar bleibt, und zugleich sind wir verwundert und enttäuscht, daß unser Verhältnis nicht mehr lebendig sei.
»Du bist nicht«, sagt der Enttäuschte oder die Enttäuschte: »wofür ich dich gehalten habe.«
Und wofür hat man sich denn gehalten?
Für ein Geheimnis, das der Mensch ja immerhin ist, ein erregendes Rätsel, das auszuhalten wir müde geworden sind. Man macht sich ein Bildnis. Das ist das Lieblose, der Verrat.

Bonhoeffers Brief aus dem Gefängnis zur Taufe seines Patenkindes.

Bert Brecht: Das Wiedersehen
Ein Mann, der Herrn K. lange nicht gesehen hatte, begrüßte ihn mit den Worten: »Sie haben sich gar nicht verändert.« »Oh!« sagte Herr K. und erbleichte.

»Dekalog der Gelassenheit« von Johannes XIII. (Mit diesen Vorsätzen »Nur für heute« bewältigte der schwerkranke Papst seinen Alltag. Der Text wurde meines Wissens abgewandelt aus einer amerikanischen Laienpsychologie der 50er Jahre von Carnegie übernommen.)
Nur für heute werde ich mich bemühen, den Tag zu erleben, ohne das Problem meines Lebens auf einmal lösen zu wollen.
Nur für heute werde ich mich den Gegebenheiten anpassen, ohne zu verlangen, daß sich die Gegebenheiten an meine Wünsche anpassen.
Nur für heute werde ich etwas tun, wozu ich eigentlich keine Lust habe.
Nur für heute werde ich nicht danach streben, die anderen zu kritisieren oder zu verbessern – nur mich selbst.
Nur für heute werde ich in der Gewißheit glücklich sein, daß ich für das Glück geschaffen bin.
Nur für heute werde ich eine gute Tat vollbringen.
Nur für heute werde ich zehn Minuten meiner Zeit einem guten Buch widmen.
Nur für heute werde ich keine Angst haben.
Nur für heute werde ich ein genaues Programm aufstellen. Vielleicht halte ich mich nicht genau daran. Aber ich werde es aufsetzen. Und ich werde mich vor zwei Übeln hüten: vor der Hetze und der Unentschlossenheit.
Nur für heute werde ich glauben – selbst wenn die Umstände das Gegenteil zeigen sollten – daß Gott für mich da ist, als gäbe es sonst niemanden in der Welt. Ich will mich nicht entmutigen lassen durch den Gedanken, ich müßte dies alles mein ganzes Leben lang durchhalten. Heute ist es mir gegeben, das Gute während zwölf Stunden zu wirken.

10. Sonntag nach Trinitatis

Predigttext: Römer 11,25–32
Wolf-Dietrich Hardung

Theologisch-homiletische Skizze

Es darf von der biographischen Bemerkung des Exegeten ausgegangen werden, daß mit dem Satz in Kap. 11,25: »Damit ihr euch nicht selbst für klug haltet« jene Christen in Rom in die Schranken gewiesen werden sollen, welche die Juden bekämpfen und ihr Heil von der Bedingung einer Bekehrung zu Christus abhängig machen. Die persönliche Betroffenheit des Paulus als Auch-Jude macht die Spannung der drei Kap. 9–11 des Römerbriefes aus.

Nun bestünde die Möglichkeit, die heutige Rolle der Juden, etwa angesichts des Golf-Kriegs und seiner Folgen, zu erörtern. Es könnte gefragt werden, ob das »Nein« zum Golfkrieg, das viele Christen bewegte und die Friedensbewegung bei den Israelis in Verruf brachte, christlicher Selbstgerechtigkeit entsprang. Oder ob umgekehrt die Israelis mit ihrer feindseligen Haltung gegenüber den von Bombardements mitbetroffenen Palästinensern und (deren) Christen den Frieden auch für ihr Land mit verfehlt hätten. Oder endlich, ob nicht heute Juden wie Christen vor dem Tor der Barmherzigkeit warten müßten. Bis schließlich die Fülle der Nichtchristen und Nichtjuden Miterben der Barmherzigkeit Gottes würden.

Der Verfasser dieser Skizze hat sich aber entschlossen, das andere große Ereignis für den Text zu aktualisieren, welches heute die Christen in Deutschland bewegt, nämlich: Was wird aus unserem Volk und was aus unserem Glauben? Anlaß dafür ist die Zusammenlegung der beiden deutschen Teilstaaten mit deren Folgen.

Auch für diesen Weg zur Predigtgestaltung ist Ausgangspunkt die Aussage, welche Paulus als Mysterium bezeichnet: daß nämlich durch Gottes Wirken aus Ungehorsam Heil und Rettung erwachsen kann. Damit der Anmarsch nicht zu lang wird, vollziehen wir einen geschichtlichen Sprung. Was einem Teil Israels (11,25) widerfahren war, geschieht nun einem Teil der Christenheit in Deutschland. – Die Kollektive Volk- und Glaubensgemeinschaft werden wie bei Paulus in ihrer Verknüpfung beibehalten. Der in der Hörergemeinde angesprochene Christ muß sich darauf besinnen, ob auch er eine emotionale Bindung zu diesem Vätererbe besitzt. Er muß sich fragen lassen, inwiefern er dieses Erbe verfehlt hat. Und er wird ermutigt, nicht als Optimist oder Pessimist damit umzugehen, sondern auf das Mysterium zu setzen, welches Paulus beschreibt.

Dabei hat der Verfasser eine dörfliche Stadtrandgemeinde vor Augen. Hier ist die Sorge um Kirche und Glaube sowie der Weg, den unser Volk mit oder ohne Glaubenserbe machen wird, noch durchaus lebendig. Auch die Verbindung des persönlichen Lebens mit dem der großen Kollektive: Kirche und Volk ist voraussetzbar. Die Frage: Was wird aus mir, stellt sich so auch auf kollektiver Ebene: Was wird aus uns? Daß beide Fragen miteinander zusammenhängen, darf vorausgesetzt werden. Und daß der Ungläubige auch für den Glauben des Gläubigen Bedeutung hat, ist eine weitere wichtige Aussage des Textes.

Es ist dem Verfasser schwer gefallen, die fertig konzipierte Predigt aufzuteilen, um Spielräume für den Benutzer der Arbeit zu schaffen. Veränderungen sind überall denkbar. Sie sind vom Verfasser aber speziell für die Abschnitte eingeplant, wo die Frage nach Glauben und Volk der Deutschen die Frage nach dem geistlichen Israel als Volk der Verheißung überlappt. – Dieser sehr einfach anmutende geschichtliche Sprung ist nämlich problematisch. Er darf nicht etwa nationalistisch mißdeutet werden. Der Zielgedanke besteht vielmehr darin, die Erschütterung des Paulus in möglichster Nähe auf den heutigen, individuell, nicht kollektiv denkenden Predigthörer zu übertragen. Denn das Mysterium des Paulus ist nicht rational, sondern emotional verständlich: ein Symbol des alles überstrahlenden Gottesvertrauens und Christusglaubens.

Die Einarbeitung des Gedichts von Nelly Sachs am Predigtschluß kann auch auf andere Weise geschehen. Der Verfasser legt daher hier den Gesamtwortlaut des Gedichts vor:

Schmetterling

Welch schönes Jenseits
ist in deinen Staub gemalt.
Durch den Flammenkern der Erde,
durch ihre steinerne Schale
wurdest du gereicht,
Abschiedswebe in der Vergänglichkeiten Maß.

Schmetterling
aller Wesen gute Nacht!
Die Gewichte von Leben und Tod
senken sich mit deinen Flügeln
auf die Rose nieder
die mit dem heimwärts reifenden Licht welkt.

Welch schönes Jenseits
ist in deinen Staub gemalt.
Welch Königszeichen
im Geheimnis der Luft.

Vorschläge zur Liturgie

Lieder

333,1–6; 307,1.2.5.6; 297,1.11.12; 388,1.2.

Buße

Psalm 57

Eingangsgebet

Laßt uns beten:
um deine Nähe, o Gott,
die wir oft nicht spüren,
an der wir zweifeln,
die wir übersehen.

Gib uns Ohren nach innen,
deine Stimme zu erlauschen,
wenn sie sehr leise spricht.

Gib uns Augen nach innen,
deine Wegspur zu entdecken,
wenn sie durchs Dunkel führt.

Denn Du hast verheißen,
daß dein Engel uns leiten werde;
so daß wir einander bei der Hand nehmen können,
auch als Gemeinde in diesem Gottesdienst. Amen.

Schlußgebet
Gott,
als Menschen deiner Kirche
bekennen wir unsere Schuld
– aneinander,
– an der Welt,
– und an dir ...

Wo wir reden sollten
und uns für deine Wahrheit einsetzen,
haben wir geschwiegen.

Wo wir hätten schweigen sollen,
haben wir uns in Geschwätz verloren ...

Wir waren unbeteiligt,
wo wir handeln sollten.

Und wir sind in laute Aktivitäten ausgewichen,
um nicht in der Stille
dir und deinem Auftrag zu begegnen.

Mit unserem Leben
haben wir die große Freude deiner Botschaft
verleugnet;
– und wir sind sie anderen schuldig geblieben ...

An der Spaltung deiner Christenheit
sind wir beteiligt ...

Herr, vergib uns!
Gib uns Raum, dich zu vernehmen.

Nimm von uns, was uns niederdrückt.
Laß uns teilhaben an deiner Freude,
daß wir – von ihr erfüllt – sie teilen können

– und sie uns miteinander verbinde
und heile ...

Herr, erbarme dich unser!
Amen.

Aus: Gerhard Hopfer, ... Und gibst meiner Seele große Kraft. Andachten und Meditationen. Sonnenweg Verlag, Konstanz 1985.

Predigtskizze

Liebe Gemeinde: Seltsame Gedanken hat der Apostel Paulus über seine jüdischen Volks- und Glaubensgenossen und ihr Verhältnis zu den neuen Glaubensgenossen, den Heidenchristen. Er nennt diese Gedanken ein Mysterium, ein Geheimnis. In drei Kapiteln des gewaltigen Römerbriefes, also des Briefes an die Christengemeinde in Rom, entfaltet er dieses Mysterium. Und unser Textabschnitt faßt diese Erörterung zusammen. Im Briefabschnitt zittert die Erregung des Paulus nach. Denn das Mysterium enthält zugleich das Geheimnis des Mannes Saul aus Tarsus ...
Der Prediger schildert nun die Verflochtenheit der Person des Paulus mit seinem Volk und seinen jüdischen Glaubensgenossen bis hin zu der Sehnsucht, sie zu überzeugen. Er läßt hier das Thema der Gegenwart anklingen, ob wir nicht auch mit dieser Sorge um unsere Kirche und unser Volk umgehen.
... In unserer Welt ist die Frage: Was wird aus dem Glauben und unserem Volk? ebenfalls eine erschütternde Frage. Im Jahr 1989 gab es in Leipzig, Dresden und anderen Städten gewaltige Bittgottesdienste zu dieser Frage. Ein neuer Friede, Gottesfriede, sollte unter den Menschen entstehen. Die Leute mit den brennenden Kerzen hatten vor Erregung leuchtende Augen. Und die Erregung teilte sich über die Bildschirme mit und erfaßte das ganze Volk.
Heute erfahren wir, daß der Glaube nicht mitkam mit der Stunde der Vereinigung ...
Der Prediger kann nun schildern, möglichst in einzelnen Beispielen, wie: Stasi-Akten – Angstkäufe – Arbeitslosigkeit – Unwille im Westen, auf die Situation einzugehen – auch auf Seiten der Kirchen in Sachen: Schulunterricht, Militärseelsorge, Bereitschaft im Osten mitzuarbeiten usw. – als Verstockung ausgelegt werden kann gegenüber dem Dienstgedanken des Evangeliums: »Einer trage des anderen Last«. Diese Verstockung bezieht sich sowohl auf die Christengemeinde wie auch auf das von ihr im Sinne der Volkskirche angeredete Volk.
... Was erwartet nun Gott von uns, den Christen? Vielleicht zunächst dieses, daß wir die gute Freude am Leben und die Verantwortung unter Nichtchristen nicht gering achten in eigener Selbstgefälligkeit.

Es kann dann geschildert werden, an wieviel Stellen wir uns an Lebensfreude und Verantwortung von Nichtchristen mitfreuen könnten: z.B. der freundliche fremde Busfahrer; der nichtchristliche Arzt oder Pfleger usw. Dem gegenüber die eigene Verdrossenheit im Kampf um Absicherung des Lebensstandards. So daß am Schluß des Abschnitts die Aussage unseres Textes stehen kann: »Gott hat alle eingeschlossen in den Ungehorsam, damit er sich aller erbarme.« (11,32)

Möglicher Schluß
Ein seltsames Geheimnis des Lebens vor Gott, das der Apostel Paulus auch für uns entdeckt hat. Das Leben, das mit soviel Schwerem verbunden ist, hat ein Ziel, das über uns hinausweist. Über das wir nur staunen können wie über die Wunder der Natur.
Die Dichterin Nelly Sachs, die als Jüdin das unbegreiflich Schwere im Leiden ihrer Glaubensgeschwister besungen hat, bindet Verheißung und Natur zusammen im Gleichnis vom Schmetterling.
Dieser sitzt auf einer welkenden Rose. Seine kostbaren Flügel sind aus Staub, wie die Blätter der Rose. Staub, der letztlich glutflüssig das ganze Innere der Erde erfüllt. Von dieser staubhaften Schönheit der Rose und des Schmetterlingsflügels sagt die Dichterin: »Welch schönes Jenseits ist in deinem Staub gemalt.«
Welch schönes Jenseits ist so auch in den Staub des Unglaubens gemalt: die Hoffnung auf den Glauben der Ungläubigen, welchen Jesus Christus gelebt hat.
Wir alle stehen vor dem Tor der Verheißung, um zu warten, bis die Menschen ohne Glauben dort angekommen sind. Laßt uns dafür mit zitterndem Herzen eintreten.

Zum Gottesdienst am Israelsonntag

mit seinen Lesungen

Harald Storz

Predigt 1. Teil

Israelsonntag, vielleicht haben Sie sich gefragt, als Sie das Wort gelesen haben: Was ist denn das nun wieder? Zu Recht fragen Sie so, denn dieses Wort ist noch nicht so lange in Brauch. Es ist ein neuer Name, aber – für eine alte Sache. Seit alters gedachten die Christen am 10. Sonntag nach Trinitatis der Zerstörungen Jerusalems.

Haben sie es von den Juden übernommen, die in ihrer unmittelbaren Nachbarschaft lebten? Die trauerten und fasteten ebenfalls Anfang August über die zweifache Zerstörung von Stadt und Tempel. Die erste geschah im Jahr 586 vor Christus durch die Babylonier, die zweite im Jahr 70 nach Christus durch die Römer. Beide Male war es der gleiche Tag im August, an dem die Katastrophe besiegelt wurde.

Das war Juden und Christen gemeinsam: Beide dachten an Jerusalem im Monat August. Daß sie das teilweise sehr verschieden taten, soll schon hier nicht verschwiegen werden. Aber immerhin, der 10. Sonntag nach Trinitatis war und ist eine Chance, Gemeinsamkeiten wahrzunehmen. Die erste ist ganz einfach die: Wir lesen zusammen den ersten Teil der Bibel.

Diesem Teil der Bibel, den Christen das Alte Testament nennen, ist auch der erste Text für diesen Sonntag entnommen. 1. Könige 25 – ein Ausschnitt aus dem Bericht von der 1. Zerstörung Jerusalems.

Textlesung

Ein knochentrockener Chronistenbericht. Kurz und knapp werden Namen, Daten, Fakten aufgezählt. Von Gott – kein Wort. Schweigt der Schreiber deshalb von Gott, weil auch Gott schweigt? Wo ist er denn? Warum sagt er nichts? Warum tut er nichts? Der Tempel, Ort des Gottesdienstes, Ort der Gottesnähe, wird in Trümmer gelegt. Und Gott? Liegt er in den Trümmern des Tempels?

»Gott liegt für mich in den Trümmern von Dresden, von Hamburg und Berlin«, sagte eine, die seitdem einfach nicht mehr beten kann. Viele Kirchen wurden seitdem wieder aufgebaut, demnächst vielleicht auch in Dresden. Aber wer baut die zertrümmerten Gebete wieder auf, zerbrochenen Glauben? Die Katastrophen Jerusalems konfrontieren uns mit eignen Erfahrungen, eigenen Fragen und Ängsten: Beten, Glauben, die Kirchen können zerbrechen an der Erfahrung der Abwesenheit Gottes.

Das verbindet Christen und Juden. So können sie gemeinsam schweigen und nach Gott fragen und suchen, daß er unter uns, in meinem und deinem Leben, im Leben der Völker, eine *Wohnung* finde.

Lied 109,1: Gott, der Vater wohn bei uns

Predigt 2. Teil
So könnten Juden und Christen gemeinsam fragen und um sein Erbarmen bitten. Aber selten ist es so gewesen. Die Zerstörung Jerusalems und des Tempels, vor allem die zweite im Jahr 70 nach Christus – sie mußte oft herhalten für Überheblichkeit und Rechthaberei: »Da sieht man es: Das ist die Strafe dafür, daß sie unsern Herrn Jesus getötet haben.« Dieser stereotype Vorwurf ist immer wieder Rechtfertigung für Verfolgungen, Pogrome, Morde an Juden gewesen. Wieviele Karfreitage wurden zum Auslöser von Judenverfolgungen: Sie haben ihn getötet. In der Kirche sangen sie »Ich bins, ich sollte büßen«, und vor der Kirche schrieen sie »Sie warn's, sie sollen's büßen«. Und die Zerstörung Jerusalems – sie war eine Strafe Gottes. Ein wenig klingt auch die Evangelienlesung dieses Sonntags danach: Lukas 19. Das ist der Anfang der Leidensgeschichte Jesu, der »Palmsonntag nach Lukas«. Jesus zieht in Jerusalem ein – eine Woche später hängt er am Kreuz. Und in diesem Zusammenhang steht dann folgendes:

Evangelienlesung

Jesus weint! über die Stadt! Jesus streitet – nicht gegen, sondern für den Tempel und seinen Gottesdienst. »Und *das ganze Volk Israel* hing ihm an.« Aber man konnte diesen Text auch anders lesen: »Man wird dich dem Erdboden gleichmachen samt deinen Kindern? Wieso, ein paar Kinder sind doch noch hier?« »Jesus treibt die jüdischen Schacherer mit der Peitsche hinaus? Aber bei uns haben sie sich schon wieder eingeschlichen!«
Christlicher und völkischer Antisemitismus haben sich oft genug das Wasser gereicht. Oft genug wurde die Christen und Juden verbindende Mahnung dieses Textes mit Füßen getreten: »Ach, wenn doch auch du erkenntest zu dieser Zeit, was zum Frieden dient!«

Orgelchoral über 109,2: Jesus Christus wohn uns bei

Predigt 3. Teil
»Die Juden haben Jesus getötet.« Dieser Vorwurf war eine Quelle des Unheils für das Zusammenleben von Christen und Juden. Es war der Apostel Paulus, der diesen Vorwurf in die Welt gesetzt hat. 1. Thessalonicher 2,15: »Die Juden haben den Herrn Jesus getötet und gefallen Gott nicht und sind allen Menschen feind.« Ein scharfer, leidenschaftlicher Satz mit

fatalen Folgen durch die Jahrhunderte. Ich kann diese Leidenschaft nicht rechtfertigen, aber ich kann sie ein klein wenig nachvollziehen, wenn ich mir vor Augen halte: Paulus selbst war Jude, wie Jesus auch. Und Paulus litt darunter, daß sein Volk, Gottes Volk, nicht an Jesus glauben wollte. Das erwählte Volk Gottes glaubte nicht an den erwählten Messias, den Retter. Ist das erwählte Volk, das nicht an ihn glauben will, verstoßen? Paulus sagt: »Genau, so ist es, die Juden haben unsern Herrn Jesus getötet und gefallen Gott nicht.«

Liebe Gemeinde, meinen Sie nicht, diese Frage ginge uns nichts mehr an. Das, was diese Frage auch heute bedrängend machen kann: Wenn Gott die Verheißungen für sein Volk Israel fallenlassen kann, wer weiß, vielleicht läßt Gott dann auch einmal andere Zusagen fallen: »Siehe ich bin bei euch alle Tage bis an der Welt Ende.« »Wo zwei oder drei in meinem Namen versammelt sind, da bin ich mitten unter ihnen.«

Kann Gott Gnade, Berufung und Verheißung fallen lassen? Oder noch einfacher gefragt: Kann ich mich auf Gott und auf sein Wort verlassen, wenn sein Volks Israel es scheinbar nicht konnte? Alle Gewißheit des Glaubens kann an dieser Frage hängen. Das wußte der Jude Paulus.

Seinen ersten Antwortversuch im 1. Thessalonicher hat er später grundlegend verworfen in einem Abschnitt aus dem Römerbrief, der Epistellesung für diesen Sonntag ist. Paulus sieht hier in seinem letzten Brief andeutungsweise eine Lösung für die ihn bedrängende Frage: »Jetzt ist die Zeit der Nichtjuden, der Heiden. Sie kommen durch den Glauben an Jesus zum Heil. Aber am Ende wird auch ganz Israel zum Heil gelangen. Ob mit oder ohne Jesusglauben – das läßt Paulus merkwürdig offen, das ist ihm ein Geheimnis, das er Gott getrost überläßt, wenn nur das eine gewiß ist: Gottes Gaben und Berufung bleiben!

Epistellesung

Lied 109,3: Heilger Geist, der wohn uns bei

Predigt 4. Teil

»Daß Gott sich aller erbarme«, Juden und Heidenchristen, das ist das Ziel der Wege Gottes. Miteinander sind sie auf dem Weg. Gemeinsam suchen sie nach Gott. »Daß er sich aller erbarme« – das ist das Ziel dieses Suchens. Davon erzählt eine Geschichte, die am Ende stehen soll. Es ist, wie sollte es anders sein, eine jüdische Geschichte. Gottes Klage – so heißt sie (aus: So soll man Geschichten erzählen. Weisheit der Chassiden. Herder-Verlag Wien 1985, S. 11).

Ein Enkelkind des Rabbi Baruch liebte es, Verstecken zu spielen. Eines Tages spielte der Junge wieder mit einem Knaben. Er verbarg sich, wartete lange in seinem Versteck, denn er meinte, sein Freund suche ihn und könne ihn nicht finden. Sein Herz freute sich sehr. Lange wartete er so, aber vergebens! Sein Gefährte suchte ihn nicht. Er kam aus dem Versteck heraus, fand den Knaben nicht mehr und wurde gewahr, daß er ihn gar nicht gesucht hatte. Er lief in die Stube seines Großvaters, weinte und klagte: »Ich habe mich versteckt, und der böse Henoch hat mich nicht gesucht!« Da entströmten den Augen Rabbi Baruchs Tränen, und er sagte: »Schau, so klagt Gott auch! Er hat sein Antlitz von uns abgewendet und sich vor uns verborgen, daß wir ihn suchen und ihn finden – wir aber suchen ihn nicht.«

Orgelimprovisation über 218,1: Weck die tote Christenheit

Glaubensbekenntnis

Lied 218,7: Kraft, Lob, Ehr und Herrlichkeit sei dem Höchsten allezeit

Aufbau und Konzeption dieses Verkündigungsteils sind eine Erprobung der Erneuerten Agende, Variante B (s. Vorentwurf S. 197 f.).

11. Sonntag nach Trinitatis

Predigttext: Epheser 2,4–10

Karl-Fritz Daiber

Theologisch-homiletische Skizze

Die Exegeten verweisen auf den kultisch-sakramentalen Erfahrungshintergrund des Textes. Die durch Christus eröffnete neue Existenz wird in der Taufe zugeeignet, im sakramentalen Mahl erneuert und vollzogen. Dabei ist vorauszusetzen, daß die frühchristlichen Gemeinden des ersten Jahrhunderts reale soziale Gemeinschaften bildeten. Der kultische Vollzug war ein symbolischer Vollzug, zugleich sozial erlebbar: Der einzelne war eingebettet in die neue Gemeinschaft. Wer getauft wurde, gehörte jetzt dazu, war Bruder und Schwester geworden.

Von diesem Erfahrungshintergrund her kann der Text nicht mehr gepredigt werden. In volkskirchlichen Großgemeinden hat sich die Sozialität des Glaubens verflüchtigt. Kultisch-sakramentales Handeln und soziale Lebensvollzüge stehen oft unverbunden nebeneinander. Die Diskrepanz muß durch die theologische Reflexion überbrückt werden. Dies ist wohl der wichtigste Grund dafür, warum der Text fremd, unverständlich und lebensfern verstanden wird.

In meinem homiletischen Proseminar im Sommersemester 1991 wurden verschiedene Predigtvorgespräche zu diesem Text durchgeführt. Fremdheitserfahrungen überwogen, bis dahin, daß aus einer Gruppe berichtet wurde, der Text hätte weder Assoziationen noch Emotionen ausgelöst. Eher eine Ausnahme blieb, daß der Text dort, wo er auf der emotionalen Ebene wahrgenommen werden konnte, als Zuspruch gehört wurde.

Schlüsselworte wie Erbarmen, Liebe, Gnade, Rettung tragen dazu bei. Beim Weiterbedenken des Textes spielte das theologisch-reflektierende Umgehen mit den Aussagen die Zentralrolle: Wenn alles Gnade ist, ist dann nicht über Glauben und Nichtglauben im vorhinein schon entschieden? Wo bleibt die Verantwortung des Menschen, sein freier Wille? Dies, daß er die Aufgabe hat, sein Leben selbst in die Hand zu nehmen. Hier deuteten sich eher Widerstände an. Sie zogen sich durch die mir vorliegenden drei Gespräche wie ein roter Faden hindurch.

Angesichts der geschilderten Problemlage verzichte ich darauf, den Text in einen gottesdienstlich-sakramentalen Erfahrungszusammenhang einzubetten und ihn von daher zu erschließen. Eine lebensnahe Predigt ist über diesen Weg kaum zu gewinnen. Entsprechendes gilt für eine ekklesiologische Situierung. Volkskirchliche Gemeinden müßten für diesen Weg gemeinschaftsfähiger sein.

Ich nehme den im Text angelegten Gedanken der Gegenüberstellung von Altem und Neuem auf und versuche, die durch Gnade eröffnete neue Existenz als Freiheit von eigener bedrängender Vergangenheit zu fassen: Es geht in diesem Zusammenhang um den einzelnen, um seine neue Existenz im und aus Glauben.

Unter dem Einfluß der New Age-Bewegung haben bei nicht wenigen Menschen, insbesondere bei Intellektuellen, Reinkarnationsvorstellungen in den letzten Jahren deutlich an Bedeutung gewonnen. Dazu möchte ich in der Predigt Stellung nehmen. Der Text scheint mir deshalb die Basis für eine Auseinandersetzung zu bieten, weil in modernen Interpretationen der Reinkarnation der Gedanke der Gnade eine wich-

tige Rolle spielt: Wiedergeboren werden bedeutet, die Chance der Vervollkommnung des Lebens eröffnet bekommen. Zugleich scheint die Vorstellung von der Reinkarnation Gerechtigkeitsansprüchen zu genügen: Die Schuld vergangener Leben muß bearbeitet werden. Unter beiden Gesichtspunkten ist der Mensch als letztlich verantwortlich verstanden. Der Gedanke einer grundlosen Annahme durch einen allein Erlösung schaffenden Gott wird von den Ansätzen der Reinkarnationsvorstellung her als fraglich empfunden. Es ist nicht von der Hand zu weisen, daß der Bedeutungszuwachs für Reinkarnationsvorstellungen deshalb entstehen konnte, weil er dem Lebensgefühl des modernen Menschen deutlicher entspricht als die Tradition einer zum Teil deutlich mißverstandenen Rechtfertigungslehre. Dabei ist davon auszugehen, daß die Symbolisierung des Heilsgeschehens durch den Akt der Rechtfertigung in der Gestalt einer Formulierung, wie sie etwa Epheser 2,8 bietet, für viele kaum nachvollziehbar ist.
In einem der Predigtvorgespräche wurde den Studenten und Studentinnen empfohlen, doch möglicherweise über einen anderen Text zu predigen als gerade über diesen. Der Ratschlag sollte bedacht werden. Jedenfalls ist die sich stellende homiletische Aufgabe ungewöhnlich kompliziert.
Für mich persönlich habe ich nichtsdestoweniger die Entscheidung getroffen, beim nächsten Universitätsgottesdienst, den ich halte, über Epheser 2 zu predigen.

Vorschläge für die Liturgie

Lieder
188 Nun lob, mein Seel, den Herren – 242 Es ist das Heil uns kommen her – 250 Ist Gott für mich, so trete gleich alles wider mich – Als Predigtlied würde ich das Wochenlied nehmen: 195,2–3

Eingangspsalm
Psalm 36,6–10

Schriftlesung
Johannes 3,1–8

Eingangsgebet
Herr Jesus Christus,
der du das wahrhaftige Licht bist,
das in die Welt gekommen ist,
und nicht willst, daß jemand verloren werde,
wir danken dir für das Wort deiner Liebe, mit der du uns
alles geben willst und geben kannst.
Rede selber zu uns, gib deinen Heiligen Geist
zum Loben, Bitten und Danken, zum Predigen
und zum Hören und schaffe in uns, daß wir dir
nachfolgen und das ewige Leben gewinnen. Amen.
(Nach Werner Jetter, Wir rufen dich an, Hamburg 1966, 28)

Schlußgebet

Jesus sagt: Bittet, so wird euch gegeben, suchet, so
werdet ihr finden, klopfet an, so wird euch aufgetan.
So wollen wir bitten unseren Gott,
der die Gefangenen erlöst
und die Gebundenen frei macht:

- daß unsere Augen und Ohren sich öffnen,
  um zu sehen und einzusehen, um zu hören
  und zu verstehen;
- daß befreit werden die Unterdrückten und
  alle, die durch Gewalt zu leiden haben,
  auf daß die Macht der Starken gebrochen wird;
- daß wir den Mut haben, uns selber auszusprechen, wenn wir gebeugt sind unter
  der Schuld, und daß eine Hand uns gereicht
  wird, die uns aufrichtet;
- daß jene getröstet werden, die an
  Krankheit und Qualen leiden, und sie
  Kraft erfahren durch Jesu Auferstehung;
- daß die Macht des Bösen vertrieben werde,
  durch die wir tun, was wir nicht wollen,
  und versäumen, was wir uns ernstlich
  vornehmen.

Erlöse uns, Herr.

(99 Fürbittexte, zusammengestellt durch die Dominikaner-Gemeinschaft in Huissen/Niederlande, dt. Ausgabe besorgt von Gabriele Miller, Kevelaer, 1978, 23)

Vorschläge zur Predigt

Zentralgedanke der Predigt ist das Thema: »Die Chance des Neuanfangs«.
Themabestimmende Textstelle ist: Epheser 2,8

Im ganzen soll es darum gehen, eine urteilsbildende Predigt zu versuchen. Für den Predigtaufriß werden Elemente des lernpsychologischen Schemas fruchtbar gemacht, insbesondere im Rahmen der Auseinandersetzung mit Vorstellungen des Reinkarnationsglaubens.

Einstieg
Wahrlich ein komplizierter Predigttext. Wer könnte ihn auf die schnelle erfassen? Trotzdem scheint es, als ob zumindest erahnt werden könnte, was hier niedergeschrieben wurde. Grundworte der Bibel prägen den Abschnitt: Erbarmen, Liebe, aus Gnade gerettet, Güte, zu guten Werken erschaffen. Wer diesen Worten folgt, wird in einen Strom des Zuspruchs hineingenommen. Hier wird Neues angesagt. Hier wird deutlich gemacht, daß Altes vergangen ist. Die uralte Botschaft des Evangeliums wird laut. Christus ist lebendig gemacht. Er bringt den neuen Anfang. Durch ihn wird die Welt neu.
Die ganze Welt wird durch ihn neu. Dies ist nicht zuletzt die Botschaft des Epheser-Briefs: Wir sind in ein geheimnisvolles Geschehen hineingenommen, das seit der Auferstehung Jesu Christi die Welt verändert hat. Wir sehen dies nicht, können dies nicht nachweisen. Aber diese Veränderung bleibt bestimmend. Wer glaubt, nimmt daran teil. Wer glaubt, erlebt den Neuanfang in der persönlichen Lebensperspektive.
Eigentlich ist erstaunlich, daß nicht wenige Menschen ihr Leben noch einmal neu leben möchten. Gar nicht, um noch einmal jung zu sein. Auch nicht, um die Last des Älterwerdens abschütteln zu können. Einfach deshalb, um manches im Leben anders zu machen. Korrekturen erscheinen nötig. Fakten tauchen immer wieder in der Erinnerung auf, die im nachhinein belasten. Vergangenheit, die eigene Vergangenheit, wird zur Last der Gegenwart: So einer warst Du.
Es gibt Mechanismen, durch die sehr genau festgehalten wird, wer wir waren: Das Register, das die Straftat namhaft macht, jedenfalls auf Zeit namhaft macht, auch wenn sie verbüßt ist. Die Erinnerung von Menschen, die mit uns zu tun hatten und die nicht vergessen haben, wer wir gewesen sind, als wir ihnen begegneten – im Guten und im Schlechten.
Als junger Pfarrer habe ich das eine oder andere Mal bei Begräbnisreden für ältere Menschen die Erfahrung gemacht, daß von Zuhörern gesagt wurde, ich hätte zu sehr gelobt: »Sie hätten wissen müssen, wie er früher war.« Das kollektive Gedächtnis des Dorfes bewahrte die Vergangenheit des Toten auf. –
Und dann ist da ja auch unsere eigene Erinnerung an unsere Vergangenheit; an die Geschichte, die wir mit unseren Eltern hatten und die uns prägte: die Geschichte, die in uns eingesunken ist, so daß wir sie kaum mehr entdecken. Dann aber auch das eher Bewußte, das gelegentlich erinnert wird: Fehler, die wir gemacht haben. Irrtümer, die wir begangen haben. Lieblosigkeiten, die nicht zurückgeholt werden können. Das Mitmachen in Situationen, wo nicht mitgemacht hätte werden dürfen. Auch die böse Tat, die böse war, weil sie anderen Menschen elementar Lebensmöglichkeiten beschnitten oder weggenommen hat.
Die eigene Geschichte ist damit von ihrer Schattenseite her beschrieben. Daß sie auch anders ist, weiß jeder. Daß sie aber auch so ist, ist niemandem

unbekannt. Und diese, ihre negative Seite, kann quälend sein, kann die Kraft beschneiden. Genau hier setzt der Apostel einen Kontrapunkt. Er verweist darauf, daß Gottes Urteil über den Menschen nicht auf dessen Vergangenheit beruht, sondern darauf, daß er in die von Jesus Christus eröffnete Zukunft hineingenommen ist. Was ein Mensch ist, ergibt sich nicht aus dem, was er selbst aus seinem Leben gemacht hat. Was ein Mensch ist, steht darauf, daß er um Gottes Willen Zukunft hat, daß das Leben ihm neu eröffnet ist.

Wenn über den Tod gesprochen wird, auch über die Frage danach, was denn nach dem Tod sein wird, passiert es gelegentlich, daß eines in der Runde einwirft: »Nach dem Tode wird der Mensch wiedergeboren.« Vielleicht wird hinzugefügt: »Ich bin nicht das erstemal auf dieser Welt. Ich meine, mich an ein vergangenes Leben erinnern zu können.« Wenn einer so redet, horchen die andern auf. Vielleicht haben sie ähnliche Gedanken gehabt.

Man kann sich schwer auf einer naturwissenschaftlichen Ebene mit diesem Gedanken auseinandersetzen. Die einen sagen, der Beweis fehlt, die anderen behaupten, es gibt Beweise. Wichtiger erscheint mir die Frage, warum denn an eine Wiedergeburt in kommenden Erdenleben geglaubt wird? Denn ein Glaube ist es wohl.

Es sind mehrere Gründe, die in diesem Zusammenhang genannt werden: Einmal die Sehnsucht, die eigene Unvollkommenheit abzuschütteln, vollkommen zu werden, wenigstens vollkommener. Die Menschen möchten nachholen, was sie versäumt haben, auch wiedergutmachen, was sie gefehlt haben. So haben sie vor einer Wiederverkörperung keine Angst. Sie empfinden es wie eine große Gnade, noch einmal neu anfangen zu können. Sie empfinden es als die dem Menschen zukommende Möglichkeit, selbst Vollkommenheit zu schaffen, selbst vollkommen zu werden, sich selbst als ein guter Mensch zu verwirklichen.

Ein anderer Gedanke, der eine wichtige Rolle spielt, ist der der Gerechtigkeit: Muß es nicht einen Ausgleich für vorenthaltene Gerechtigkeit geben? Muß es nicht auch eine Sühne geben in den Fällen, wo einer anderen grundlegende Lebensmöglichkeiten genommen hat?

Es gibt Menschen, die als Christen so glauben. Der Wille zu einer selbstverantwortlichen, das Gute verwirklichenden, Vollkommenheit erstrebenden Lebensgestaltung drängt sie dazu. Sie meinen sogar in der Bibel Stellen zu finden, aus denen der Gedanke der Wiederverkörperung abgelesen werden kann. Selbst wenn sich einige Spuren ergeben würden, Anhaltspunkte also, die eine derartige Deutung zulassen, muß doch gesagt werden, daß die Vorstellung einer Wiederverkörperung der menschlichen Seele der biblischen Überlieferung in ihrem Gesamtzeugnis nicht entspricht. In der Bibel gibt es den Gedanken der Selbstvervollkommnung des Menschen nicht. Es gibt auch nicht die Vorstellung von einer Wiedergutmachung durch den, der wiedergutmachen muß. Wohl gibt es den Gedanken, daß der Gerechtigkeit Genüge getan werden muß, daß das Böse nicht ungesühnt bleibt. Die Bibel kennt die Sehnsucht nach dem Neuanfang, aber ihre Antwort lautet: Neuanfang geschieht dort, wo Gott den Neuanfang setzt – von sich aus. Wo er durch den Kreuzestod Jesu rettet – von sich aus. Wo er die neuen Lebenschancen eröffnet – von sich aus. Wo er Vergangenheit als tötende Vergangenheit, Leben nehmende Vergangenheit außer Kraft setzt, kraft seines Urteils. Weil es den Freispruch gibt, gibt es den neuen Lebensanfang. Gibt es die Zukunft, über den Gerichtsakt des Todes hinaus.

Von Freispruch zu sprechen ist ein Bild. Seine Realität erweist sich darin, daß Menschen um ihrer von Gott eröffneten Zukunft willen als Hoffende leben.

Gelegentlich begegnet man Menschen, die voller Lebensprobleme sind. Manchmal sind sie auf Vergangenes fixiert, auf Unveränderliches, auf Leid, das ihnen zugefügt wurde oder das sie sich selbst zugefügt haben. Neuanfangen heißt, eine veränderte Perspektive zu gewinnen: um das Recht zu wissen, daß die Vergangenheit nicht unser Leben prägt, sondern die Zukunft. Und dies um Jesu Christi willen, dem das Leben genommen wurde. Dem der Himmel sich aufgetan hat. Deshalb kann der Verfasser des Epheser-Briefes schreiben: Aus Gnade seid ihr gerettet durch den Glauben, und das nicht aus euch selbst: Gottes Gabe ist es, nicht aus Werken, damit sich niemand rühmen kann.

Kontexte

Wo lehrhaft gepredigt wird, sollte Kierkegaard im Ohr bleiben:

»Das Christentum ist keine Lehre. Das Christentum ist Existenz-Mitteilung. Weil das Christentum keine Lehre ist, ist es nicht wie bei einer Lehre gleichgültig, wer es darstellt, wenn er nur (objektiv) das Richtige sagt. Nein, Christus hat nicht Dozenten angestellt, sondern Nachfolger.

(Sören Kierkegaard, Religion der Tat, Kröner, Stuttgart 1948, 248)

Aus einem Gespräch zwischen David, dem Freund, und Shirley MacLaine. David sagt dort: »›... Seit die Reinkarnation verbannt wurde, träumen die Menschen vom Himmel und von der Hölle, wo sich die unerfüllten Wirkungen vollziehen. Aber warum, zum Teufel, ist es leichter, an einen hypothetischen Himmel oder an eine Hölle zu glauben als an die Gerechtigkeit der Wiedergeburt auf Erden? Was erscheint dir denn vernünftiger?‹

›Hm‹, sagte ich nachdenklich. ›Vielleicht glaube ich zufällig an überhaupt nichts. Für mich ist Leben nur ein bedeutungsloser Zufall.‹

›Dann ist niemand für irgend etwas verantwortlich. Und was mich angeht, bin ich dann an einem toten Punkt angelangt. Ich kann aber nicht an einem toten Punkt leben und du meines Erachtens auch nicht. Aber es liegt an dir, es kommt alles zum Individuum, zur Person zurück. Shirley, das ist es, was Karma bedeutet. Was immer man tut, irgendwann kommt es auf die eigene Person zurück – im Guten oder Bösen –, vielleicht nicht in dieser Daseinsform, aber irgendwann in der Zukunft, und keiner ist davon ausgenommen.‹«

(Shirley MacLaine, Zwischenleben, Goldmann-Taschenbuch 6769, 94)

Und Lessing:
»Aber warum könnte jeder einzelne Mensch auch nicht mehr als einmal auf dieser Welt vorhanden gewesen sein?« (§ 94)

»Warum könnte auch ich nicht hier bereits einmal alle die Schritte zu meiner Vervollkommnung getan haben, welche bloß zeitliche Strafen und Belohnungen den Menschen bringen können?« (§ 96)

»Warum sollte ich nicht so oft wiederkommen, als ich neue Kenntnisse, neue Fertigkeiten zu erlangen geschickt bin? Bringe ich auf *einmal* so viel weg, daß es der Mühe wiederzukommen, etwa nicht lohne?«
(§ 98, Gotthold Ephraim Lessing, Die Erziehung des Menschengeschlechtes).

Nachdenkenswert in diesem Zusammenhang auch eine Überlegung von Peter L. Berger, dem amerikanischen Soziologen:
»Taten, die zum Himmel schreien, schreien auch nach der Hölle. Dieser Punkt ist in den Debatten über Eichmanns Hinrichtung gründlich abgehandelt worden. Auch wenn man sich auf die Frage, ob es legal oder klug war, ihn hinzurichten, gar nicht einläßt, kann man mit Sicherheit sagen, das allgemeine Gefühl war: ›Hängen ist in diesem Fall nicht genug.‹ Was aber wäre ›genug‹ gewesen? Wenn Eichmann langsam und grausam zu Tode gequält worden wäre, wäre denn das ein ›genug‹? Eine negative Antwort scheint unvermeidlich. Keine Strafe von Menschenhand ist für solche monströsen Taten ein ›genug‹. Die monströse Tat heischt nicht nur nach Verurteilung, sondern nach *Verdammung* – und zwar in der ganzen religiösen Befrachtung des Wortes. Das heißt: der Täter hat sich nicht nur aus der Gemeinschaft der Menschen ausgeschlossen. Er hat sich auch endgültig von einer moralischen Ordnung abgesondert, die diese Gemeinschaft der Menschen transzendiert. Damit hat er mehr als menschliche Vergeltung heraufbeschworen.«
(Peter L. Berger, Auf den Spuren der Engel, Frankfurt/Main 1970, Neuaufl. als Herder-Taschenbuch 1991)

12. Sonntag nach Trinitatis

Predigttext: Apostelgeschichte 9,1–9(10–20)

Willy Beppler

Theologisch-homiletische Skizze

Das Damaskuserlebnis des Paulus ist ein welthistorisch einzigartiges Ereignis. Es fehlt uns der angemessene Begriff, um es zu beschreiben. Meistens wird von der »Bekehrung« des Paulus gesprochen. Aber eine Bekehrungsgeschichte ist es nach dem Selbstverständnis des Paulus nicht. Wenn die Apg sie als solche verstanden wissen will zwischen Philippus/Kämmerer (Kap. 8) und Petrus/Cornelius (Kap. 10), so ist das schon dem kirchenpolitischen Kompromiß zuzuschreiben, gegen den Paulus sich nicht mehr erwehren konnte, weil er bereits 40 – 50 Jahre tot war. Man kann fragen, ob Begriffe wie »Erwählung« oder »Berufung« zutreffender sind.

Paulus wird Zeuge des Auferstandenen. Sein Damaskuserlebnis ist eine verspätete Ostergeschichte. Er zählt sich zu den authentischen Zeugen, die nach Ostern in einer begrenzten Zeit dem Auferstandenen begegnet sind (1. Kor 15). Er hatte die Gnade der späten Geburt.

Wir müssen entscheiden, ob wir die Geschichte hinnehmen und interpretieren, wie sie die Apg erzählt, gleichgültig wieviel Historizität wir ihr zubilligen. Oder ob wir uns auf das Selbstzeugnis des Paulus verlassen und von ihm her die Darstellung der Apg zurückhaltend bis kritisch betrachten. Entsprechend vorsichtig müßte dann bei der historisierenden Ausgestaltung der Geschichte in der Predigt verfahren werden.

Paulus wird in der Apg nirgends »Apostel« genannt. Der Titel wird reserviert für den 12er Kreis in Jerusalem. Um diesen Kreis wieder vollzählig zu machen, wurde Matthias an die Stelle des ausgeschiedenen Judas Ischariot gewählt. Damit ist Paulus draußen. Für die Wahl bedurfte es zweier Kriterien. Der Kandidat mußte (1) Jünger des historischen Jesus gewesen sein, und er mußte (2) Zeuge des Auferstandenen sein. Ersteres traf auf Paulus nicht zu. Letzteres wurde ihm in Jerusalem z.T. bestritten. Paulus protestierte: »Bin ich nicht ein Apostel? Habe ich nicht unsern Herrn Jesus gesehen?« (1. Kor 9,1)

Lukas stand nicht gegen Paulus. Die Bedeutung des Paulus sollte keineswegs geschmälert werden. Deshalb erzählte er zum Ausgleich die »Bekehrung« des Paulus gleich dreimal. So werden historische Konflikte ausgewogen und bereinigt. Es ist ganz hilfreich, die drei Berichte der Apg synoptisch nebeneinanderzustellen und zu vergleichen.

Wir werden Lukas zugestehen, daß er Geschichten darzustellen und auf den Punkt zu bringen weiß. Viele von uns tragen die Bilder und Erzählungen des Paulus vor Damaskus seit Kindergottesdiensttagen wie Vexierbilder im Kopf. Ein Beispiel:

Wir standen in der Kirche vor dem großen Fensterbild mit dem Damaskuserlebnis (es war die kunsthistorisch und kirchenpolitisch interessante ev. Erlöserkirche in Speyer). Der Kunsthistoriker fragte: »Wo ist denn das Pferd? Paulus fiel doch vom Pferd.« Es wurde auch am linken Rand entdeckt. In der biblischen Geschichte wird kein Pferd erwähnt. Auf der etwa sechstägigen Reise von Jerusalem nach Damaskus, für die Paulus sich wohl einer Karawane angeschlossen hatte, mag er vielleicht auf einem Kamel geritten sein. Es ist jedoch auch möglich, daß er zufuß nebenher lief.

Auffällig in der Geschichte ist, daß so viel Körperliches passiert: Paulus wütete und schnaubte; er stürzte zu Boden, öffnete die Augen und war blind. Sie nahmen ihn bei der Hand; er aß und trank nicht; es fällt wie Schuppen von seinen Augen; er stand auf und ließ sich taufen, nachdem ihm Hananias die Hände aufgelegt hatte. Der Vorgang spielte sich nicht nur im Kopf ab. Es ist ein schmerzhafter körperlicher Eingriff. Die Einsicht, daß er mit dem Wüten gegen die hellenistischen Judenchristen gegen sich selbst angekämpft hatte, machte Paulus zu einem gebrochenen Mann.
Ein Einschub im Predigtentwurf meditiert über die Veränderbarkeit des Menschen. Überlegungen dieser Art sollten in die Predigt aufgenommen werden. Aber ich würde nicht die ganze Predigt darauf aufbauen. Der Schwerpunkt sollte tatsächlich bei Paulus belassen werden, ohne Bedenken zu haben, zu historisch zu predigen. Es ist ein anderes Geschichtsbild, das wir von Paulus vermitteln. Das kann für die Gemeinde überraschende Einsicht sein, die sich auch auf ihr Selbstverständnis auswirkt. Paulus war nicht der starke Glaubensheld mit dem Schwert. Der uns zugängliche Paulus bietet das Bild eines Außenseiters, der sich einreiht in die Geschichte Gottes mit Außenseitern und Marginalisierten. Dieser Gott wurde selbst Außenseiter.

Vorschläge zur Liturgie

Eingang

Mein Herz ist ruhig geworden, Gott,
ich fühle mich wieder geborgen.
Dir zum Lob will ich singen;
danken will ich Dir, Herr.
Ich will der Sonne zuvorkommen und den Tag annehmen;
denn deine Güte umspannt das Firmament,
und deine Treue umfaßt die ganze Erde.
(nach Psalm 57)

Sündenbekenntnis

Wir sagen: Es geht uns gut,
und wir wissen, daß genau dies das Problem ist.
Wir können auch sagen: Es geht uns schlecht,
und wir wissen, daß es nicht stimmt.
Was wir auch sagen,
wir könnten auch das Gegenteil behaupten,
immer ist es irgendwie falsch.
Wir springen von einem Fernsehkanal zum anderen
und lassen uns das Leben vormachen.
Das Wetter von heute wurde gestern schon verurteilt
im Wetterbericht.
Wir sind für den Frieden,
aber die Mächtigen überreden uns zum Krieg.
Wir werden überschüttet mit Nachrichten,

aber am Ende sind wir desinformiert.
Manchmal macht mich das ganz müde;
und es hilft auch nicht,
wenn ich zu mir selbst sage:
Nur nicht einschlafen.
Ich möchte wieder zu mir selber kommen
und mein Leben annehmen. Tag für Tag.
Auch heute.
Herr, erbarme dich!

Gnadenspruch
Nein, schlaft nicht, während die Ordner der Welt geschäftig sind!
Seid mißtrauisch gegen ihre Macht, die sie vorgeben für euch erwerben zu müssen!
Wacht darüber, daß eure Herzen nicht leer sind, wenn mit der Leere eurer Herzen gerechnet wird!
Tut das Unnütze, singt die Lieder, die man aus eurem Mund nicht erwartet!
Seid unbequem, seid Sand, nicht das Öl im Getriebe der Welt!
(Günter Eich)

Kollektengebet
Herr, gib uns ein wenig Sonne,
ein wenig Freude und Arbeit.
Gib uns ein Herz,
die Leidenden zu trösten.
Gib uns die Kraft,
gut, stark, klug, frei
und großzügig zu sein
zu anderen wie zu uns selbst.
Zuletzt, Herr, laß uns alle leben
in *einer* Familie,
in deiner Familie.

(An einer Kirchenwand in Mexiko)

(Mit Gottes Volk auf Erden, Ökumenischer Fürbittkalender, Neue, vollständig überarbeitete Fassung, Frankfurt 1989, 37. Woche, S. 227)

Fürbittengebet
Wir bitten für die Kirchen:
daß sie erneuert werden durch den heiligen Geist
und ihre Einheit bei dir finden;
Wir bitten nicht um Ruhe, sondern um heilsame Unruhe,
nicht um Ordnung, sondern um Liebe,
nicht um Machtgewinn, sondern um mehr Mut zur Wahrheit,

nicht um Stärkung der Organisation, sondern daß wir wachsen in der ökumenischen Gemeinschaft.
Wir bitten dich: *Herr, erhöre uns*!
Wir bitten dich für unsere Gemeinden:
daß sie die nötigen Schritte tun unterwegs zu
Gerechtigkeit, Frieden und Bewahrung der Schöpfung;
nicht daß wir Konflikte scheuen, sondern ansprechen,
nicht daß wir hinter verschlossenen Türen tagen,
sondern offene Gespräche führen,
nicht daß wir Rücksicht nehmen auf Einflußreiche,
sondern Partei ergreifen für die Armen und Entrechteten.
Wir bitten dich: *Herr, erhöre uns*!
Wir bitten für alle Menschen,
besonders für die, die unter Krieg und Terror leiden,
für die Inhaftierten, Gefangenen, Gefolterten, Sterbenden,
für die Kinder, die zur Arbeit gezwungen werden,
für die Familien, die aus ihren Häusern vertrieben werden,
für Flüchtlinge und Asylsuchende, daß sie Heimat finden – auch bei uns.
Wir bitten um Gerechtigkeit und Menschenrechte,
wo immer sie den Menschen vorenthalten werden.
Wir bitten dich: *Herr, erhöre uns*!
Wir bitten für unsere Familien, Nachbarn, Freunde und Feinde,
für Parlamente und Gerichte, Regierung und Opposition,
für Zivildienstleistende und Soldaten,
für die Arbeitslosen und Opfer des Wirtschaftswachstums,
für die, die verblendet sind von Konsum und Profit,
für die, die blind sind für politische und soziale Skandale,
für uns selbst, wenn wir dazu gehören.
Wir bitten, daß wir politischer werden,
daß wir uns nicht bevormunden lassen oder andere bevormunden,
sondern mündige Christen werden,
daß wir nicht unser Seelenheil suchen, sondern deine Zeugen sind,
daß wir nicht resignieren, sondern dem Bösen Widerstand leisten.
Wir bitten dich: *Herr, erhöre uns*!

Lieder
Erd und Himmel sollen singen … (Singe, Christenheit, Beiheft zum Ev. Kirchengesangbuch, 732); Komm in unsere stolze Welt … (Singe, Christenheit, 764); Wir bitten, Herr, um deinen Geist … (Singe, Christenheit, 644)

Vorschläge zur Predigt

Die Geschichte Gottes mit den Menschen scheint eine Geschichte mit Außenseitern zu sein, mit zu-spät- und zu-kurz-Gekommenen. Kain war alles, Abel war nichts. Jakob war nur der jüngere Bruder in einer Welt, in der der älteste Sohn alle Rechte hatte. David wurde bei den Schafen vergessen, als es darum ging, einen neuen König zu salben. Israel war Außenseiter. Das gelobte Land war damals bei der ersten Landnahme schon genau so besetzt wie heute. Die Geschichte der Propheten scheint eine fortgesetzte Einmischung von Außenseitern zu sein. Jesus von Nazaret: Was konnte aus Nazaret schon Gutes kommen! Ist nicht Gott selbst auch Außenseiter auf der ganzen Linie?

Paulus war ein Außenseiter. Wir sollten uns nicht täuschen lassen von dem Umfang seiner Briefe im Schrifttum des Neuen Testaments. Die frühe Kirche wußte mit ihm nicht viel anzufangen. Er ließ sich nicht einordnen. Zeitlebens hat man dem ehemaligen Christenverfolger mißtraut. Er wurde als »falscher Apostel« bekämpft. Für die Pharisäer war er ein Hellenist. Für die Hellenisten ein Pharisäer. Für beide ein vom Glauben der Väter abgefallener Christ. Erst lange nach seinem Tode, als er sich nicht mehr wehren konnte, wurde er in einem historischen Kompromiß zurechtgestutzt. Das Ergebnis sieht so aus: Auf dem sorgfältig angelegten Raum der Apostelgeschichte wird das Damaskuserlebnis des Paulus drei Mal erzählt. Dafür wird er aber nirgends »Apostel« genannt. Im Gegenteil. Am Anfang, noch vor der Pfingstgeschichte, wird ein Matthias an die Stelle des Judas zum Apostel nachgewählt, um den Kreis der Zwölf wieder komplett zu machen als Symbol für die 12 Stämme Israels. Um gewählt zu werden, bedurfte es zweier Voraussetzungen: Der Kandidat mußte (1) von Anbeginn mit Jesus unterwegs gewesen sein. Er mußte (2) Zeuge des Auferstandenen sein. Das erste traf auf Paulus nicht zu. Er kannte Jesus zu Lebzeiten nicht. Das zweite wurde nicht nur in Jerusalem von verschiedener Seite bestritten. Paulus war mit dieser Sicht nicht einverstanden. In der Auseinandersetzung mit seinen Gegnern pochte er darauf: »Bin ich nicht ein Apostel? Habe ich nicht Jesus, unseren Herrn, gesehen?«

Sein Damaskuserlebnis ist ein welthistorisch einzigartiges Ereignis. Es ist zu einer Redewendung geworden. Wenn jemand eine radikale Veränderung seines Lebens erfährt, sagen wir: Er/sie hatte ein Damaskuserlebnis. Wie benennen wir eigentlich, was hier berichtet wird? Eine Bekehrung? Eine Erwählung? Eine Berufung?

Paulus wird Zeuge des Auferstandenen. Es ist eine verspätete Ostergeschichte. So wie Jesus den Jüngern hinter verschlossenen Türen erscheint und sie grüßt mit den Worten: Friede sei mit euch! Oder wie das in der Emmausgeschichte erzählt wird. Paulus überlieferte im 1. Korintherbrief eine Namenliste derer, denen der Auferstandene begegnete. (Anders als in den Ostergeschichten der Evangelien sind keine Frauen dabei.)

Er fügte sich als letzter dieser Liste hinzu. Paulus beanspruchte die Gnade der späten Geburt. Was in Damaskus im einzelnen geschah, darüber hat sich Paulus selbst in seinen Briefen nie geäußert. Aber es ist aus allen Zeilen herauszuhören. Die Begegnung mit dem Auferstandenen hat sein Leben total verändert.

Überlegungen zur Veränderbarkeit des Menschen

Manchmal merken wir staunend, wie Menschen sich ändern;
wie sie ihr Leben ändern,
das Steuer herumreißen, weil sie sich sagen:
So geht es nicht weiter.
Das mache ich nicht mehr mit.
Vielleicht hat es schon lange in ihnen gebohrt.
Andere haben es nicht bemerkt;
ihnen selbst war es nicht bewußt.
Ändern sie sich oder bleiben sie sich damit treu?
Ereignisse verändern unser Leben.
Begegnungen geben unserem Leben eine völlig andere Richtung;
wir gewinnen neue Einsichten und Perspektiven.
Erlebnisse können aber auch Leben zerstören
und Menschen aus der Bahn werfen.
Freundschaften, Ehen und Familien auseinanderreißen.
Lebenskrisen werden zum Segen,
wenn wir sie annehmen.
Sie werden zu Katastrophen,
wenn wir uns verweigern.

Auch das gibt es:
Menschen flüchten aus ihrer Identität.
Sie geben alles auf: ihre Wohnung, ihre Arbeit,
ihren Namen.
Aber dann merken sie, daß sie sich nicht selbst entkommen.
Niemand kann aus seiner Haut.
Sie haben ihre Probleme nur vergrößert
und sich selbst ihre Lebensgrundlagen entzogen.
Mühsam versuchen sie einen Neuanfang.

Im Schatten der deutschen Geschichte dieses Jahrhunderts
haben Menschen sich ändern müssen:
Kaisertreu,
Zwangsdemokrat,
Parteigenosse,
Mitläufer,
Linientreu,
Wendehals,
Bundesbürger.

Staunend haben wir die Änderung
der politischen Verhältnisse in Osteuropa wahrgenommen;
die Menschen hatten Mühe, sich anzupassen
und ihr Leben neu zu orientieren.

Vielen wurde die Lebensgrundlage entzogen.
Nicht wenige wurden zu Wendehälsen.
Die meisten sind schlichtweg überfordert.
Sie wußten nicht mehr, wer sie waren.

Mein Tischnachbar sagte:
Nichtraucher, die einmal Raucher waren,
sind am fanatischsten.
Die Bekehrten wollen andere bekehren,
um sich selbst zu beweisen.
Was sich abspielt, sei nur ein Wechsel
in der Ideologie.
Ich fragte mich: War Paulus auch so einer?

Menschen, die sich änderten:
Sie wechselten die Konfession, die Partei, die Nationalität;
sie wurden zu Pazifisten;
sie verweigerten sich der Leistungsgesellschaft;
sie wurden Aussteiger.
Auch Macht verändert Menschen.
Oft bleibt ihnen gegenüber heimliches Mißtrauen.
Manchmal werden sie uns Vorbild.
Paulus, Augustin, Luther, Leo Tolstoi,
Martin Niemöller, Bayers Naudé, Heinrich Albertz.

Wie ist es möglich, aus ausgefahrenen Gleisen herauszukommen?
Wie soll es uns gelingen, von falschen Wegen umzukehren?
Erreicht unsere Lernfähigkeit nur den Kopf oder auch den Bauch?
Beispiel: die Kluft zwischen Umweltbewußtsein
und Umweltverhalten.
Wir sagen: Gott ändert Menschen;
aus Feinden macht er Freunde;
aus Verfolgern Bekenner;
Mutlose macht er zu Glaubenszeugen;
Starke macht er schwach und Schwache stark;
Gott ändert Menschen, damit sie die Verhältnisse ändern.
Wie schaffen wir die totale Veränderung?
Wollen wir überhaupt?

Was geschah in Damaskus mit Paulus? Welche Veränderung ging mit Paulus vor?
Dazu drei Punkte.

1. Seine Personalität, seine Persönlichkeitsstruktur hat sich wohl nicht verändert. Paulus stammte aus Tarsus, einem Zentrum griechisch-hellenistischer Bildung, die ihm voll zugute kam. Griechisch war seine Muttersprache. Paulus wuchs nicht im Ghetto auf. Das hellenistische Judentum genoß

hohes Ansehen und hatte in den Umbrüchen der Zeit großen Zulauf. Es entwickelte auch eine starke missionarische Kraft. Paulus war zugleich Jude. Hebräer, wie er schreibt. Er studierte in Jerusalem an einer orthodoxen, vom Pharisäertum geprägten Schule. Das war eine widersprüchliche Kombination. Als radikaler Eiferer für den Glauben der Väter mit dem Bildungsgut des Hellenismus hatte er die Voraussetzungen für einen jüdischen Missionar.

Die Fähigkeit sich einzusetzen, sein ungeteiltes Engagement und sein Glaubensernst haben sich durchgehalten. Das ist gemeint, wenn gesagt wurde, seine Personalität oder Persönlichkeitsstruktur habe sich nicht verändert. Er schrieb später, Gott habe ihn im Mutterleib bereits erwählt (Gal 1,15f.). Vielleicht hat er alles das gemeint. Nur stand er mit all seinen Voraussetzungen und Fähigkeiten auf der falschen Seite.

2. Ein Weg zur Karriere war sein Lebensweg weder vorher noch nachher. »Etwas exzentrisch war er ja schon immer; aber jetzt ist er total ausgeflippt«, werden sie in Jerusalem und Damaskus gedacht haben. So eifrige und leidenschaftliche Glaubensverfechter nerven ihre Umgebung. Wenn man sie nicht ausschalten kann, muß man sie einbinden, um sie unter Kontrolle zu halten. Aber im Grunde sind alle froh, wenn man sie los ist. Sie werden mit besten Empfehlungen weggelobt. Mit solch einem Schreiben reiste Paulus möglicherweise von Jerusalem nach Damaskus. Das war keine Karrierelaufbahn.

3. Aber Macht hat Paulus gehabt, nicht viel, immerhin genug, um über Leben und Tod anderer zu entscheiden. Es ist die Macht der Todesschwadronen und selbsternannten Sheriffs über ihre Opfer. Paulus war kein Sadist. Er hatte wohl eher das Format zu einem Großinquisitor. Das reichte, um den Opfern Angst und Schrecken einzujagen. Nach der Begegnung mit dem Auferstandenen wurde er machtlos. Er erfuhr seinen völligen körperlichen Zusammenbruch. Die Geschichte beschreibt das sehr anschaulich. Sie nahmen ihn bei der Hand und führten einen hilflosen und gebrochenen Mann nach Damaskus.

Liegt hier der Umkreis der eigentlichen Einbruchstelle? Anhaltspunkt könnte der letzte Satz sein: Er brachte die Juden in Damaskus in Verwirrung, weil er ihnen bewies, daß Jesus der Messias ist (Vers 22).

Derselbe Gott, an den er vorher und nachher glaubte, wird jetzt selbst Außenseiter mit der Adresse eines beleidigten, geschlagenen und ermordeten Menschen, der als Außenseiter geboren wurde und als Außenseiter starb: Jesus von Nazaret. Messias ist nicht der königliche Herrscher, sondern der leidende Gottesknecht. Er verkörpert nicht die nationale Größe Israels, sondern das universale Heil, das den Menschen die Gerechtigkeit Gottes bringt, wie von Jesaja gepredigt.

Damit brach für Paulus mehr zusammen als nur ein Gottesbild. Seine ganze Weltordnung, sein Selbst- und Sendungsbewußtsein, sein bisheriges Selbstwertgefühl gingen in die Brüche. Er mußte sich in seiner Schwachheit annehmen lernen.

Wir kennen den Satz aus dem 2. Korintherbrief: »Wenn ich schwach bin, dann bin ich stark«. Diese Dialektik kann Menschen schon umwerfen und zum völligen Zusammenbruch führen. Von jetzt an ist seine Biographie gekennzeichnet von Machtlosigkeit und Leiden. Die Körperlichkeit der Damaskuserfahrung deutet das alles an.
Aus dem Täter wird das Opfer, aus dem Richter der Angeklagte, aus dem Verfolger ein Verfolgter. Im Korb ließen ihn seine Freunde an der Stadtmauer von Damaskus hinunter, um ihn vor der Verfolgung zu retten. 15 Jahre missionierte er wahrscheinlich völlig erfolglos in Arabien. Das war dreimal so lang wie die Dauer seiner »Missionsreisen«. Er selbst zählte auf: »Fünfmal habe ich von den Juden vierzig Geißelhiebe weniger einen erhalten; dreimal bin ich mit Stöcken geschlagen und einmal gesteinigt worden; dreimal habe ich Schiffbruch erlitten, einen Tag und eine Nacht trieb ich auf hoher See« (2. Kor 11,24f.). Als Gefangener betrat er Rom. Was danach mit ihm geschah, wissen wir nicht. Auf dem Apostelgrab des Petrus gründete sich eine Weltkirche; Paulus starb anonym. Die nach ihm benannte Kirche Roms stand außerhalb der Stadt. Seine Gegner warfen ihm vor, in seinen Briefen sei er stark, persönlich biete er ein schwaches Bild. Aber Paulus wurde auch immer dann gebraucht, wenn es um die Erneuerung einer erstarrten Kirche ging. Marcion, Augustin, Luther, der frühe Karl Barth beriefen sich auf ihn. Paulus war Außenseiter und Exzentriker. Er war kein schwärmerischer Einzelgänger; er war nur nicht bereit, die Wahrheit einer falschen Einheit zu opfern. Die Wahrheit der Botschaft aber war für ihn verknüpft mit seiner Berufung in Damaskus.

Einige Folgerungen und Fragen

Gott bevorzugt Außenseiter. Jesus Christus ist bei den Außenseitern, bei denen am Rande, bei den Marginalisierten, den Randsiedlern und Randgruppen.
Das sind die, bei denen sich der Kirchenvorstand oder das Presbyterium zweifelnd fragt: Gehören die eigentlich noch dazu? Manchmal fragen sie sich auch selbst frustriert: Gehören wir noch dazu? Müssen wir nicht eher fragen: Was ist »Kerngemeinde«, wenn Christus der Außenseiter bei denen am Rande ist? Wo ist da die Mitte?
Wieviel Zuwendung, Liebe und Barmherzigkeit bringen wir in der Gemeinde den Treuen im Zentrum entgegen und wie wenig denen am Rande, den Außenseitern? Wieviel Rücksicht nehmen wir auf die geistlichen Versorgungsansprüche eines immer kleiner werdenden Kerns, so daß wir kaum merken, wenn andere schweigend wegbleiben?
Ökumene heißt leben mit Außenseitern. Ökumene ist nicht, wenn sich zwei Starke oder inzwischen Halbstarke zusammentun nach dem Motto »Gemeinsam sind wir stark«. Ökumene ist nur da wirklich, wo die Kleinen und Schwachen, die Minoritäten und auch die etwas exzentrischen Gruppen als Partner gleichberechtigt dabei sind. Ökumene meint nicht nur Einheit, sondern auch Vielfalt und Verschiedenartigkeit, die Wahrheit im

Leben der Minderheiten und Fremden. Das kann uns zurückhaltender machen mit schnellen Urteilen über ökumenische Ereignisse und Konferenzen.

Kontexte

Leben und Sendung: Soweit ein einzelner Mensch überhaupt einer ganzen Bewegung Richtung und Form geben kann, war Paulus die einflußreichste Persönlichkeit unter den Männern der apostolischen Zeit. Seine Bekehrung kann als das bedeutendste Ereignis in der Geschichte des jungen Christentums bezeichnet werden, ohne Paulus wäre die Kirche, ihre Theologie und Verfaßtheit, nicht das, was sie geworden ist. Die liberale Einstellung des Apostels zum jüdischen Gesetz trug ihm den Widerstand der Jerusalemer Führungsschicht ein. Es waren Männer, die zu keinen Konzessionen in der Frage des jüdischen Zeremonialgesetzes bereit waren und vielleicht auch noch nicht ganz vergessen hatten, was der palästinensischen Kirche durch die Verfolgung des Paulus angetan worden war. Viele mögen ihm weiterhin mit Mißtrauen begegnet sein und Zweifel an der Aufrichtigkeit seiner Bekehrung gehegt haben.
dtv-Lexikon, Die Bibel und ihre Welt, hgg. v. G. Cornfeld und G.J. Botterweck, Band 5, München 1972, S. 1114 und S. 1118

Schon im Urchristentum war Paulus eine umstrittene Gestalt, ebenso verehrt und geliebt wie gefürchtet und gehaßt. Das Ansehen, das er in der Kirche genießt, darf nicht darüber hinwegtäuschen, daß die Christenheit weithin aus sehr anderen Quellen gelebt hat und lebt als aus der Botschaft gerade dieses Apostels, auch wenn man ihm selbst einen ungefährlichen Heiligenrang und seiner einst revolutionären Lehre einen gesicherten, aber unwirksamen Platz unter dogmatischen Paragraphen einräumte. Ebenso wahr ist aber auch, daß die Kirche ihre großen Augenblicke und heilsamen Revolutionen immer dann erlebte, wenn das Evangelium des Paulus wie ein erloschener Vulkan wieder zum Ausbruch kam.
Günther Bornkamm, Paulus, Urban Bücher 119, Stuttgart 1969, S. 24

Denn gerade daß Saul von Tarsus Jesus so gesehen habe, wie er etwa von den Jüngern von Emmaus gesehen wurde, ist diesen Berichten nicht zu entnehmen. Was Saulus (nach 22,9 auch seine Umgebung) zu sehen bekommt, ist nach den entscheidenden Stellen aller drei Berichte das ihn plötzlich vom Himmel her »umstrahlende« (die Helligkeit der Sonne mitten am Tag übertreffende) Licht. Und gerade dieses sieht er nur, um, zu Boden gestürzt, zunächst zu erblinden, also überhaupt nicht mehr zu sehen.
Karl Barth, Kirchliche Dogmatik IV,3, 1. Hälfte, Zürich 1959, S. 232

Da gingen einige Jahre ins Land
Da gingen einige Reden ins Land
Da änderte sich allerhand
Daß mancher sich nicht wiederfand,
Und als der zehnte Sputnik flog
Da wurde heiß auseinander getanzt
Der Staatsanwalt war selbst so frei.
Und Fredi sah ihm zu dabei.

Junge, ich hab Leute sich ändern sehn
Junge, das war manchmal schon einfach schön.
Aber nützt uns das? (Ja.)
Wolf Biermann, Die Drahtharfe

13. Sonntag nach Trinitatis

Predigttext: 1. Johannes 4,7–12

Heinz Behrends

Theologisch-homiletische Skizze

Ich treffe ein bekanntes Ehepaar am Samstag in der Markthalle. Wir reden über das Wetter und über den Sonntag. ›Na, wir könnten doch morgen mal in den Gottesdienst gehen‹, sagt sie. ›Keine schlechte Idee‹, sage ich, ›wir haben morgen ein gutes Thema: Gott ist Liebe.‹ – ›Bitte, was, Gott ist Liebe? Hat er die noch?‹ sagt er. Da schaut der sehr gut situierte Mann in seinen besten Jahren um sich und kommt zu dem Schluß: ›Gott liebt diese Welt wohl nicht mehr.‹

Über Liebe sollen wir predigen. Was für ein schönes Thema, was für ein theoretischer Text! Da achte ich erst einmal auf die Verben: geboren, kennen, gesandt, leben, bleiben, lieben. Liebe lebt vom Handeln, von Erfahrung und Wirkung. Ich fürchte die Langeweile, wenn ich mich auf der Kanzel in Erklärungen und Anweisungen zur Liebe verliere. Liebe ist in mir, aber nicht aus mir. Ein Blick, eine Erinnerung, die Liebe erwacht. Aber habe ich sie in mich hineingepflanzt? Wenn ich Menschen realistisch betrachte: Die Liebe kann nicht ihre Erfindung sein.

›Denn er hat uns zuerst geliebt.‹ Gottes Liebe geht all unserem Denken und Handeln voraus. Ehe ich bin, ist er. Ehe ich liebe, liebt er mich. Gott ist Liebe: Das beschreibt die Wirklichkeit Gottes in seiner Beziehung zu den Menschen. Die Liebe ist eine Bewegung, von Gott ausgehend, durch mich hindurch. Es geht Johannes nicht um eine Ethik unseres Handelns, sondern um Christologie und Soteriologie. Denn ›Gott ist Liebe‹ beschreibt nicht das Wesen, sondern das Wirken Gottes. Vers 9f. ist der Kern des Textes. Das Bild der Geburt (Vers 7) bereitet diesen Gedanken vor. Liebe Gottes wird im Leben Jesu offensichtlich. Meine Hörer aber werden Mühe haben mit dem Bild von dem Sühneopfer zur Versöhnung. Nur, die christologische Deutung der Liebe bewahrt uns davor, aus Liebe ein Prinzip oder eine mystische Kraft zu machen. Das Kreuz nimmt das Wissen um meine mißlungenen Beziehungen, um meine Unfähigkeit, aus mir heraus zu lieben, auf. Ich bin viel zu abhängig von Stimmungen, Sympathien und Interessen. Das Kreuz ist die Erinnerung daran, was Leben ohne Liebe und Gotteserkenntnis ist. (Schweizer, Exegese Bd. II/4)

Gibt es nun nach 1. Joh keine Liebe außerhalb des Glaubens? Einige Hörer werden das als Arroganz und Zumutung verstehen. Kann jemand lieben, der nicht an Gott glaubt? ›Um ein guter Mensch zu sein, muß ich doch nicht an Gott glauben und jeden Sonntag in die Kirche rennen.‹ Joh sieht eine ähnliche Frontstellung. Er formuliert in Abgrenzung von Gnostikern, die die Gottesliebe von der Menschenliebe trennen und die Gegenwart Gottes in dem Gekreuzigten leugnen. Ich darf diese Auffassung nicht mit Arroganz erschlagen. Mir ist wichtig: Die Liebe hat nicht mit mir angefangen und wird nicht mit mir aufhören. Sie ist eine Bewegung von Gott aus. In Liebe schafft Gott eine Beziehung zu mir von Anfang an. Wer liebt, ist aus Gott geboren, kennt ihn, und in ihm bleibt Gott. Das Kreuz widerlegt meine Machermentalität – auch in der Liebe. Das Geheimnis Gottes wie das eines Menschen kann ich nur in Liebe erfassen und erkennen.

Ich möchte von der Liebe Gottes auf keinen Fall auffordernd predigen. Nichts ist so unangemessen als: Du mußt aber lieben. Ich möchte Liebesgeschichten erzählen. Meine Erfahrung als Prediger in den letzten Jahren: Immer wenn ich die Fragen nach Selbstverwirklichung, Selbstüberforderung und die Sehnsucht, geliebt zu werden, anspreche, erhalte ich in meiner Großstadtgemeinde – gerade von Jüngeren – intensive Rückmeldung. Für den Hörer, der sich in seiner Selbstsuche ermüdet oder in seinem Aktionismus – zu seinen Gunsten oder eines anderen – überfordert, ist der Text eine gute Botschaft. Liebe stellt keine Bedingungen, verlangt keine Voraussetzungen, hält Widerstände und Enttäuschungen aus. So handelt auch Gott. Ich möchte liebevoll, warmherzig und klar von Liebe reden.

Vorschläge zur Liturgie

Wochenpsalm 78

Der Psalm erzählt von der Zuwendung und Liebe Gottes, die er seinem Volk in leidenschaftlichem Werben um sie ohne Ansehen ihrer Person geschenkt hat. Ich würde Verse in Auswahl lesen, z.B. 12.17–31.

Kollektengebet

Gott, so ernst nimmst du unsere Sehnsucht nach einem Dasein in der Unvergänglichkeit, daß du uns Liebe ohne Ende geschworen hast und deine Treue bis in Ewigkeit. Wir nehmen dich beim Wort und bitten dich: Gestalte unseren Leib aus Unansehnlichkeit dem Leibe Jesu, deines Sohnes, gleich; und mach uns unsagbar glücklich mit ihm, der lebt für dich und diese Welt heute und alle Tage bis in Ewigkeit. (Huub Oosterhuis, Ganz nah ist dein Wort, Verlag Herder, Wien, S. 78)

Gott, du Quelle alles Lebendigen. Du hast uns beschenkt mit Sein und Zeit. Ich danke dir, daß du mich geschaffen hast mit allen Kreaturen, mir Gesundheit und Intelligenz, Gefühl und Willen gegeben hast und noch erhältst. Du hast um mich ein Netz der Fürsorge ausgespannt. Wieviele Menschen, wieviel Natur hast du aufgeboten, daß ich leben und mich freuen kann.
Herr, laß mich neu erkennen, daß ich zum Nehmen und Geben da bin. Ich will Zuneigung fördern, will mit anderen teilen, was mir gewährt ist.
(Traugott Giesen, Gott liebt dich und braucht dich, Radius-Verlag, Stuttgart 1987, 3. Aufl. 1989, S. 55)

Fürbittengebet

Du hast uns zur Freiheit berufen. Daß wir die Freiheit nicht mißbrauchen und im Weglosen ein jeder den eigenen Weg gehe.
Der du das Wort zu uns gesprochen hast, das unsere Seele füllt, sei Feuer in uns; sei guter Wille in uns; daß wir nach Wegen suchen, einander zu dienen.
Dein Geist möge uns treiben, daß wir nicht lüstern sind nach uns selbst, abgewandt von unserem Nächsten und dir –
wir, die wir wohl liebhaben wollen, aber es dennoch nicht tun.

Hüte mich vor mir selbst. Daß ich nicht losgelöst lebe, steuerlos, fern von dir.
Daß ich nicht anbete Geld und Macht, vom Besitz besessen, versklavt.
Daß wir einander nicht beißen und zerfleischen.
Mach uns abgeneigt der Gewalt, daß wir Versöhnung stiften, Freundschaft schließen.
Daß Barmherzigkeit und Weisheit wachsen möge in unserer Mitte.
Daß Recht und Friede in unserer Mitte wohnen.
Der du nicht wohnst in bloßem Menschenwerk, der du uns gemacht hast, nimm Aufenthalt in uns. Bleibe in mir, wohne in mir in Ewigkeit.
(Huub Oosterhuis, Dein Trost ist nah, Verlag Herder, Wien, S. 105f.)

Lieder

EKG 255,1–4; 159 (nach dem Abendmahl); Ubi caritas (Taizé), Gott liebt diese Welt (A 35, Mein Liederbuch, tvd-Verlag); Herr, deine Liebe ist wie Gras und Ufer (B 14); Liebe ist nicht nur ein Wort (B 51); Wer in der Liebe bleibt (B 118); Wie der Regen und der Schnee (B 121, alle: Mein Liederbuch)

Wer in der Liebe bleibt

Kanon zu 6 Stimmen

Text: 1. Joh. 4.16 / Musik: Fritz Baltruweit

Musikrechte im Dagmar Kamenzky Musikverlag, 2000 Hamburg 73

Vorschläge zur Predigt

Möglicher Predigtanfang

Nun wird der Junge erwachsen. Mutter spürt das immer mehr. Seit einigen Wochen hat er seine erste Freundin und bringt sie mit nach Hause. Sie schmusen in seinem Zimmer. Mit einigen Freunden hat er eine Band gegründet, harter Rock; dieser sensible Junge. Sie kennt ihn manchmal nicht wieder. In den Gesprächen am Tisch über Schule und Musik, Freunde und Politik nimmt er immer häufiger eigene Positionen ein und leistet Wider-

stand. Sie kann es nicht mehr leugnen. Die Zeit seiner Kindheit ist vorbei. Sie hat das alles vorher gewußt, aber jetzt sieht es doch ganz anders aus. Ein, zwei oder drei Jahre noch, dann ist er ganz aus dem Haus, und damit sind vorbei alle unmittelbaren Mittel und Möglichkeiten, seine Persönlichkeit prägend mitzugestalten.
Habe ich genug für ihn getan? Was habe ich versäumt ihm mitzugeben? Für die Mutter ist das keine Frage der Theorie. Sie weiß, eine Grunderfahrung von Liebe ist nötig zum Leben; Liebe, die Gestalt in der Vermittlung von Zuwendung und Lebenserfahrung sucht. Und ob Mutter selbst in ihrem Leben Liebe erfahren oder vermißt hat, sie möchte weitergeben. Liebe kann man nie genug geben. Wir sind verwickelt und verwoben in Liebesbeziehungen. Das spüre ich. Und ich weiß, die Liebe ist lange vor mir da. Sie hat nicht mit mir ihren Anfang genommen. Ich komme aus der Liebe anderer, auch diese kommen aus der Liebe anderer. Wir kommen aus der Liebe Gottes.
Aber Liebe ist auch in mir. Ich spüre es jeden Tag.

Zum weiteren Verlauf
Beispiele nennen. Ich sehe Bilder von leidenden und gequälten Menschen in den Fernsehnachrichten. Sie machen mich betroffen. Ich spüre Solidarität zu Menschen, die ich gar nicht kenne.
Ich lese in einem Buch vom Geschick eines Menschen, erfahre von seinen unerfüllten Sehnsüchten, seinem elenden Ende, sehe mein Geschick mit dem seinen verwoben, und die Tränen steigen mir in die Augen.
Ich schaue in das vertraute Gesicht eines Menschen und sehe, was ihm fehlt. Ich fühle mich ihm sehr nahe.
Liebe ist in mir, lebt in mir. Ich weiß nicht, woher sie kommt. Ich habe sie nicht selbst in mich hineingepflanzt.
Ich kenne mich viel zu gut. (Ich beschreibe Abgründe, Wunden, Gehässigkeiten und Unsicherheiten im Menschen.)
Ich kenne meine Eitelkeiten. Ich kenne mein Urteil über andere, messe mich an ihnen, um mich selbst zu definieren, beschreibe mich in Abgrenzungen.
Ich bin immerzu hilfsbereit und freundlich. Ich verliere mich, nur um Anerkennung und Streicheleinheiten zu bekommen. Ich bin so wenig selbstbewußt.
Nein, die Liebe kann nicht von mir sein.
Ich bin darauf angewiesen, daß mir Liebe zugesprochen, zugewandt wird. Ich stehe in einer Liebeskette der Menschen vor mir und neben mir. Vater, Mutter, FreundIn. Auch sie alle haben empfangen. Durch Gott und mit Gott kommt Liebe in die Welt. Sie geht von ihm aus und geht durch mich hindurch.
Wenn aber Menschenliebe und Gottesliebe so eng miteinander verwoben, wenn Gotteserkenntnis von Liebe abhängig ist, was bedeutet das für den,

der von Beginn an keine Zuwendung von Menschen erfahren hat? (Ich erzähle von einem Menschen, den ich kenne.)
Ich kenne die Anfragen von mir selbst. Wie dann zur Gotteserkenntnis kommen?
Wie auch immer die Lebensgeschichte ist, Gott schafft Grundbedingungen für das Leben bis heute. Sie sind Ausdruck seiner Liebe.
- Ich habe mich nicht selbst erschaffen.
- Ich kann meinem Leben aus eigener Kraft nicht eine Sekunde hinzufügen.
- Ich bin nicht Autor meiner selbst. Den Sinn meines Lebens habe ich mir nicht selbst gegeben.

Ich denke an Menschen, die ich liebevoll erlebt habe, von denen ich weiß, daß ihnen als Kindern Zuwendung versagt wurde.
Liebe freut sich über gute Ausgangsbedingungen, ist aber nicht davon abhängig.

Möglicher Schluß
»Liebe ist eine Kraft über mich hinaus. Sie will immer mehr, als sie halten kann. Sie ist nicht buchhalterisch« (F. Steffensky). Liebe hat zum Ziel immer die Vereinigung. Sie mag die Trennungen nicht. Darum sucht der liebende Gott auch die Vereinigung mit den Menschen. Sie findet Ausdruck in dem Menschensohn und Gekreuzigten. So läßt sich die Liebe Gottes niemals von dieser Welt trennen. Wenn wir ihn trotzdem trennen von unserem Leben, trennen wir Gott von unseren Tränen, unserem Schweiß, unserem Glück und unseren Wunden. Liebende möchten alles vereint sehen. Ich denke, der barmherzige Samariter, dessen Geschichte wir als Evangelium heute gehört haben, war solch ein Liebender. Er mochte sich als Samaritaner nicht getrennt von den anderen Völkern sehen, als Gesunder nicht von den Verletzten. Auf die Frage, wie ich das ewige Leben ererbe, hat Jesus mit der Geschichte von ihm geantwortet. ›Die Liebe Gottes ist erschienen unter uns, damit wir leben sollen.‹

Alternative
Wer sich gerade mit der Problematik der Individualisierung, der Singulierung und Überforderung in unserer Gesellschaft beschäftigt, könnte den Text zum Anlaß einer differenzierten Auseinandersetzung nehmen.
Das war sehr wichtig für mich; mich zu begreifen, ein Bild von mir zu bekommen. Ich habe versucht, mich selbst zu finden. Ein langer Weg, ein schmerzhafter Prozeß. Ich habe meine Geschichte betrachtet, meine Eltern erinnert, mich in ihnen wiedererkannt, mich abgegrenzt, ihnen die Schuld für meine Defizite zugeschoben. Ich sehe meine Ängste, meine Wunden, habe gelernt, zu mir und meiner Geschichte zu stehen. Ich habe tief in mich hineingeschaut. Das hat mir geholfen.
Aber wenn ich mein Leben selber schaffen wollte, habe ich mich überfordert, bin müde geworden.

Was habe ich gefunden, als ich mich selbst gesucht habe? Nicht mehr, als da ist. Aber das Wesentliche, wovon ich lebe, ist nicht von mir. Die Worte, von denen ich lebe. Der Schatz an Geschichten, die mich trösten. Die Hoffnung auf Leben in Zukunft. Das Brot habe ich nicht selbst gebacken, das Bier nicht selbst gebraut, mein Bett nicht selbst gezimmert. Ich lebe in einem Kontext der Zuwendung und des Weitergebens. Kein Mensch hat diesen Kontext geschaffen. Er ist von Gott. Der Schöpfer, der Mensch gewordene Gott und der Heilige Geist, der uns verbindet, stehen dafür ein.

Alternative

Liebe mag keine Trennungen.
Weil Gott die Welt und die Menschen liebt, hat er sich in Christus mit ihnen vereint. Liebe sieht immer das Ganze und den Zusammenhang des Menschen und der Dinge. Unsere Generation zerteilt Dinge und Menschen in ihre Funktionen, sie löst die Zusammenhänge auf, sieht Leben partiell. (Beispiele: nur einen Aspekt eines Menschen sehen, die Natur lediglich in ihrem Gebrauchswert und Nutzen sehen.) Menschen, die sich vom Wissen um die Zusammenhänge trennen, die Gottes Liebe von der Welt trennen, zerstören. Von Gott erzählen, der die Welt in ihren Zusammenhängen geschaffen hat, mich in den Kontext von Menschen und Natur und Geschichte hineingestellt, damit ich leben kann. Jesus hat die zerbrochenen Kontexte geheilt (z.B. Heilungsgeschichten). Gott ist zur Versöhnung der Brüche und des größten Bruches, den von Gott und Mensch, in die Welt gekommen.

Kontexte

Rabbi Mosche Löb erzählte: Wie man die Menschen lieben soll, habe ich von einem Bauern gelernt. Der saß mit anderen Bauern in einer Schenke und trank. Lange schwieg er wie die andern alle, als aber sein Herz von Wein bewegt war, sprach er seinen Nachbarn an: Sag du, liebst du mich oder liebst du mich nicht? Jener antwortete: Ich liebe dich sehr. Er aber sprach wieder: Du sagst: ich liebe dich, und weißt doch nicht, was mir fehlt. Liebst du mich in Wahrheit, du würdest es wissen. Der andere vermochte kein Wort zu erwidern, und auch der andere Bauer, der gefragt hatte, schwieg wie vorher. Ich aber verstand: das ist die Liebe zu den Menschen, ihr Bedürfen zu spüren und ihr Leid zu tragen.
(Martin Buber, Erzählungen der Chassidim, Manesse Verlag, Zürich, S. 553)

Man fragte den Apter: Es steht geschrieben: So diente Jakob um Rahel sieben Jahre, und sie waren in seinen Augen wie einige Tage, weil er sie liebte. Wie ist das zu verstehen? Sollte man nicht meinen, dem Liebenden sei die Zeit überlang und ein Tag wie ein Jahr erschienen?
Der Apter erklärte: Es gibt zweierlei Liebe. Die eine hängt sich an den geliebten Gegenstand und kehrt wieder zum Liebenden zurück. So wird ihm jede Stunde groß und schwer, weil er zu dem Geliebten zu kommen begehrt. Die andere aber, die Liebe der wahren Gefährten, kehrt nicht zum Liebenden zurück. So gilt es ihm gleich, ob er tausend Meilen oder eine von dem Geliebten entfernt wohnt. Darum heißt es: So diente Jakob um Rahel sieben Jahre, und sie waren in seinen Augen wie einige Tage, weil er sie liebte. Sie liebte er: seine Liebe haftete an ihr und kehrte nicht zu ihm zurück; er meinte nicht sich und sein Verlangen, sondern hatte die wahre Liebe.
(Martin Buber, Erzählungen der Chassidim, Manesse Verlag, Zürich, S. 573f.)

Der für mich atemberaubendste Satz im Neuen Testament ist ganz kurz: Wer liebhat, der ist von Gott geboren und kennt Gott. (1. Joh 4,7) Ich verstehe das so: Wer liebhat, der lebt aus Gott, der ist ihm nah, dem ist er vertraut, der glaubt an ihn, der lebt mit ihm im Gleichklang. Wer liebhat, hat Teil am Atem, der das Leben beseelt. Der ist in Gott und Gott in ihm. Wir werden angesprochen als Geliebte Gottes. Laßt uns nicht Ausschau halten nach einem jenseitigen Wesen. Laßt uns doch damit erst mal zufrieden sein; Gott ist Liebe, und wo Liebe ist, ist Gott in Gestalt der Liebe da. Ich weiß, wir wollen Gott gern pur. Wir wollen Gott und Liebe destillieren. Wir wollen Gott definieren, und das heißt ausgrenzen von dem, was er tut. Wir wollen das Subjekt getrennt von den Taten. All das gelingt nicht. Gott suchen außerhalb seiner Liebe, das ist, als möchte ich die Erde kennenlernen, aber ohne Wasser und Felder und Wüste und Bäume. Wo Liebe ist, ist Gott in Gestalt der Liebe da. Er ist die Inbrunst, der Glutkern alles Liebens.
(Traugott Giesen, Gott liebt Dich und braucht Dich, Radius-Verlag, Stuttgart 1987, 3. Aufl. 1989, S. 27)

Der Stein, der in der Sonne liegt, wird von selber warm. (Martin Luther)

Liebe, und tue, was du willst. (Augustin)

Gott ist mir deshalb notwendig, weil er das einzige Wesen ist, das man immer lieben kann. (Dostojewski)

Ein Egoist ist ein Atheist.

Die Liebe beruht auf einer starken Übertreibung des Unterschieds zwischen einer Person und allen anderen. (G.B. Shaw)

14. Sonntag nach Trinitatis

Predigttext: Römer 8,12–13(14–17)

Jobst von Stuckrad-Barre

Theologisch-homiletische Skizze

1. Sie halten nur ganz kurz still, wenn sie hingerissen einem Spiel, einer Erzählung folgen: so gespannt, und voller Teilnahme, mitleidend und -hoffend, vorausdenkend und einspringend gehen sie mit und setzen dies dann gleich körperlich um – Kinder. So stelle ich mir die vor, die Gottes Geist nicht an ihren Plätzen läßt, die aufbrechen und mitgehen, vor Freude und vor Betroffenheit, die Widerstand bieten, wo es sein muß, und hingeben, was in ihnen steckt – Kinder Gottes. Eins allerdings ist nicht gleich und doch wieder sehr ähnlich: Leiden kennen sie und müssen doch nicht für ihr Leben fürchten, weil sie Gott anreden können, kurz und wie ein Kinderruf: Abba; mehr noch wie ein begeistert-bestätigender Ruf im Gottesdienst der Schwarzen heute oder eben der paulinischen Gemeinden damals, die Gott als den Weltenherrn proklamieren.

Die gelassen-gespannte Art des Geistes, zwischen Gottesdienstfeier und Verantwortung, zwischen bittendem Rufen und empfangendem Teilnehmen, die möchte ich predigend ansprechen.

Ein Anweg dahin wird für mich das »Ihr seid« der Bergpredigt aus dem Text des gestrigen Gottesdienstes. Salz der Erde und Licht der Welt sind die, die da zuhören, Ferment und Lebens-Mittel; Überschätzung dürfte den Seligpreisungen zufolge kaum möglich sein – Arme, Leidende, Gewaltlose: eben sie bringen Frieden und Gerechtigkeit so mit sich, daß sie in die gleiche Spannung hineinführen wie Rm 8,14–17, sie werden Gottes Kinder heißen, und ihrer ist die Herrlichkeit, das Himmelreich. Exegetisch müßte das jemand genauer abklopfen; die formalen Unterschiede sind beachtlich, die inhaltliche Spannung sehr ähnlich; sympaschomen zeigt das Äquivalent zu den ersten Seligpreisungen wie zu den späteren Gemeindebildungen. Der Wechsel zwischen Wir und Ihr macht auf die Redesituation (im Gottesdienst?) aufmerksam, aus der heraus Paulus seine Gedanken nimmt.

2. Anrede Gottes als Vater, umgekehrt der Söhne als Kinder. Daraus ergibt sich eine Unmittelbarkeit der Lebensbezüge, die allerdings weder den theologischen noch den historischen Abstand vergessen machen darf. In einer Zeit nicht einzuholender ›Erklärung‹ der Welt und der ihr entsprechenden manipulativen Einstellung zu den Geschöpfen kann diese Unmittelbarkeit Trost und neuen Sinn stiften. Es kann sich auch sowohl paternalistisches Denken wie seine Bestreitung daran festmachen – bei beidem sollte eine Predigt nicht stehenbleiben, sondern das Aufbrechen der gewohnten Formen im Geist und unter den Erben Gottes wahrnehmen.

3. Noch in einem weiteren Problem könnte eine Predigt hinter dem Anspruch gegenwärtiger Zusage zurückbleiben: Je länger der Komplex der ›Taten des Fleisches‹ im Blickpunkt des Interesses steht, desto weniger wird die Absage an sie den Raum erhalten, den sie befreiend, entlastend, bewegend braucht. Das ganze c. 8 des Römerbriefs arbeitet sich argumentativ folgernd (s. die vielen ›Denn‹ und die ›Wenn-dann‹-Relationen) durch die dialektische Gesetzesinterpretation. Wir können dem Gesetz des Geistes folgend dem Gesetz der Sünde nicht von uns aus ent-

kommen, es sei denn, wir lassen uns im Geschehen des Christus zu seinen Schwestern und Brüdern, eben zu Kindern und Erben Gottes machen. Alles andere wäre weder der Wirklichkeit der Welt noch der christlichen Hoffnung gemäß.
Es entspräche auch nicht der christlichen Anknüpfung an das Alte Testament, nun Israel einmal mehr undialektisch auf die Seite des Todesgesetzes zu schieben und das Sein der Kinder Gottes in ständigem Absetzen von dem so verstandenen Knechtsgeist zu beschreiben. *(Vgl. dazu die Meditation zu Einheit des Gesetzes und zu Rm 8 bei F.-W. Marquardt, Das christliche Bekenntnis zu Jesus, dem Juden. Eine Christologie. Bd. I München 1991, S. 263 ff., bes. S. 275: »Das ›Gesetz des Geistes des Lebens‹ ist die Tora: unter den Bedingungen des Geistes des Lebens, der dem auferweckten Jesus von Nazareth gegeben ist und von ihm her auf die Glaubenden wirkt und in ihnen.«)*
Vielmehr erinnert es ja gerade an prophetische Gebotsreihen, die den Umkehrruf im AT ausarbeiten (vgl. etwa Hes 18), wenn die Voraussetzungen in Vers 13 abgeschlossen werden mit dem: »so werdet ihr leben.«
Darüber hinaus notieren die Kommentare, daß es jüdischer Rechtsvorstellung entspricht, wenn der Sohn anders als der Sklave in einem dauernden Rechtsverhältnis gesehen wird. Der Geist der Kindschaft, in der Taufe unaufhebbar geschenkt, wird gegen allen knechtischen Geist so durchzuhalten sein, daß die Beziehung auf den Vater Jesu Christi alles Absetzen und Verletzen aufhebt. Kinder bleiben Kinder dieses Vaters oder dieser Mutter, auch wenn sie sich weit entfernen oder diesen und jenen andern Geist ›ausprobieren‹.
Das Erbe der Kinder bringt zuletzt die ganze zeitliche und sachliche Spannung des Christenlebens zum Ausdruck: Mit-leidend mit Christus sind die Kinder Gottes gewärtig der zukünftigen Herrlichkeit (E. Käsemann, An die Römer. HNT 8a. Tübingen 1973, S. 218, sieht in dem Erbe »übertragen die eschatologische Landnahme, nämlich die Teilhabe an der Basileia«), die die Gegenwart so bereits bestimmt, wenn auch unter der Verborgenheit des Kreuzes.

Vorschläge zur Liturgie

Für das *Kyrie* schlage ich den Entwurf von Klaus Eulenberger aus »Zum Gottesdienstbeginn«, hg. von H. Nitschke, Gütersloh 1981, S. 113, vor:
»KYRIE ELEISON – Herr, erbarme dich!
Erbarm dich Gott über unsere Hilflosigkeit: Wenn wir uns ausgeliefert vorkommen und abhängig, dann gib uns den Mut Jesu Christi, für das Leben zu streiten.
CHRISTE ELEISON – Christe erbarme dich!
Jesus, Bruder und Freund, erbarm dich über uns: Wenn wir sagen wollen, daß mit unserer Macht nichts getan ist, dann laß uns ein neues Lied finden: ein Lied der Freiheit, zu der du uns befreist.
KYRIE ELEISON – Herr, erbarm dich über uns!«

Das *Kollektengebet* mag durch die Vorlage bei Huub Oosterhuis, Ganz nah ist dein Wort, Verlag Herder, Wien 1972, S. 43, angeregt werden:
»Jedem,
der in sich selbst gefangen ist,

Herr, Gott,
schenkst du dein befreiendes Wort.
Zur Freiheit hast du uns berufen
und daß wir Menschen würden
nach dem Bild und im Geiste
Jesu Christi.
Wir bitten dich:
Gib uns die Kraft,
die er vorgelebt hat –
gib uns die Weite,
die er aufgetan hat –
mach uns empfänglich und frei,
dann werden wir mit dir
leben für diese Welt.«

Vorschläge zur Predigt
Vom Fenster der Verwundbarkeit

Möglicher Anfang
Zu keinem Zeitpunkt der Geschichte haben die Menschen die Möglichkeiten besessen, wie sie uns jetzt zur Verfügung stehen: jederzeit und weltweit die Geschehnisse in der Welt per Radio oder Fernsehen, Zeitung oder Telefax mitzuverfolgen; Musik und Kunst, Unterhaltung und Werbung, Information und Geschäft werden da in einem ganz bunten Gemisch angeboten, oder muß ich nicht sagen: aufgedrängt! Qualitativ und quantitativ verbesserte Signale erlauben eine ungeahnte Vielfalt, unübersehbar, unüberhörbar. Die »Mattscheibe« ist zum Symbol für diese Situation geworden. Ich möchte sie einmal mit einem Ausdruck der Sicherheitsexperten unser »Fenster der Verwundbarkeit« nennen – hören, sehen wir da zu, um notwendige Teilnahme am Geschehen der Welt in Gang zu bringen und Menschlichkeit zu üben, oder lasse ich mich von der Masse der unnötigen Sendungen überwältigen? Welcher Geist ist es, der uns treibt? Geist Gottes, Geist der Menschen und ihrer Maschinen? Verführung und Freude, Lebendigkeit und toter Konsum liegen selten so dicht nebeneinandeer, sozusagen nur durch einen Druck auf die Fernbedienung voneinandeer getrennt.
Am 9. Juni 1990 haben knapp 100 000 Menschen »auf Schalke« und einige Millionen am Radio oder Bildschirm diesen Predigttext gehört: *Textlesung* Röm 8,14–17.
Christen im Stadion und zu Hause erfahren Gottes Wort in all den andern Wörtern und Bildern, die sie tagtäglich erreichen. Und da ist es sehr tröstlich, von Paulus zu hören: Der Geist selbst gibt unserm Geist Zeugnis, daß wir Gottes Kinder sind. Was nicht in unserer Macht steht, uns zu Gott

gehörig zu erklären, Gottes Geist in diesem Sinn festzumachen, das will dieser Geist selber tun: im Alltag der Welt zwischen Sinn und Unsinn, Lebensfreude und Lebensfeindschaft, zwischen Abhängigkeit und Befreiung zu unterscheiden und uns darin gewiß zu machen.
Gott macht uns zu seinen Kindern.
Wir können ihn anreden, betend, bittend und dankend, und wenn wir nicht wissen, wie – der Geist hilft unserer Schwachheit auf, die wir mit allen anderen Geschöpfen teilen. Abba, lieber Vater! Der sich so anreden läßt, ist uns nahe, gibt einen Platz im Leben für jeden von uns. Wir können ihn anreden, und er gibt uns das Leben, nichts anderes bezeugt die Taufe: Gott macht uns zu seinen Kindern.
Hier sollte ein konkretes »Medienereignis« und sein tatsächlicher Hintergrund aufgegriffen werden (s. »Golfkriegsberichterstattung«).

Mögliche Fortsetzung
Diese Menschen, diese Kinder Gottes, die ihn so anrufen, anreden können wie Kinder ihren lieben Vater, bleiben nicht mehr im Bann irgendwelcher Mächte, sondern Gott bringt sie aus dem Geist der Knechtschaft heraus. Das kann zum Beispiel heißen: Konsum von zuviel Fernsehen, von Menschen und Material, erzeugt eine Abhängigkeit, die, fast unbemerkt zunächst, schwere Auswirkungen hat. Menschen scheinen verfügbar, die Dinge, die mit Mühe und Arbeit hergestellt sind, die »Rohstoffe« der Schöpfung werden zum selbstverständlichen und dann kaum mehr geachteten Gut, im Gegenteil, wir machen durch immer mehr Konsum die Zukunft immer schwerer. Auswählen zu können, sich befreien zu lassen, das ist ein Teil dieser großen Befreiung, die aus Gottes Geist kommt.
Nicht mehr der Geist der Furcht: wir können ja doch nichts tun, vielmehr der Geist der Zuwendung, mit der sich Gott uns zugewandt hat wie ein Vater, dieser Geist der Gotteskinder ist es, der uns in Bewegung bringt.
Entfernt uns das aber nicht von den andern Menschen, für die und mit denen wir doch gerade sein möchten? Kommt damit nicht eine Fremdheit zustande, die wir insgeheim mehr als vieles andere fürchten? Paulus verteilt den Geist Gottes und den Geist der Knechtschaft nicht auf zwei Gruppen, wie das damals durchaus üblich war und heute nicht weniger oft anzutreffen ist. Es ist ein Ringen, ob wir im Geist Gottes leben oder nicht. Durch uns selbst geht dieser Riß, auch wenn wir es nicht wahrhaben wollen, solange wir auf dieser Erde sind. *So* sendet uns Gott zu den Menschen, in und mit seinem Geist.
Damit wir nicht verzagen und dann nicht mehr ein noch aus wissen, ist Gott ganz weit gegangen, bis zu uns, unserer Schuld, unserer Ungewißheit. So weit, daß er all das auf sich genommen hat in Jesus Christus, am Kreuz, und das Leben mit seinem Tod und seiner Auferstehung neu ans Licht gebracht hat. So überwindet er die tödliche Fremdheit, macht er uns zu Gottes Kin-

dern, Erben seiner Liebe, Miterben Christi – Geschwistern, die hier mit ihm leiden und darum doch nicht verzweifeln müssen.

Möglicher Schluß
Unsere Ohren sind bereit zu hören, auch wenn die Zeit, unsere Welt, ganz andere Signale sendet. Weil Gott uns zu Schwestern und Brüdern Christi macht, hören wir das Schreien der Kreatur, empfinden ihr Leiden, nehmen auch an uns wahr, wie wir mitbetroffen sind.
Wird das nicht zuviel? Doch, manchmal schon. Die Lebensfeindlichkeit in dieser Welt, in uns selbst ist groß. Da wir aber von Gott einen ganz andern Geist empfangen, ist die Hoffnung, die Freude auf das Leben noch größer. Am Ende wird Gottes Geist alle und alles erfüllen, und wir werden seine ganze Herrlichkeit sehen, was sage ich, sie wird uns tragen und aufheben. Das steht jetzt noch aus; jetzt können wir dankbar sehen und hören, was er in Christus für uns und diese Welt tut. Jetzt macht er aus uns Geschwister im Geist, die mehr sehen als nur fern, die mehr hören als das Stimmengewirr der Zeit; die die Not und Hoffnung der Welt wahrnehmen.

Parerga und Paralipomena

1. Eine Alternative sehe ich in der Möglichkeit, einmal das Paul Gerhardt-Lied (EKG 250) »Ist Gott für mich, so trete gleich alles wider mich« predigend ganz durchzugehen und damit zugleich den Zusammenhang von Rm 8 insgesamt der Gemeinde vor Augen zu führen; dabei könnte der Abschnitt 8,14–17 ein Gegengewicht gegen einen bloßen Individualismus bedeuten. Mögliche Aufteilung: 250,1–3; 4–6; 7–10; 11–13.

2. »Drei Klarstellungen zuerst: 1. »Gesetz der Sünde und des Todes« ist nicht identisch mit dem mosaischen Gesetz, mit der Tora. – 2. »Fleisch« ist nicht gleich Materie oder gar Sexualität, und »fleischlich gesinnt sein«, »nach dem Fleisch leben« ist nicht gleich: von materiellen Wünschen oder sexuellen Trieben beherrscht sein. Paulus ist ein guter Jude; für ihn ist die Materie eine gute Schöpfung Gottes, also auch der Leib, also auch die Sexualität mit all ihren Begehrungen und Entzückungen. – »Geist« ist nicht der menschliche Geist, auch nicht der Geist als das Göttliche im Menschen, wie im griechischen Denken, sondern der Geist Gottes, der schaffend über dem Urchaos liegt (1. Mose 1,2), der Jesus von den Toten auferweckt hat, der Lebensgeist, stärker als der Tod, der von dem Auferstandenen ausgeht und neues geisterfülltes Leben schafft.« Helmut Gollwitzer in seiner Bibelarbeit zu Röm 8 auf dem Kirchentag 1983 in Hannover, hier zit. aus dem »Gollwitzer Brevier«, hg. v. Wolfgang Brinkel und Heike Hilgendiek München 1988, S. 409.

3. »Paulus hat die Frage nach der erfahrbaren Wirklichkeit des Geistes im 8. Kapitel des Römerbriefs mit dem Hinweis auf die Erbschaft des Leidens (Vers 17) beantwortet und damit im Zeichen des 3. Artikels die Welt insgesamt in das »Gleichnis« der geschichtlichen Existenz Jesu hineingenommen. Der Geist stellt den Menschen in das weltweite Leiden Christi hinein. Hier geht es nicht um die alte Einsicht, daß man nur durch negative Instanzen, durch Täuschung und Enttäuschung, zu neuer Wahrheit gelangt. Das »sehnsüchtige Harren« der Kreatur, von dem Paulus spricht, weist

vielmehr auf einen Sachverhalt hin, der in seiner Tragweite weit über die bloß subjektive Beschaffenheit eines Lern- oder Erkenntnisvermögens grundsätzlich hinausgeht: Die Welt, also die Gesamtheit der Gott in einer bestimmten geschichtlichen Situation gegenüberstehenden Schöpfung erkennt den irdischen Status quo nicht an. Sie steht, ob sie es weiß oder nicht, im Ausstrahlungsbereich der dikaiosyne theou, im Horizont der Zukunft Gottes, muß also nicht erst durch Verkündigung oder Mission theologisch vereinnahmt werden ...«.
Christian Link, Die Welt als Gleichnis. München 1976, S. 237 f.

15. Sonntag nach Trinitatis

Predigttext: 1. Petrus 5,5c–11
Klaus Eulenberger

Theologisch-homiletische Skizze

Vor kurzer Zeit noch weit entfernt und auf Abstand gehalten, hockt mir dieser Text plötzlich in jedem Winkel des wahrnehmenden Bewußtseins: Wohin ich auch blicke, glotzt er mich an. Auf einen Zettel notiert, habe ich ihn mitgenommen auf eine Reise nach Mecklenburg: 100 Jahre Kirche in G., woher eine Großmutter stammt. Unter den salpeterzerfressenen Gewölben des neugotischen Gotteshauses hörte ich im zweiten Jahr nach dem unaufhaltsamen Zusammenbruch der SED-Herrschaft durch die bischöfliche Festpredigt hindurch immer aufdringlicher den Satz, den doch keiner hier aussprach: »So demütigt euch nun unter die gewaltige Hand Gottes, damit er euch erhöhe zu seiner Zeit.« War die Demütigung bereits zu Ende? Feierte man hier schon die Erhöhung? Zu sehen war jedenfalls nichts davon, und bis der »Aufschwung Ost« diese abgelegene Provinz erreicht, werden schon noch ein paar Jahre vergehen. Zu sehen war ein abbruchreifes Pfarrhaus, das Mitte des 18. Jahrhunderts (als es gerade fertiggestellt war) ebenso mächtig wie bestrickend gewesen sein muß. Zu sehen war ein Haufen Braunkohlebriketts im verfallenden Holzschuppen, der zum Pastorat gehört. Zu sehen waren Menschen, die vier Jahrzehnte lang gedemütigt worden sind und versuchten, aufrecht zu gehen. Es ist ihnen mehr oder weniger überzeugend gelungen: Die Tapferkeit der Christen jenseits der nur auf den ersten Blick unsichtbar gewordenen Grenze hat, wie mir scheint, oft auch etwas Hinfälliges, beinahe ins Scheitern Verliebtes gehabt. Unter dem zwischen Bäumen ausgespannten Transparent »Wir danken, Herr, für alles, was du gibst« frage ich mich auf einmal: Ist es eigentlich *nur* bewundernswert, daß kirchliche Mitarbeiter unter solchen Bedingungen jahrzehntelang den Apparat (und die Menschen?) lebendig gehalten haben, oder ist es nicht *auch* ein Zeichen von depressiver Nachlässigkeit und falscher Demut, daß man sich solche Bedingungen hat aufzwingen lassen, deren Spuren noch lange nach »Wende« und »Vereinigung« überdeutlich sichtbar sein werden? Gab es nicht eine subtile Kollaboration zwischen den kleinbürgerlichen SED-Größen und – eben auch – vielen Christen, die nur allzu bereit waren, sich »unter die gewaltige Hand« zu demütigen, die sie niederhielt und schikanierte, und sahen nicht gerade die Theologen unter den Christen gerade darin das Schicksal, das Gott der Kirche in diesem Staat verfügt hatte?

Nun liegen wir voreinander auf der Lauer: ich vor dem Text, er vor mir. Ich denke nicht daran, seine Wochen-, Merk- und Denksprüche zu übernehmen; er hingegen läßt keine Bereitschaft erkennen, sich kleinlaut zurückzuziehen. Ich kann nicht (wie der Exeget) erkennen, daß es »ein eher leiser als lauter Text« ist; ich finde ihn aufdringlich und stark. Vielleicht auch, weil der 1. Petr mit der Deklaration einer lebendigen Hoffnung beginnt und weil die Gottesliebe ihm mehr gilt als das Gold (1,7). Ich bestreite nicht, daß es Zeiten des Leidens und der Prüfungen gibt (wie sehen sie für uns aus?); nur wünschte ich mir für solche Situationen noch andere Empfehlungen als: »Alle eure Sorge werft auf ihn; denn er sorgt für euch.« Gibt es einen dritten Weg, der aus der Alternative »Demut oder Hochmut« herausführt? Wie können wir dem Löwen entkommen, der wahrscheinlich nicht brüllend, sondern lautlos unterwegs ist?

Vorschläge zur Liturgie

Mit der wiederholten Aufforderung, *nicht zu sorgen*, zieht sich ein kräftig verwurzeltes biblisches Motiv durch diesen Gottesdienst: Als Psalm ist Ps 127,1–2 vorgesehen, als Evangelium Mt 6,25–34. Vielleicht kann man, indem man andere (junge Erwachsene, Kirchenvorsteher ...) an der Vorbereitung des Gottesdienstes beteiligt, ein *Responsorium über die Sorglosigkeit* anfertigen lassen: Zwei, vielleicht drei Menschen aus der Gemeinde spielen sich die entsprechenden Motive (»Sorgt nicht für morgen«, »seinen Freunden gibt er es im Schlaf« ...) in Frage und Widerspruch, Bestreitung und Affirmation gegenseitig zu. – Wer predigt, kann dann auch auf dieses Responsorium eingehen, das ich mir etwa nach der Lesung des Evangeliums plaziert denken könnte, aber auch anstelle des Glaubensbekenntnisses.

Eingangsgebet
Gott, du hast uns geringe Kräfte gegeben und bedenkst uns mit grenzenlosen Aufgaben. Seit wir nicht mehr Kinder sind, leben wir auch nicht mehr mit kindlicher Selbstverständlichkeit in der Welt. Sollen wir uns fügen, weil man ja doch nichts machen kann? Müssen wir dem Bösen widerstehen? Was wird von uns verlangt? Wir bitten dich, daß wir tun können, was wir tun sollen: dich, Gott, über alle Dinge zu lieben. Daß wir ermutigt werden durch das Beispiel solcher Menschen, die aufrechter und mutiger sind als wir selbst. Daß wir geschickter werden zu bestimmen, wann die Zeit des Schlafens und wann die des Wachseins ist, Zeit, aufzubegehren, und Zeit, sich gelassen zu fügen. Mach uns unserer Möglichkeiten gewiß, die wir haben, nachdem uns die Illusionen vergangen sind. Amen

Zu den Liedern
Für den Anfang des Gottesdienstes schlage ich vor: EKG 231,1–5 (Nun danket all und bringet Ehr). Die Aufforderung, die Sorge um das Leben Gott zu überlassen, ist im Ev. Kirchengesangbuch stark vertreten, so auch im empfohlenen Wochenlied: 298-1.2.4(5)6.7 (Wer nur den lieben Gott läßt walten). Die 3. Strophe aus dem Adventslied »Mit Ernst, o Menschenkinder« (EKG 9) bezieht sich direkt auf die Epistel, die auch Predigttext ist: »Ein Herz, das Demut liebet«. – Möglich wären auch: EKG 300 (Alles ist an Gottes Segen) oder ein Pfingstlied, etwa 98 (Komm, Heiliger Geist) oder 99 (Nun bitten wir den Heiligen Geist). – Zwei *neue Lieder* legen sich mir in unserem Zusammenhang nahe: »Welcher Engel wird uns sagen, daß das Leben weitergeht?« (W. Willms / P. Janssens, in: Mein Liederbuch für heute und morgen, tvd Düsseldorf, B 56) und: »Ich lobe meinen Gott« (ebd. B 102).

Vorschläge zur Predigt

Möglicher Predigtanfang

Liebe Gemeinde! Gegen Ende des 1. Jahrhunderts nach Christus ist ein Brief entstanden, den ein Unbekannter *»an die auserwählten Fremdlinge«* in Kleinasien schreibt. Als sollte man gerade dies auf keinen Fall überlesen, wiederholt er die Wendung noch zweimal, ermahnt die *»Fremdlinge und Pilger«*, ein »rechtschaffenes Leben unter den Heiden« zu führen, und verpflichtet sie zu einem Leben in Gottesfurcht, »solange ihr hier *in der Fremde* weilt« (1,1; 2,11; 1,17). Der 1. Petrusbrief ist der Versuch, den Christen der dritten Generation einzuschärfen, daß sie zwar notgedrungen in der Welt leben, aber nicht zu ihr gehören, und daß sie nicht zuhause sind in ihrer Zeit, die als eine vergehende verstanden wird. *Unterscheidet euch!* – so heißt die unablässig wiederholte Aufforderung an die »Fremdlinge«; ihr sollt anders leben als die Weltkinder! Ob diese Unterscheidung gelingt oder nicht, das wird man daran merken, wieviel an Leiden die Angeschriebenen in ihrer jeweiligen Umgebung auszustehen haben. Je mehr die Gotteskinder von den Weltkindern bedrängt werden, desto echter ist ihr Glaube, der in solcher Bedrängnis »geläutert« wird wie das Gold im Feuer. Dabei sollen sie sich nicht etwa gegen geltende Gesetze vergehen, ganz im Gegenteil: »Seid untertan aller menschlichen Ordnung!« (2,13); wohl aber werden sie ihre Zeitgenossen befremden (4,4), indem sie nicht mehr den »Begierden der Menschen«, sondern »dem Willen Gottes« folgen. Wenn sie dieses Befremden ertragen, den Spott und die Verurteilung durch die anderen, dann bereiten sie ihre künftige »Freude und Wonne« vor (4,13). Demütigt euch hier, so lautet die Aufforderung, damit Gott euch zu seiner Zeit erhöhe.

Damit ist das Stichwort gegeben, das zugleich ein Reizwort ist: *Demut*. Es gehört zu den wesentlichen stilbildenden Motiven der nachchristlichen Lehre, das heißt: Die Demut ist nicht so sehr ein Kennzeichen der Verkündigung Jesu, der selbstbewußte und fordernde Gotteskinder im Blick hatte, als der Späteren: Für sie wurde die Demut zu einer der größten christlichen Tugenden. – Wir wissen nichts darüber, wie die Christen in »Pontus, Galatien, Kappadozien ...« die Mahnung zur Demut aufgenommen haben. Möglicherweise bekommen wir einen Eindruck von der Wirkungsgeschichte jenes Briefabschnittes, den wir gehört haben, wenn wir uns an Begegnungen mit christlichen Gemeinden erinnern, die jenseits der inzwischen fast unsichtbar gewordenen und das Land doch immer noch hart durchschneidenden Grenze leben: Gemeinden in Thüringen, Mecklenburg oder Sachsen. Sie haben jahrzehntelang notgedrungen am Rande der Gesellschaft in kleinen Nischen überlebt, sind unterdrückt, kurzgehalten und schikaniert worden, haben eine manchmal bewunderte, oft verachtete und verspottete Rolle gespielt, sind um ihres Glaubens willen verfolgt worden durch Entzug von Baumaterial und Bildungsmöglichkeiten, durch

Veranstaltungsverbote und Zensur. Es ist keine Frage, daß den Mitarbeitern in diesen Gemeinden hoher Respekt gebührt. Aber ich möchte eine Frage stellen, von der ich weiß, daß sie Unmut erregen wird: Gab es nicht auch ein heimliches Einverständnis zwischen dem SED-Regime und vielen Christen in diesem sich sozialistisch nennenden Staat? Hat nicht die Unterdrückung der Kirche durch die staatlichen Organe eine alte Erfahrung bestätigt: daß die Christen, wenn sie denn wirklich welche waren, *immer* verfolgt wurden? War sie nicht insofern, unbewußt, auch willkommen? War vielleicht die so lange erlittene Demütigung durch staatliche Repression ein Erweis der Wahrheit des Glaubens, von dem man geradezu abgefallen wäre, hätte man sich gegen die Zwänge zur Wehr gesetzt, denen man in den Gemeinden unterlag? Ich frage weiter: Hat sich hier wirklich das Gebot zur Demut durchgesetzt gegen die Versuchung zum Hochmut, oder hat die Weisung: »Demütigt euch unter die gewaltige Hand Gottes!« etwa den Mut vieler Christen gebrochen, sich zu wehren gegen Bespitzelung und Zurechtweisung, gegen den Verfall von Kirchen und Gemeindehäusern, gegen die Verweigerung von Informationen und Papier? War hier möglicherweise eine falsche, eine depressive, heimlich leidenssüchtige Demut am Werk? Und könnte es sein, daß es manchen nicht *nur* willkommen ist, wenn der bizarre, aber höchst reale Spuk der sozialistischen Einheits-Herrschaft nun zu Ende ist?

Zum weiteren Verlauf

Wenn es nicht nur eine Versuchung zum Hochmut, sondern auch eine zur (falschen) Demut gibt: Worin besteht sie jetzt, hier, für uns? Sich demütigen unter eine »gewaltige Hand«, das kann auch bedeuten: die Dinge hinnehmen, wie sie sind, weil man »ja doch nichts machen kann«. Sich zurückziehen aus der Mitverantwortung für die Gestaltung der alle betreffenden Angelegenheiten. Nach dem globalen Abgesang des Kommunismus sich dem Konsumismus hingeben. Nach der militärischen Niederwerfung des Irak Anfang 1991 nicht länger »Schwerter zu Pflugscharen« umschmieden wollen. Nach der Eroberung der Straßen und Plätze durch eine Generation, die mit der Bewahrung der Schöpfung weniger im Sinn hat als irgendeine vor ihr, die tägliche Anstrengung um sparsamen Umgang mit Energie und um die Überwindung der »Naturvergessenheit« (G. Altner) einstellen. Und dies alles mit Begründungen, die die Trauer über die relative Wirkungslosigkeit der eigenen Bemühungen »rationalisieren«: Ich habe mich genug angestrengt, jetzt sollen es andere machen, oder: Die Menschen sind es nicht wert, daß man sich für sie einsetzt, oder: Soll ich mich opfern, wo doch alle tun, was sie wollen? Der »Widersacher« kommt, wie ich denke, nicht als brüllender Löwe. (Wäre es so, könnte man sich leicht davor schützen, von ihm »verschlungen« zu werden.) Er kommt als die sanfte und einladende Versuchung, den Widerstand gegen das, was viele tun und denken, aufzugeben (das meint übrigens auch der Verfasser des 1. Petr). Er kommt

als die Verlockung, den Zweifel in mir selbst auszulöschen und identisch zu werden mit den gegebenen Verhältnissen. Er kommt – und das allerdings ist ein ausdrücklicher Widerspruch gegen die Ideologie des 1. Petr – als das falsche Bewußtsein, es sei möglich, der Welt gegenüber »ein Fremdling« zu bleiben und doch aller menschlichen Ordnung untertan zu sein (2,13), »den König« zu ehren und dabei die Auferstehung von den Toten, die neue Geburt, die lebendige Hoffnung (1,3) nicht zu verraten.
Ob wir dem »Widersacher« widerstehen oder nicht, das entscheidet sich an unserer Fähigkeit, uns zu erinnern. Noch zu wissen, worauf die lebendige Hoffnung zielt und wie sie begründet ist, die Auferstehung Jesu Christi von den Toten als Anfang einer Auferstehung *aller* zum Leben zu begreifen, auf der Möglichkeit einer zweiten und fortgesetzten Geburt des Menschen zu bestehen. »Fest im Glauben« zu sein, bedeutet: nicht zu Formeln verkommen zu lassen, woran wir glauben; daran festzuhalten, daß es wahr werden soll und kann. Vielleicht gilt auch gegenwärtig, was Dietrich Bonhoeffer im Mai 1944 notiert hat: »Was Versöhnung und Erlösung, was Wiedergeburt und Heiliger Geist, was Feindesliebe, Kreuz und Auferstehung, was Leben in Christus und Nachfolge Christi heißt, das alles ist so schwer und so fern, daß wir es kaum mehr wagen, davon zu sprechen. In den überlieferten Worten und Handlungen ahnen wir etwas ganz Neues und Umwälzendes, ohne es noch fassen und aussprechen zu können.« Und auch die Fortsetzung weist eher in die Zukunft als in die Gegenwart: »… der Tag wird kommen, an dem wieder Menschen berufen werden, das Wort Gottes so auszusprechen, daß sich die Welt darunter verändert und erneuert. Es wird eine Sprache sein, vielleicht ganz unreligiös, aber befreiend und erlösend, wie die Sprache Jesu, daß sich die Menschen über sie entsetzen und doch von ihrer Gewalt überwunden werden, die Sprache einer neuen Gerechtigkeit und Wahrheit, die Sprache, die den Frieden Gottes mit den Menschen und das Nahen seines Reiches verkündigt« (Widerstand und Ergebung, München 1952, 206 f.).

Möglicher Schluß
Vielleicht entscheidet sich unser Schicksal als Gotteskinder nicht, wie es der 1. Petrusbrief meint, daran, ob wir dem Teufel widerstehen oder von ihm verschlungen werden, nicht daran, ob wir »hoffärtig« oder demütig sind, alles selbst machen wollen oder alles von Gott erwarten. Vielleicht gibt es einen dritten Weg, von dem sich zeigt, daß er für uns bestimmt ist, indem er auf uns zukommt: daß wir nämlich bewahren, erinnern und wiederholen, was auf uns gekommen ist. Nicht, um damit jetzt die Welt zu verändern oder in großem Stil nach außen zu wirken. Sondern nur, um nicht zu verraten, was uns gesagt ist: »Selig sind die Sanftmütigen; denn sie werden das Erdreich besitzen.« Und: »Selig sind, die da hungert und dürstet nach der Gerechtigkeit; denn sie sollen satt werden.« Oder: »Selig sind die Friedfertigen; denn sie werden Gottes Kinder heißen.« Indem wir diese

Sätze in uns bewahren und unter uns wiederholen, bleiben wir »fest im Glauben«, und sei es noch so leise, noch so unauffällig; und auf dieselbe Weise formulieren wir den Widerspruch gegen die Kräfte der Zerstörung und des Todes, die unter uns wirken. Wir werden nicht »siegen« gegen »die Welt«, wir werden aber auch nicht scheitern an ihr. Mitten in ihr lebend, werden wir uns darin üben, Gott über alle Dinge zu lieben, was nach der Auskunft unseres Briefes wertvoller ist »als das vergängliche Gold«. Indem wir uns gegenseitig an das erinnern, was wir uns nicht selbst sagen könnten, erlernen wir »die Sprache einer neuen Gerechtigkeit und Wahrheit«. Sie wird uns »aufrichten, stärken, kräftigen und gründen«. Und sie wird eine Wirkung haben nicht nur für uns, sondern über unsere Gemeinschaft hinaus.
Wenn wir so leben: weder aufgehend in der Welt, wie sie ist, noch sie bekämpfend um jeden Preis, zur Zeit oder zur Unzeit, sondern: mitten in ihr die Worte bewahrend, unter denen sie sich einmal »verändern und erneuern« wird, dann haben wir ein Recht, uns sagen zu lassen: »Alle eure Sorge werft auf ihn; denn er, Gott, sorgt für euch.« Amen

Kontexte

Gut zum Schluß meiner Predigt, wenn auch wohl nicht leicht in sie zu integrieren, paßt eine der »Geschichten vom Herrn Keuner« von B. Brecht: Maßnahmen gegen die Gewalt. K. erzählt von »Herrn Egge, der gelernt hatte, nein zu sagen«: In der Zeit der Illegalität habe sich ein Agent in dessen Wohnung breit gemacht und von Herrn Egge verlangt, ihm zu dienen. »Herr Egge deckte ihn mit einer Decke zu, vertrieb die Fliegen, bewachte seinen Schlaf, und wie an diesem Tage gehorchte er ihm sieben Jahre lang. Aber was immer er für ihn tat, eines zu tun hütete er sich wohl: das war, ein Wort zu sagen. Als nun die sieben Jahre herum waren und der Agent dick geworden war vom vielen Essen, Schlafen und Befehlen, starb der Agent. Da wickelte ihn Herr Egge in die verdorbene Decke, schleifte ihn aus dem Haus, wusch das Lager, tünchte die Wände, atmete auf und antwortete: ›Nein‹.« (BB, Geschichten vom Herrn Keuner, st 16, S. 9f.)

Auch die folgenden Sätze von Günter Eich gehören schon zum Bestand an »klassischer« Literatur:
»Schlaft nicht, während die Ordner der Welt geschäftig sind! Seid mißtrauisch gegen ihre Macht, die sie vorgeben, für euch erwerben zu müssen! Wacht darüber, daß eure Herzen nicht leer sind, wenn mit der Leere eurer Herzen gerechnet wird. Tut das Unnütze, singt die Lieder, die man aus eurem Mund nicht erwartet! Seid unbequem, seid Sand, nicht das Öl im Getriebe der Welt!«

Aber auch diese Sätze von Dorothee Sölle möchte ich mitteilen – schon, weil sie möglicherweise eine *ganz* andere Predigt über denselben Text auslösen können:
»Es ist wichtig, sich Menschen vor Augen zu stellen, die bewußt gelitten haben; Leute, die wir kennen, die im Leiden gütiger und nicht bitterer geworden sind, solche, die freiwillig Leiden auf sich genommen haben um anderer willen. Es gibt solche Menschen, und die Stärkung, die von ihnen ausgeht, ist der Trost der Heiligen.«

2. Welcher Engel wird uns zeigen, wie das Leben zu bestehn? Welcher Engel schenkt uns Augen, die im Keim die Frucht schon sehn! Wirst du für mich – werd ich für dich der Engel sein?

3. Welcher Engel öffnet Ohren, die Geheimnisse verstehn? Welcher Engel leiht uns Flügel, unsern Himmel einzusehn? Wirst du für mich – werd ich für dich der Engel sein?

Text: Wilhelm Willms, Melodie: Peter Janssens
Alle Rechte im Peter Janssens Musik Verlag, 4404 Telgte, 1972.

2. Ich lobe meinen Gott, der mir den neuen Weg weist, damit ich handle. Ich lobe meinen Gott, der mir mein Schweigen bricht, damit ich rede.
Ehre sei Gott auf der Erde . . .
3. Ich lobe meinen Gott, der meine Tränen trocknet, daß ich lache. Ich lobe meinen Gott, der meine Angst vertreibt, damit ich atme.
Ehre sei Gott auf der Erde . . .

Text: Hans-Jürgen Netz, Melodie: Christoph Lehmann
aus: »Exodus«, 1979
Alle Rechte im tvd-Verlag GmbH, Düsseldorf

Erntedankfest

Predigttext: 2. Korinther 9,6–15

Christian Schad

Theologisch-homiletische Skizze

In der sog. festlosen Zeit nach Trinitatis ragt der Erntedanksonntag insofern heraus, als er sich nicht nur im ländlichen Bereich, sondern auch in unseren Städten als einziges direkt auf das Naturjahr bezogenes Fest erhalten hat. Der Altar ist geschmückt mit Erntegaben, oft wirken Chor und Kindergruppen im Gottesdienst mit. Wer die bunte Gnade Gottes – wie an diesem Tag – *anschaulich* vor Augen hat, ist fröhlich gestimmt. Es artikuliert sich und darf sich artikulieren der spontane und wohl auch reflektierte *Dank*, daß Gott zu seiner Schöpfung steht und seine Güte alle Morgen neu sein läßt.

Darin genau stimmt der Grundton des Festes mit dem vorgeschlagenen Predigttext 2. Kor 9,6–15 überein, was m.E. homiletisch fruchtbar zu machen ist. Denn im Mittelpunkt dieses Schlußabschnitts des sog. Kollektenbriefes 2. Kor 9 steht nicht die Aufforderung zur Spende selbst. Diese ist bereits erfolgt (vgl. 2. Kor 9,5). Vielmehr streicht der Apostel hier überschwenglich den einzigen Grund, den Anfang alles Gebens, die Wurzel alles solidarischen Teilens heraus: die überreiche und überfließende charis theou. »Gott vermag« (Vers 8), *das ist* der cantus firmus, besonders deutlich in die Augen springend in Vers 9, wo Paulus – gegen den ursprünglichen Wortsinn des Psalmzitats (Ps 112,9) – Gott als *Subjekt* des Gebens und Schenkens verstanden wissen will (vgl. A. Lindemann im Exegesen-Band zur Stelle). Alles läuft darum zu auf den lobpreisenden Höhepunkt: »Dank sei Gott für seine unaussprechliche Gabe!« (Vers 15).

Freilich, der Dank wäre zynisch, wollten gerade *wir*, die oft gedankenlos in materiellem Überfluß Lebenden, an diesem Tag die Hungernden und mit ihnen die ausgebeutete Schöpfung vergessen. Eine Text und Kasus ernst nehmende Predigt wird demgegenüber gerade jene gleichermaßen *ethische* wie *ökumenische* Konnotation herausstreichen. Nicht aber so, daß die göttliche Gnade zum bloßen Durchgangsstadium des Imperativs degeneriert, sondern daß das Proprium dieses Tages und dieses Textes bis in alle Dimensionen des Lebens und Überlebens hinein zum Leuchten kommt: Subjekt der Bewahrung der Schöpfung, Subjekt von Frieden und Gerechtigkeit ist Gott, nicht der Mensch. Gegen die *anthropogenen* Zerstörungen in unserer Um- und Mitwelt gilt es gerade die *göttliche* creatio continua / continuata als Widerspruch und Hoffnungszeichen wahrzunehmen – ein mir im Horizont des Konziliaren Prozesses immer wichtiger werdender Gedanke. Denn für Paulus wächst allein aus dem in der Vergegenwärtigung der göttlichen Gnade evidenten *Dank* die Daseinshaltung, welche Arme und Reiche, Mensch und Kreatur zusammenführt, indem beide sich vom Überfluß der *Gnade* erfüllen und bewegen lassen.

Lieder, Lesungen, Gebete und auch die Predigt wollen auf diesen gemeinsamen Ton der »Eucharistie« (Verse 11f.) gestimmt sein.

Vorschläge zur Liturgie

Eingangsspruch
Christus spricht: Seht die Vögel unter dem Himmel an: sie säen nicht, sie ernten nicht, sie sammeln nicht in die Scheunen; und euer himmlischer Vater ernährt sie doch (Mt 6,26).

Introitus-Psalm (Alternative zum Eingangsspruch)
Ps 145,15f.1–13.15f. Der Rahmenvers Vers 15f. (»Aller Augen warten auf dich ...«) kann vom Chor nach dem gleichnamigen Satz von Heinrich Schütz intoniert werden.

Alttestamentliche Lesung
Jes 58,7–12 Brich dem Hungrigen dein Brot

Evangelien-Lesung
Lk 12,(13–14)15–21 Der reiche Kornbauer

Eingangsgebet
Täglich empfangen wir viel Gutes, werden bewahrt in mancher Gefahr. Gott, lehre uns sehen, daß es deine Güte ist, die schützend und segnend uns begleitet. Gib, daß Freude aus dieser Einsicht wächst, Freude, die zum Dank wird, Dank, der zu helfender Liebe wird – durch Jesus Christus, der uns liebt und Hoffnung gibt.
(Abgedruckt in: Besondere Gottesdienste, Gestaltungshilfen zum Erntedankfest: Erntedank – Schöpfungsdank, hrsg. v. Landeskirchenamt der Ev. Kirche von Kurhessen-Waldeck, 1989, S. 225)

Gebet nach der Predigt
Gott, / ohne deine Gaben / ist unser Leben / ohne Würde, / ohne Schönheit, / ohne Kraft. / Dir danken wir für alles, / was uns freut: / für unsere Kinder, / für unsere Verwandten / und für unsere Freunde; / für die Schöpfung des Leibes / und für alles, / was ihn gesund und kräftig erhält, / zu arbeiten und zu genießen. / Wir danken dir / für unser Können / und für unsere Lust am Schaffen, / für das Glück des Tages / und für den Glanz der Feste. / Wir danken dir auch für das Leid, / das uns prägt. / Und wir bitten um deine Treue / und um die Treue der Menschen, / auch um Sorgfalt mit deinen Gaben. / Wir bitten dich um Frieden dort, / wo wir ihn nicht schaffen; / um Licht, / wo das Dunkel schreckt. / Wir bitten dich um Frucht der Arbeit, / um Mut zur Muße und um Geduld. / Wir bitten dich auch für die, / die keine Arbeit finden, / und um Vernunft, die teilt. / Um Leben bitten wir – / in Ewigkeit.
(Abgedruckt in: Besondere Gottesdienste, a.a.O., S. 249f.)

Abendmahlsgebet

Gott, wir danken dir für deine Gaben. / Dir gehört die Erde mit allem, was darauf lebt. / Du hast sie uns anvertraut, / daß wir deine Gaben miteinander teilen / und das Leben bewahren auf deiner Erde. // Wir danken dir für Jesus Christus. / Du hast ihn gesandt als Boten deiner Liebe / und zum Zeichen der Befreiung / für alle deine Geschöpfe. // Wir danken dir für deinen Geist. / Durch ihn hast du uns berufen zu deinem Reich, / dem Reich der Liebe, der Gerechtigkeit und des Friedens.

Wir danken dir und loben dich mit allen deinen Geschöpfen: Heilig, heilig ...

Sende uns deinen Geist, / daß wir in diesem Brot und in diesem Wein / die Gegenwart Christi erfahren.

Wir erinnern uns an den Abend, als Jesus zum letzten Mal mit seinen Jüngern zusammen war. Unser Herr Jesus Christus, in der Nacht, da er verraten ward ...

Wir bitten dich, barmherziger Gott: / Laß deinen Geist unter uns wirken. / Stärke unseren Glauben, unsere Liebe, unsere Hoffnung. / Wenn wir von diesem Brot essen, / öffne unsere Augen und Hände für die Not, / daß wir es teilen: / Brot der Hoffnung, / Brot des Friedens, / Brot des Lebens. / Wenn wir aus diesem Kelch trinken, / erfülle uns mit Freude und Zuversicht, / daß wir nicht mutlos werden, / sondern bei dir Beständigkeit finden.

(Abgedruckt in: Besondere Gottesdienste, a.a.O., S. 134f.)

Dankgebet nach der Austeilung

Wir danken dir, Gott, für dein Wort, / für das Brot und den Wein. / Laß unsere Gemeinschaft an deinem Tisch / ein Zeichen werden für unser Leben. / Hilf uns weitergeben, was wir empfangen haben.

(a.a.O., S. 136)

Glaubensbekenntnis

EKG 132 (vom Chor oder der Gemeinde gesungen)

Oder:

Ich glaube, daß mich Gott geschaffen hat ...

(Martin Luther, Kl. Katechismus, Erklärung zum 1. Glaubensartikel, BSLK 1976[7], S. 510f.)

Lieder

Eingangslied: EKG 230,1–8+13 oder: EKG 380, 1–5 (evtl. im Wechsel: Gemeinde – Chor – Kindergruppe); Lied vor der (den) Schriftlesung(en): EKG 247,2; Lied vor der Predigt: Wir pflügen und wir streuen (vgl. Landeskirchlicher Teil des EKG); Lied nach der Predigt: EKG 232,1+2+5+6 oder: Brich mit den Hungrigen dein Brot, in: Mein Liederbuch für heute und morgen, o.J., B 96; Abendmahlslied: EKG 159,1–3 oder: Nehmt das Brot, eßt das Leben, spricht der Herr, in: Neue geistliche Lieder, Anhang

77, 1977, 860,1–3; Sanctus: EKG 111, 4+5; Agnus Dei: EKG 136,1–3; Schlußlied: EKG 228,1–3 oder: Ausgang und Eingang, Anfang und Ende liegen bei dir, Herr, füll uns die Hände. 4stimmiger Kanon, in: Mein Kanonbuch, 1987², Nr. 23.

Vorschläge zur Predigt

Möglicher Anfang
Liebe Gemeinde! Schon auf den ersten Blick nehmen wir es wahr: Heute ist Erntedank! – Das Fest fällt regelrecht in die *Augen*. Der Altarraum unserer Kirche bietet heute ein buntes Bild. Die Stufen des Altars sind mit vielfältigen Gaben geschmückt, die aus der Gemeinde herbeigebracht wurden. Sie machen anschaulich, daß wir Gott dankbar sind für die Ernte dieses Jahres und für unser tägliches Brot. Ganz alltägliche Lebensmittel sind es, die heute um den Altar herum zu sehen sind: Äpfel und Birnen, Trauben und Kürbisfrüchte, aber auch Zwiebeln, Weißkraut und Blumenkohl. Mit ihnen ist der Alltag in den Gottesdienst, mit ihnen ist die alltägliche Welt in die Kirche eingekehrt. Was wir tagtäglich in unseren Geschäften oder mittwochs und freitags auf dem Wochenmarkt kaufen, um uns davon zu ernähren, das blicken wir heute noch einmal – aber eben mit anderen Augen als den Augen des Käufers, des Kochs oder der Hausfrau an. Was wir Tag für Tag zu uns nehmen, als sei es das Selbstverständlichste von der Welt, daß das alles *da* ist und bei uns sogar reichlich, überreichlich da ist – das verliert am Erntedankfest seine alltägliche Selbstverständlichkeit: Wir leben von dem, was wir nicht machen können. Wir bleiben angewiesen auf den Segen, der uns unverdient zuwächst. Und die Gaben, die Lebensmittel auf dem Altar, erinnern uns an die bleibende Treue des Schöpfers, der uns verheißen hat: »Solange die Erde steht, sollen nicht aufhören Saat und Ernte ...!« (Gen 8,22)

Zum weiteren Verlauf
1. Solange die Erde steht! Wir wissen inzwischen, daß auch *das* ganz und gar nicht mehr selbstverständlich ist. Wir wissen, daß der Mensch nicht nur säend und erntend Hand an die Erde legt, sondern daß er auch mit zerstörerischer *Gewalt* Hand an die Erde zu legen vermag. Wie lange kann die Erde überhaupt noch bestehen? – Felder und Wiesen, Weinberge und Wälder haben wir plattgewalzt und zubetoniert. Und so Pflanzen und Tieren den nötigen Lebensraum entzogen. Statt Leben zu fördern und zu bewahren, hat der Mensch Leben vernichtet und Lebensmöglichkeiten streitig gemacht. Statt sorgsam die Gaben der Natur zu nutzen, hat er Raubbau mit ihnen getrieben ...
Solange die Erde steht! Haben törichte Siegesparaden die Schreckensbilder vergangener Monate bereits vergessen gemacht? Die Leidensbilder

von zerbombten Häusern in Tel Aviv und Bagdad, die Ölteppiche, die die Wasser des Persischen Golfs noch immer besudeln, der zerwühlte Sandboden der Wüste? Unmenschliche und widergöttliche Saat des Unrechts, die schneller als gedacht aufgegangen war …

2. Und es ist wohl dieselbe Gottlosigkeit, die uns jeden Tag aufs neue die Augen davor verschließt, daß vielen – viel zu vielen Menschen auf unsrer Erde eben *das* fehlt, was wir heute so überreich zu uns nehmen: das tägliche Brot. In diesen Tagen konnte ich in der Zeitung den bitteren Vers lesen: »Ihr Großgläubigen! / Sehet / die hungernden Kindlein / in aller Welt! / Sie säen nicht, / sie ernten nicht, / und der himmlische Vater / ernähret sie nicht.« Wahrhaftig ein bitterer Vers. Am Erntedankfest zumal. – *Warum* haben wir mehr als genug – vielfach, schändlich, zum Wegwerfen zuviel, und andere, Zweidrittel der Erdbevölkerung, haben zuwenig, vielfach zum Leben zuwenig? Diese Frage müssen *wir uns* gefallen lassen. Nicht hingegen: der himmlische Vater! *Der* hat ja die Erde reichlich und überreich mit den Früchten des Feldes und allen anderen Lebensmitteln gesegnet. »Er hat ausgestreut und gegeben den Armen … er reicht den Samen dar, und er gibt das Brot zur Speise« (Verse 9f.).

Nein, es spricht nicht gegen *Gott*, sondern es spricht gegen *uns*, wenn Menschen verhungern müssen. Es spricht gegen den reichen Kornbauern, der nichts anderes im Sinn hat als sein eigenes Geschäft und dessen Profit für viele Jahre. Wer seine Lebensmittel nur für sich behalten will, läßt andere verhungern, macht Leben kaputt. Auf den ersten Blick das der anderen, doch bei genauerem Zusehen wird er merken, daß er mit seinem Geiz auch sein eigenes Leben langsam, aber sicher zerstört. Wer nicht teilen will, kann auch kein ganzer, kein heiler und geheilter Mensch werden …

3. Schauen wir noch einmal nach vorn, auf die Erntegaben im Altarraum unsrer Kirche! Sie wollen uns sagen: Daß ich essen und trinken kann *reichlich*, andere zum Essen einlade, gemeinsam Essen und Trinken zubereite, das ist *nicht* selbstverständlich. Nehmt IHN, den Spender und Bewahrer des Lebens, wahr in all den weltlichen und irdischen Gaben. Nehmt sie wahr »in, mit und unter« allem menschlichen Tun: die *Treue* des Schöpfers, seinen *Willen* zum Schenken, seine *Freude* am Leben. Was wir haben, *kommt* nicht nur von Gott, so daß wir nach einem angemessenen Dankeschön willkürlich darüber verfügen könnten. Was wir haben, *gehört* auch Gott, haben wir bloß zur Nutzung, ist uns geliehen und anvertraut, um dem Willen des Schöpfers zu entsprechen.

Gott will, daß wir teilen. Gott will, daß sein Segen durch unsere Hände weitergeschenkt wird und die Hungernden dieser Welt ebenso erreicht wie die ausgebeutete Kreatur … Denn die Störungen, Verstörungen, Zerstörungen in unserer Umwelt sind Menschenwerk. Gott aber besorgt Tag für Tag die Bewahrung seiner Schöpfung. Auch Frieden und Gerechtigkeit sind von Gott geschaffen, sind seine Geschöpfe. – Gott gibt reichlich! *Das* ist die Pointe. Und Paulus ruft es uns im Anblick der Gaben noch einmal und unüberhörbar in Erinnerung: »Gott hat das Zeug dazu, daß alle Gnade auf euch ströme, damit ihr in allem Ding allezeit alles habt, was ihr braucht, und überreich seid in jedem guten Werk ... Gott sei *Dank* für seine unaussprechliche Gabe!« (Verse 8 und 15).

Möglicher Schluß
»Eucharistie«, »*Dank*sagung«, so nennen unsere katholischen Schwestern und Brüder das heilige Abendmahl, das wir jetzt miteinander feiern wollen. Gemeint ist zunächst einmal die Danksagung für die elementaren Lebensmittel, die wir darin empfangen: Brot und Wein. Gemeint ist aber auch die Danksagung dafür, daß Gott genau so, wie wir gleich Brot und Wein miteinander teilen, sein Leben mit uns teilen will. Jeder und jede, die das Abendmahl oder die Eucharistie mitfeiern, werden durch Brot und Wein unübersehbar daran erinnert, daß *Leben* in einem letzten und tiefen Sinn *Teilen* heißt. Daß nur ein teilendes und sich mit-teilendes Leben heilende und ganz machende Kräfte besitzt. – Deshalb kommt! Denn es ist alles bereit. »Schmecket und sehet, wie freundlich der Herr ist« (Ps 34,9). Amen.

Kontexte
Der Gedanke nämlich, daß Gott als der Schöpfer der Welt die Welt auch bewahrt, würde, in den Lebensvorgängen der Menschen verankert, eine grundlegende konkrete Veränderung der Welt herbeiführen, weil er zugleich in einer konkreten Überwindung des Subjektivismus besteht. Wer sich z.B. solchen Sätzen anvertraut, daß wir uns nicht sorgen sollen, daß nichts in der Welt geschieht ohne Gottes Wille, der ist schon in einem Prozeß des Glaubens und Lebens, in dem er Gott als Bewahrer der Schöpfung versteht. Und dieses Leben ist konkreter Glaube ... So wie der Glaube existentiell Vertrauen auf Gottes schöpferische und versöhnende Liebe ist und seinen Ort nicht in der Angst hat, so wird auch die Bewahrung der Schöpfung davon abhängen, ob die Menschen, jeder einzelne in Freiheit, zu diesem Vertrauen fähig sind. Der Kirche ist eigens dazu das Wort des Evangeliums gegeben, um die Menschen einzustimmen in eine Existenz, die Gott als Bewahrer der Schöpfung wie des eigenen Lebens anerkennt. Jenes Denken, das zur Zerstörung des oikos des Lebens, der Schöpfung, des Geistes führt, das ist ja ein Denken, das vom Defizit ausgeht, das vom Menschen die Vollendung dieser Schöpfung erwartet. Und gerade dadurch zerstört es die Welt. Es ist nun von absoluter Lächerlichkeit, diesem Denken als Alternative ein Denken entgegenzusetzen, das genau die gleiche Struktur hat. Was uns als Christen aufgegeben ist, ist eine völlig andere Alternative, nämlich schon jetzt aus der Fülle, der Nähe Gottes zu leben ... Diese Daseinshaltung, in der allein die Schöpfung wieder das werden kann, was sie am Anfang war, nämlich gut, ist der Glaube. Nur als Glaube ist sie wirklich konkret.
(W. Mostert, Leben und Überleben als Thema der Eschatologie, in: H. Weder [Hrsg.], Gerechtigkeit, Friede, Bewahrung der Schöpfung. Theologische Überlegungen, 1990, S. 136–138)

Eben, daß es beim Tun guter Werke um die Werke der Umkehr, der Liebe, des Glaubens geht, macht es deutlich, daß es auch im Einzelnen nicht in der Willkür und

im Verfügen des Menschen (auch nicht des in der Heiligung stehenden Menschen) steht, gute Werke zu tun: daß die *Freiheit* dazu auch im Einzelnen immer wieder *geschenkt* werden muß ... Gott ist (2. Kor 9,8) mächtig genug, die Fülle seiner Gnade über die Seinen zu ergießen: ›damit ihr in Allem allezeit ganzes Genügen (eigentlich Autarkie) habt und zu jedem guten Werk überreich seid.‹ Aber eben: Gott (und er allein) ist mächtig, ihnen die Freiheit zu geben, solche Werke von sich aus zu tun.
(K. Barth, Kirchliche Dogmatik IV/2, 1965, S. 673)

Wir haben alles
Wir haben alles. Ohne viel Not / könnten wir sparen, daß Friede bleibt. / Was braucht man vor allem? Kartoffeln und Brot, / Papier, darauf man Erfahrungen schreibt, / Und Bücher, um daraus Weisheit zu lesen. / Bewußtsein der Menschheit, was tief hinabreicht, / Das Wissen, wie es vor Zeiten gewesen / Und wie unser Leben dem Früherer gleicht. / Und gleichzeitig Einsicht in unsere Wandlung / Aus dem Höhlenwesen zum Menschen mit Recht. / Dafür lohnt es Opfer. Verzicht auf die Handlung / Zu Lasten von andren. Und niemals Knecht / Auch nicht der anonymer Maschinen / Und Apparate müssen wir sein. / Wenn wir bereit sind, einander zu dienen / Und schränken die Besitzlüste ein.
(Gedicht von E. Strittmatter, in: P. Abraham u.a. [Hrsg.], Ich leb so gern, 1982, S. 244)

Paralipomena

Als Alternative zum vorliegenden Predigtvorschlag schwebt mir, zumal im Rahmen eines Familiengottesdienstes, in dem Kinder und Jugendliche beteiligt sind, eine narrative Predigt vor. Deren corpus könnte die folgende Geschichte von G. Schulze-Wegener (abgedruckt in: KU-Praxis, Heft 8, 1977, S. 58) bilden, die den in 2. Kor 9,13 aufleuchtenden Aspekt, wonach die Jerusalem-Kollekte Zeichen übergreifender *koinonia* ist, auf *ihre* Weise ausdrückt:
»Als der Geheime Medizinalrat Prof. Breitenbach gestorben war, gingen drei seiner Söhne an das traurige und wehmütige Geschäft, den Nachlaß zu ordnen und das Erbe ihres Vaters getreu seinem letzten Willen unter sich zu verteilen. Es waren alte, handgeschnitzte Eichenmöbel, schwere Teppiche, kostbare Gemälde, auf deren Rahmen die Patina des Alters schimmerte. Und dann war da eine Vitrine, so wie sie in ehrwürdigen Haushalten zu finden ist: ein schmaler, hoher Glasschrank mit vergoldeten Pfosten und geschliffenen Scheiben. In diesem Schrank, den der Medizinalrat bei Lebzeiten wie ein Heiligtum gehütet hatte, waren kleine Kostbarkeiten und seltsame Erinnerungsstücke aufbewahrt.
Behutsam und mit liebevollen Händen nahmen die Brüder die zierlichen Elfenbeinstatuetten, die hauchdünnen chinesischen Teetassen und römische Öllämpchen heraus. Plötzlich stutzten sie. Im untersten Fach hatte einer von ihnen ein merkwürdiges Gebilde entdeckt, einen grauen, verschrumpften und knochenharten Klumpen, wie von täppischer Kinderhand aus Lehm geknetet. Vorsichtig nahm er ihn heraus im Glauben, eine besondere Kostbarkeit in Händen zu halten. Die Brüder traten herzu und hielten den merkwürdigen Gegenstand unter die Lampe. Wie groß war ihr Erstaunen, als sie erkannten, daß es sich um nichts anderes handelte als um ein vertrocknetes Stück Brot!
Ratlos sahen sie einander an; aber wohl ahnend, daß der Vater nichts aufbewahrt hätte, was nicht von besonderem Wert für ihn gewesen wäre, begannen sie lange her-

umrätseln, was der Beweggrund gewesen sein mochte, viele Jahre lang ein vertrocknetes Brotstück in der Vitrine aufzuheben. Endlich befragten sie die alte Haushälterin.
Die brauchte sich nicht lange zu besinnen. Unter häufigem Schluchzen wußte sie folgende Begebenheit zu berichten: In den Hungerjahren nach dem Weltkrieg hatte der alte Herr einmal schwer krank daniedergelegen. Zu der akuten Erkrankung war ein allgemeiner Erschöpfungszustand getreten, so daß die Ärzte bedenklich die Stirn runzelten, etwas von kräftiger Kost murmelten und dann resigniert die Achsel zuckten. Damals hatte ein Bekannter ein halbes Brot geschickt mit dem Wunsche, der Medizinalrat möge es getrost essen, damit er ein wenig zu Kräften komme. Es sei gutes, vollwertiges Schrotbrot, das er selbst von einem Ausländer erhalten habe. Zu dieser Zeit aber habe gerade im Nachbarhaus die kleine Tochter des Lehrers krank gelegen, und der Medizinalrat hatte es sich versagt, das Brot selbst zu essen, sondern es den Lehrersleuten hinübergeschickt: ›Was liegt an mir altem Manne‹, habe er dazu gesagt, ›das junge Leben dort braucht es nötiger!‹
Wie sich aber später herausstellte, hatte auch die Lehrersfrau das Brot nicht behalten wollen, sondern an die alte Witwe weitergegeben, die in ihrem Dachstübchen ein Notquartier gefunden hatte. Aber auch damit war die seltsame Reise des Brotes nicht zu Ende. Die Alte mochte ebenfalls nicht davon essen und trug es zu ihrer Tochter, die nicht weit von ihr mit ihren beiden Kindern in einer kümmerlichen Kellerwohnung Zuflucht gefunden hatte. Die hingegen erinnerte sich daran, daß ein paar Häuser weiter der alte Medizinalrat krank lag, der einen ihrer Buben kürzlich in schwerer Krankheit behandelt hatte, ohne dafür etwas zu fordern. Nun ist die Gelegenheit da, so dachte sie, daß ich mich bei dem freundlichen alten Herrn bedanke. Sprach's, nahm das halbe Brot unter den Arm und ging damit zur Wohnung des Medizinalrates.
›Wir haben es sogleich wiedererkannt‹, schloß die Haushälterin, ›an der Marke, die auf dem Boden des Brotes klebte und ein buntes Bildchen zeigte. Als der Medizinalrat sein eigenes Brot wieder in Händen hielt, da war er maßlos erschüttert und hat gesagt: ›Solange noch Liebe unter uns ist, die ihr letztes Stück Brot teilt, solange habe ich keine Furcht um uns alle!‹
Das Brot hat er nicht gegessen. Vielmehr sagte er zu mir: ›Wir wollen es gut aufheben, und wenn wir einmal kleinmütig werden wollen, dann müssen wir es anschauen. Dieses Brot hat viele Menschen satt gemacht, ohne daß ein einziger davon gegessen hätte. Es ist wie ein heiliges Brot, das zum sichtbaren Willen Gottes wurde und zum Beweis dafür, daß sein Wort auf guten Boden gefallen ist!‹ Damals legte es der Medizinalrat in die Vitrine, und ich weiß, daß er es oft angeschaut hat.‹
Erschüttert hatten die Brüder dem Bericht der alten Haushälterin gelauscht. Als sie geendet hatte, schwiegen sie lange Zeit. Endlich sagte der Älteste, nachdem er sich zu wiederholten Malen hatte räuspern müssen:
›Ich denke, wir sollten das Brot unter uns aufteilen. Ein jeder mag ein Stück davon mitnehmen und aufbewahren zum Andenken an unseren Vater und zur steten Erinnerung an jene verborgene Kraft, die den Menschen auch in der bittersten Notzeit, als jeder an jedem zu verzweifeln drohte, das Wort vom Brotbrechen lebendig erhielt und so zum Hüter wurde des Wortes von der Liebe zum Bruder.‹«

17. Sonntag nach Trinitatis

Predigttext: Römer 10,9–17

Gottfried Brezger

Theologisch-homiletische Skizze

1. Richtig hören

»Herr Pfarrer, Sie haben schön gepredigt«, sagt mir eine Frau aus dem Altenkreis der Gemeinde, »aber leider konnte ich vieles nicht richtig hören. Sie haben immer wieder zu leise gesprochen.« Wer kennt nicht die Enttäuschung nach all der Mühe der Predigtvorbereitung, wenn einem hinterher so etwas gesagt wird?

Nun, ich kann mir vornehmen, das nächstemal lauter zu sprechen, vielleicht auch überlegen, wie mit technischen Mitteln für eine bessere Akustik in der Kirche gesorgt werden könnte. Aber es gibt auch ein anderes ›nicht richtig hören‹, dem auch mit größerer Lautstärke und besserer Aussprache nicht beizukommen ist. Die erste Voraussetzung für den Glauben ist doch, daß die Menschen vom Evangelium überhaupt erreicht werden (wir sollten nicht nur warten, bis sie zu uns kommen!) und sie es hören können (akoē, Vers 17, ist das Hören der Botschaft, nicht das Predigen!); denn der Glaube kommt aus dem Hören:

Fides ex auditu – diese Erkenntnis mußte in der Reformation, schwer genug, neu errungen werden gegen die übermächtige Schaulust an kirchlichem Zeremoniell. Der Glaube aus dem Hören ist vielfach gefährdet. Diese Erfahrung des Paulus zieht sich durch den ganzen Römerbrief. Der Mißerfolg seiner Verkündigung schmerzt ihn besonders, weil die gute Botschaft von der Auferweckung Jesu von den Toten gerade von denen am wenigsten gehört wird, denen sie zuerst gilt: dem von Gott erwählten jüdischen Volk. Liegt's an der ungenügenden Verbreitung der Botschaft? Oder sind sie unfähig zum Hören? Klaus Berger (Gottes einziger Ölbaum. Betrachtungen zum Römerbrief, Stuttgart 1990) beschreibt, wie Paulus mit seinen enttäuschenden Erfahrungen umgeht: »Wir meinen in aller Regel, ein Erfolg des Evangeliums habe etwas mit Gott zu tun, der Mißerfolg aber mit uns menschlichen Verkündigern. Und so versuchen wir, den Mißerfolg wegzustecken, versuchen, ihn in der Verkündigung oder im Gottesdienst zu verschweigen. Genau das tut Paulus nicht. Denn Gottes Wort umfaßt auch und gerade eine nicht-vollkommene Wirklichkeit.« (212f.) Paulus betreibt nun keine moderne Selbstreflexion oder Kommunikationsforschung. »Paulus bringt den Mißerfolg vor Gott. Er verschweigt ihn nicht, er sieht ihn als Teil seines Dienstes. Damit wird niemand entlastet, doch der Entmutigung wird gewehrt.« (212ff.)

Mit seinem ›Traktat über die unverbrüchliche Treue Gottes‹ (P. von der Osten-Sacken über Röm 9–11) macht sich Paulus daran, die ›Handschrift Gottes‹ (K. Berger) zu entziffern. Sie offenbart sich in der Erwählung seines Volks wie der Auferweckung seines diesem Volk zugehörigen Sohns. »Man wird die Anstößigkeit des Glaubens an Jesus als den einzigen Weg zu Gott nicht begreifen, wenn man nicht zuvor auch die Anstößigkeit der Erwählung Israels, Isaaks und Jakobs begriffen hat. Immer geht es dabei um dieselbe Handschrift Gottes. Er erwählt immer nur wenige oder einen einzelnen ... Paulus verdeutlicht sich mit diesen Mitteln, warum in seiner Gegenwart nur wenige Juden Christen wurden, der Rest aber nicht. Und er wird

später zeigen, daß dieses nicht nur Gottes Handschrift ist, sondern auch zu dem universalen Ziel führt, daß Gott sich aller erbarmt.« (192f.)
Dieses Verständnis eröffnet mir den Zugang zum jüdischen Paulus, der durch das *Hör*erlebnis vor Damaskus in den Dienst des jüdischen Jesus gezwungen worden ist. Seine Argumentation bekommt für mich zeitliche Tiefenschärfe. Er greift zurück in die Geschichte Gottes mit seinem Volk (viermaliger ›Schriftbeweis‹ in Verse 9–17) und schaut weit voraus in die Zukunft. Christus ist das Ziel (telos) der Tora (gerade nicht ihr Ende!). In der eschatologischen Perspektive liegt der Schnittpunkt der parallelen Wege von Juden und Christen: »Denn Gott hat alle eingeschlossen in den Ungehorsam, damit er sich aller erbarme« (Röm 11,32). So gesehen ist schon jetzt der Unterschied zwischen Juden und Griechen aufgehoben (Röm 10,12), die nicht widerrufene Erwählung seines Volks und die Rechtfertigung der Gottlosen im Zeichen von Kreuz und Auferweckung sind die zwei Wege Gottes. Gerade im Hören aufeinander aber werden die Differenzen deutlicher: »Verkürzt könnte man sagen: Christen definieren sich dadurch, daß sie als Gottlose gerechtfertigt sind; Juden definieren sich durch ihr Vorrecht als Bundespartner« (E. Brocke, G. Bauer, Nicht im Himmel – nicht überm Meer. Jüdisch-christliche Dialoge zur Bibel, Neukirchen-Vluyn 1985, S. 25).

2. Der jüdisch-christliche Dialog als Gratwanderung
Nur am Rande meines theologischen Blickwinkels habe ich bisher die unterschiedlichen Positionen im jüdisch-christlichen Dialog wahrgenommen. Die auf dem Kirchentag im Ruhrgebiet (1991) an der Unvereinbarkeit gegensätzlicher Einstellungen zur Rechtfertigung des Golfkriegs offen aufgebrochene Krise des Dialogs aber hat mich alarmiert. Auf eine Rechtfertigung des Krieges will ich mich nicht einlassen, aber ich bin bereit, mich auf die mit Röm 9–11 vorgezeichnete Gratwanderung zu begeben: »Noch immer eignen sich Christen die Schriften der ›Hebräischen Bibel‹ an, ohne wahrzunehmen, wann die Aneignung zur Enteignung wird. Noch immer wird der Versuch unternommen, sich selber auf Kosten des Judentums zu definieren und das Judentum als religiös überholt abzutun.« (Wir und die Juden – Israel und die Kirche. Leitsätze in der Begegnung von Juden und Christen, herausgegeben vom Moderamen des Reformierten Bundes 1990, S. 10). Auf der anderen Seite kann ich nicht übersehen, wie Paulus aufgrund des Mißerfolgs seiner Verkündigung bei den Juden über sie urteilt (Röm 10,2 und 11,25). Ich möchte allerdings der verbreiteten Auffassung widersprechen, die auf eine Enterbung Israels durch die Kirche hinausläuft; denn die zu beerben wären, leben und haben ihre eigene Zukunft. Allenfalls könnte man von einem gemeinsamen Familienerbe von Juden (als Erstgeborenen) und Christen (als Adoptierten) sprechen. Auf dem Weg der Überwindung von Abgrenzungen beginnt das mühsame Geschäft des Hörens damit, daß wir uns heute um unserer eigenen Perspektive willen mit den Nicht-Juden der christlichen Gemeinde in Rom daran erinnern lassen, daß wir der Wurzel nur eingepfropft sind (Röm 11).

3. Hörverlust
Unsere von den Massenmedien beherrschte Kommunikation leidet stark unter der Entwertung des gesprochenen Worts. Man muß sich nur einmal im Unterricht in der Schule umhören. Trotzdem leben wir auch vom Hören; wer schlecht hört, gerät leicht in die Isolation.
»Hören ist schwierig«, schreibt W. Steck (Predigtstudien 1980/2, 226) in seiner aufschlußreichen Analyse der hermeneutischen, anthropologischen und soteriologischen Aspekte unseres Predigttexts. »Hören ist schwierig. Es ist einfacher, andere

zum Hörer zu machen. Dabei setzt sich unsere Lebenswelt aus vielen verschiedenen Hörszenen zusammen. Wir leben davon, daß wir hören.« Ein Kollege, einfühlsamer Nachdichter der Psalmen für heutige Hör- und Verstehens-Gewohnheiten, klagt mir sein Leid über den überhand nehmenden Analphabetismus im Hören: »Wer wie wir nur aufs Hören setzt, erreicht nur noch eine kleine Randgruppe der Gesellschaft.« Ich erinnere mich an das Plakat bei einer field-workerin in einer Farbigen-Vorstadt Johannesburgs: »Wir lernen 10 % durch Hören, 20 % durch Sehen und 70 % durch eigenes Entdecken.« ›Fides ex auditu‹ – die falsche Botschaft? Nein, wenn Hören, Sehen und Entdecken in *einem* Lebensvollzug zusammenfallen, kann unser Hörverlust überwunden werden. Dann kann es geschehen, daß das ferne Wort zum nahen wird.

4. Problematische Perikopen-Abgrenzung
Der mit der Perikopenreform von 1978 auf den 17. n. Trinitatis gelegte Text gibt diesem Sonntag zusammen mit den Texten der anderen Reihen einen dogmatischen Akzent: der Glaube, der Grenzen und Widerstände überwindet. Die Auseinandersetzung mit dem Glauben Israels, der in besonderer Weise auf dem *Hören* aufbaut (›Schma Jisrael‹), wird vollends erschwert durch die problematische Textabgrenzung. Diesem Schnitt fallen auch die vorausgehenden Verse vom ›fernen‹ und ›nahen Wort‹ zum Opfer. In Vers 9 wird dann unmittelbar mit der an eine Taufformel erinnerenden Aussage über den Grund christlichen Glaubens eingesetzt. Dagegen halte ich es für sinnvoller, die Auseinandersetzung mit dem jüdischen Glaubensweg deutlicher zu machen und mit dem Anfang des Kapitels oder Vers 4 (›Christus als das Ziel des Gesetzes‹) zu beginnen. Die ersten Sätze der Exegese von H. Merkel (Gottesdienstpraxis II/4, 1991) können als Einleitung zur Lesung helfen, den Kontext besser zu verstehen.

Vorschläge zur Liturgie

Vorbereitungsgebet
Das Gebet unmittelbar vor Beginn des Gottesdienstes zusammen mit den anderen Mitwirkenden (zumindest Organist/in und Lektor/in) ist mir zunehmend wichtiger geworden. In dem folgenden Gebet greife ich zurück auf Gedanken und Formulierungen D. Bonhoeffers in seiner Finkenwalder Homiletik (in Auszügen in: Bonhoeffer-Auswahl 3, 1936–1939, hg. von Otto Dudzus, Siebenstern Tb 151):
»Gott, im Dienst an deinem Wort laß uns nützlich sein, daß es seinen Weg in deine Gemeinde findet und sie unter deinem Evangelium mündig wird. Im Verzicht auf das eigene Wollen laß uns den Text begleiten und laß uns dabei natürlich, nüchtern, leidenschaftlich und sachlich bleiben. Denn nicht wir geben deinem Wort das Leben, sondern du erweckst es zum Leben in uns, in deiner Gemeinde.«

Lesung
Der von Paulus zitierte Text aus DtJes (Jes 52,7–10)

Kanzelsegen
Röm 11,36

Kyrie-, Kollekten-, Abendmahls- und Fürbittengebet aus Huub Oosterhuis, Ganz nah ist dein Wort, Verlag Herder, Wien

Kyrie (S. 13)
Ganz nah ist dein Wort,
Herr, unser Gott,
ganz nah deine Gnade.
Begegne uns denn
mit Macht und Erbarmen.
Laß nicht zu, daß wir taub sind für dich,
sondern offen mach uns und empfänglich
für Jesus Christus, deinen Sohn,
der kommen wird,
damit er uns suche und rette
heute und täglich
bis in Ewigkeit.

Kollektengebet (S. 13)
Du wartest auf uns,
bis wir geöffnet sind für dich:
wir warten auf dein Wort,
das uns aufschließt.
Stimm uns ab auf deine Stimme,
auf deine Stille,
deinen Sohn sprich uns zu:
Jesus, das Wort deines Friedens.

Fürbittengebet (S. 107–109)
Deine Stimme hat uns gerufen, Gott,
dein Wort hat uns geschaffen.
Du hast uns zusammengefügt,
Menschen bloß,
aber laß uns neue Menschen sein,
ein neuer Anfang der Hoffnung und des Friedens
in dieser großen und zerfahrenen Welt.
In deiner Torheit
hast du deinen Namen in uneren Mund,
dein Werk in unsere Hände gelegt.

Wir bitten dich um Vergebung,
daß deine Kirche auch in unseren Tagen
nicht imstande war,

sich frei zu halten von Gewalt:
vergib uns, daß wir den Mord an den Juden
nicht verhindern konnten,
vergib deiner Kirche, daß sie oft
unglaubwürdig ist
für alle wegen ihrer Rasse oder Farbe
Ausgesstoßenen.

Wir sind dein Friede nicht in dieser Welt,
wir sind dein Heil und deine Hilfe nicht
für die Verstörten und gebrochenen Menschen,
denn wir sind selbst verstört,
engherzig, unversöhnlich,
wir schaden deiner Absicht,
und wir verwirren die Welt.
Du kannst den Anfang einer Einheit setzen;
laß uns alle,
die wir in Lager aufgespalten sind,
wenigstens den Wahnsinn dieses Zustands einsehen
und das Leid darüber lebendig spüren;
laß uns nicht zufrieden sein mit der Situation,
wie wir sie antreffen;
laß uns von deiner Zukunft her
denken und handeln,
aus der Kraft deiner Verheißung,
daß du alles, wie auch immer
neu gestalten wirst.

Abendmahlsgebet (S. 15)
Gott, so oft wird gesagt,
du seist uns kein Fremder geblieben,
nahe seist du vielmehr
denen, die zu dir beten.
So laß uns doch auch sehen und erleben,
daß wir auf diese Worte bauen können.
Mach uns gläubig,
und erkennen laß uns voll Freude
Jesus Christus,
deinen Sohn in unserer Mitte.

Lieder
(Zum Eingang) »Er weckt mich alle Morgen« von J. Klepper, im Vorentwurf zum Ev. Gesangbuch, 195, oder in ›Mein Liederbuch …‹, A 30); vor und nach der Predigt: »Herr, dein Wort, die edle Gabe«, im Vorentwurf … 195; weiter aus dem EKG: 129,6; 144; 145

Vorschläge zur Predigt

Möglicher Predigtanfang
(1. Hörverlust – das ferne Wort)
»Wir lernen 10 % durch Hören, 20 % durch Sehen und 70 % durch eigenes Entdecken« – diese ernüchternde Beschreibung unserer Fähigkeiten zur Wahrnehmung läßt aufhorchen.
Wieviel trauen wir der Predigt zu, wenn wir's so schwer haben mit dem Hören? Was bedeutet es für uns als eine ›Kirche des Worts‹, wenn vielen Menschen das Wort, unentbehrlich zur Deutung unseres Lebens und zur Verständigung untereinander, so fern geworden ist?
In unserem Predigttext erleben wir Paulus mitten im Mißerfolg. Seine Predigt kommt beim größten Teil der Juden nicht an. Das Wort vom Kreuz und der Auferweckung Jesu Christi von den Toten ist ihnen fern geblieben. Sie sind nicht bereit, das Evangelium zu hören und ihn als den verheißenen Messias-Christus zu bekennen ...
(Nun könnte aus der theologisch-homiletischen Skizze angefügt werden, wie Paulus mit diesem Mißerfolg umgeht.)

Zum weiteren Verlauf
(2. Hörbereitschaft – das nahe Wort)
Wie kommt's zum Hören? Wie kann der Hörverlust überwunden werden? (Dieser Prozeß könnte an der Bekehrung des Saulus, Apg 9, nachvollzogen werden:) »Saul, Saul, warum verfolgst du mich?« – das Wort des Verfolgten rückt ihm, dem Verfolger, unerträglich nahe. Es ist der Anfang der Kette: »So kommt der Glauben aus dem Hören der Botschaft, diese aber aus dem Wort Christi« (Vers 17).
Nun würde ich nach den Folgen der Auseinandersetzung von Paulus mit dem Judentum fragen.

(3. Hörtest: Der jüdisch-christliche Dialog)
Aber auch nach seiner Bekehrung hält Paulus, besonders ausdrücklich in den Kapiteln 9–11 des Römerbriefs, zu denen auch unser Predigttext gehört, daran fest, daß das alles verändernde Wort Christi nicht nur ihm gilt. Er bekennt: Gott hat sich sein Volk, die Juden, erwählt und wird nicht müde, seine Nähe zu suchen – in der Vorzeit durch das Wort der Propheten, heute durch das Wort Christi, das sich an Juden und Nichtjuden zugleich wendet, um sie aus der Gottesferne zu holen. Unter der Verheißung Gottes sind Juden und Christen Geschwister. Und unser Verständnis für den jüdischen Glauben, die Begegnung, der jüdisch-christliche Dialog wird für uns zum Hörtest. Das mühsame und immer neu gefährdete Geschäft des Hörens beginnt damit, daß wir nach unseren Wurzeln im jüdischen Glauben fragen. Wieviel könnten wir als Hörende lernen vom jüdischen Glauben, der auf dem Hören aufbaut!

›Höre Israel!‹ – so beginnt das Gebet des frommen Juden jeden Tag, morgens wie abends. (Hier könnte die Geschichte von Rabbi Chajim von Volozhyn eingefügt werden als Beispiel dafür, wie der jüdische Glaube trotz der Verfolgung und Vernichtung über die Jahrhunderte hindurch offen geblieben ist, fürbittend Verantwortung für die ganze Welt zu übernehmen.)

Möglicher Schluß
(4. Kreatives Hören)
»Der Glaube, der aus dem Hören kommt.« – Ist die Botschaft des Paulus und der Reformation die falsche Botschaft für unsere Zeit? Nein, wenn wir uns auf die Begegnung mit anderen Menschen einlassen, so daß Hören, Sehen und Entdecken zusammenfallen. Wo dieses ›kreative Hören‹ gelingt, kann das fremde und ferne Wort zum nahen und eigenen werden, daß es uns den Mund öffnet zum Lob Gottes: Ihm, der uns alle Morgen das Ohr weckt, weckt unser Bekennen und Loben das Ohr. Ihn loben wir, der reich ist für alle, die ihn anrufen. Denn von ihm und durch ihn und zu ihm sind alle Dinge. Ihm sei Ehre ein Ewigkeit. Amen.

Alternative bzw. Ergänzung zum Predigtverlauf

Die Erkenntnis, daß Christen und Juden unter der Verheißung Gottes wie Geschwister sind, bringt mich auf den Gedanken, den Hörverlust und seine Überwindung auch auf der familiären Beziehungsebene darzustellen:

Möglicher Predigtanfang
(1. Hörverlust – das ferne Wort)
»Was geschieht, wenn Menschen sich auseinanderleben? Da sind zwei Brüder: früher haben sie viel gemeinsam unternommen, miteinander gespielt und sich gegenseitig geholfen; sicher, sie haben auch mal gestritten und eifersüchtig um die Nähe der Eltern rivalisiert. Doch dann gab es Konflikte, die sie nicht im Frieden lösen konnten. Jeder ging seinen Weg, und so haben sie es aus Enttäuschung, Überbeanspruchung und Gleichgültigkeit verlernt, aufeinander zu hören. Sie haben sich nichts mehr zu sagen ...«

Zum weiteren Verlauf
(2. Hörbereitschaft – das nahe Wort)
Als die Brüder schon erwachsen sind und selber Kinder haben, ruft der Vater sie an sein Krankenbett. Er erinnert sich mit ihnen an gemeinsame glückliche Stunden, es wird gelacht und gescherzt. Jeder der beiden Söhne möchte dem Vater den Abschied so angenehm wie möglich machen. Da seufzt der Vater und sagt: »Ihr seid Euch näher, als ihr denkt!« Erstaunt schauen sich die beiden an, und in den Tagen des Abschieds finden sie wieder Worte für den andern, fragen und hören einander. Und dabei kommen sie sich näher ...

Kontexte

»Rabbi Chajim von Volozhyn war so reich an gerechten Taten, daß ihm bei seinem Tod gesagt wurde, er wäre sogleich zur ›kommenden Welt‹ zugelassen. Aber Rabbi Chajim weigerte sich einzutreten, bevor er nicht die Zusicherung erhalten habe, daß auch alle seine Schüler und Lehrer aus der großen Jeschiwa (Talmudschule) zugleich zugelassen würden. Schließlich sei, so sagte er, der Erfolg der Schule nicht ihm allein, sondern ihnen allen zu verdanken. Als ihm dieses zugestanden wurde, bat er weiter um die Zulassung aller Juden; denn überall trügen die jüdischen Hausväter die Verantwortung für die Tora. Aber selbst mit der Erfüllung dieser Bitte war Rabbi Chajim nicht zufrieden. Schließlich, so behauptete er, hätten die Völker die Juden aufgenommen; so hätten auch sie Anteil an der Tora. Kurz und gut, Rabbi Chajim wollte nicht hineingehen, bevor er nicht die Zusicherung erhalten hätte, daß alle Menschen hineingehen dürften. Ihm wurde daraufhin gesagt, das sei in diesem Augenblick noch nicht möglich, weil der Zeitpunkt der Ankunft des Messias noch nicht angekündigt sei. So weigerte sich Rabbi Chajim, in die ›kommende Welt‹ hineinzugehen. Noch immer steht er geduldig am Eingang und wartet – bittet für die endgültige Erlösung aller Menschen.«

Die Grenzen der Wörter

Wir wollen hier nicht den Vorrang der gesprochenen Sprache leugnen, der sich in der Geschichte der Menschheit herausgebildet hat. Aber aus der Geschichte können zumindest auch diese drei Fakten abgeleitet werden: 1. Die gesprochene Sprache wird Kindern heute in zunehmendem Maße aufgezwungen – durch Imitationstechniken, die wenig oder gar keine Qualitäten von Austausch besitzen und an die Stelle stärkerer, phantasievollerer Prozesse getreten sind, die auf Erfahrungen basieren. 2. Die Erziehung von Kleinkindern wird heute fast ausschließlich durch Worte vermittelt; sie sind das einzige Werkzeug, das Lehrern und Eltern an die Hand gegeben wird. Wörter sind einsam und seelenlos, aber heute werden sie beim Unterrichten, Wiederholen, Anordnen, Predigen, Beschreiben etc. benutzt, als seien sie allmächtig. Diese fast ausschließliche Benutzung einsamer Wörter macht uns immer unfähiger, wirkliche Beziehungen mit den Kindern einzugehen, die lebendige Wörter von uns erwarten, Wörter, die auf Vernunft basieren, Vorschläge und Handlungsangebote enthalten.

Funktionierende Wörter

Es ist also notwendig, der Sprache wieder nützliche Wörter zu geben, die auch still sein und zuhören können, die Kommunikation herstellen, die Ideen verändern und neue hervorbringen können, die kreative Potentiale freilegen und aktivieren können, die Möglichkeiten für Sozialisation, für Mensch-Mensch-Beziehungen und Mensch-Objekt-Beziehungen freilegen und formen können.

In: ›Hundert Sprachen hat das Kind‹, Texte zu einer Ausstellung aus Reggio Emilia/Italien.

18. Sonntag nach Trinitatis

Predigttext: Römer 14,17–19

Eschel Alpermann

Theologisch-homiletische Skizze

Streit in der Gemeinde – ob nun unterstellt, befürchtet, offenkundig oder gar zum Vorwand genommen, um mit kirchenbehördlichen Maßnahmen dreinzufahren – löst in jedem Falle Beklommenheit aus: Wie kann es sein, daß Christen »un-eins« sind, da sie doch bereits durch ihre Zugehörigkeit zu Christus dem Zugriff anderer Mächte und Interessen entzogen, also »nun gerecht geworden sind« und »Frieden mit Gott« haben (Rö 5,1)? Gerade deshalb gilt aber für Paulus konsequenterweise: »So laßt nun die Sünde nicht herrschen ...« (Rö 6,12). Geradezu im Blick auf Rö 14,17ff. formuliert, bedeutet dies: »Denn indem ihr nun von der Sünde frei geworden seid, seid ihr der Gerechtigkeit dienstbar geworden« (Rö 6,18)! – Dem Frieden mit Gott sollte nach Paulus Frieden in der Gemeinde entsprechen. Demzufolge bestreitet Paulus den Starken in der Gemeinde das Recht, »die Stärke auszuleben, wenn sie den anderen irritiert« (v.d. Osten-Sacken, Exegese in Band 4). Kriterium für Auftrag und Verhaltensweise der Gemeinde ist »die Gottesherrschaft und der Dienst für Christus in ihr« (v.d. Osten-Sacken), dies hier in der Auseinandersetzung um kultisch begründete Speisevorschriften. Paulus versucht weder, die aufgebrochene Diskussion zu unterdrücken, noch einseitig einer der beiden Parteien Recht zu geben; vielmehr führt er mit dem Kriterium der Gottesherrschaft den allem übergeordneten Zielpunkt ein, der sich auf die Umgangsweise mit dem Konfliktpartner und auf die Verhaltensweise der Beteiligten regulierend auswirken muß. Christen können also durchaus miteinander streiten, auch wenn Außenstehende und Kirchenbehörden anderer Meinung sein sollten. »Gerechtigkeit und Friede« sind nicht statisch zu verstehen, der Kampf um sie ist dynamischer Lebensvollzug einer Gemeinde, die »Christus dient«. Vorrangige Aufgabe der in die Auseinandersetzung verwickelten Personen ist es, »gemeinsam unter dem Wort«, d.h. unter der Autorität der Gottesherrschaft zu bleiben. Hilfe zur unerläßlichen »Streit-Kultur« ist also die Mahnung, den gemeinsamen Weg nicht zu verlassen, der in der Ausrichtung auf Gottes Wort und den vollzogenen Friedensschluß durch Gott (wieder-) gefunden werden kann. Wollte Paulus eine der beiden Seiten exkommunizieren, wäre der »Streit« erst recht mit dem denkbar schlechtesten Ergebnis beendet, der Glaubwürdigkeit der Gemeinde und dem Evangelium selbst in jeder Hinsicht abträglich! Durch die Art und Weise, wie Christen ihre Meinungsverschiedenheiten austragen und dabei Gemeinsamkeiten festhalten, kann der Öffentlichkeit überzeugend der tragende Grund ihres Glaubens demonstriert werden. Eine Alternative gibt es nicht. Angesichts heute brisanter Streit-Themen in der deutschen Öffentlichkeit erübrigt es sich, diesmal auf die besondere Struktur einer Gemeinde einzugehen; jede(r) Prediger(in) weiß ohnehin, wo vor Ort Rücksicht zu nehmen ist und wo sie nicht länger geübt werden sollte! Die heißen Eisen, wie die Diskussion um die künftige rechtliche Regelung der »Abtreibung« und die Auseinandersetzung um die Änderung des Grundrechts auf Asylgewährung, möchte ich zur Sprache bingen und – mit Paulus – den besten Beitrag zur Versöhnung hervorheben: auf dem Streit-Weg zum Frieden Stärke um der ›basileia‹ willen nicht auszuleben.

Vorschläge für die Liturgie

Lieder

Zum geistlichen Kampf der Christen: EKG 223,1 (»Wir sind im Kampfe Tag und Nacht«), EKG 256,6 (»Wer nicht gekämpft, trägt auch die Kron ...«), EKG 226,9 (»durch recht geistliche Ritterschaft des Lebens Kron erringen«). – Zu Reich Gottes/Christi: EKG 241,3 (»Es komm dein Reich«), EKG 385,3 (»Wer erst nach Gottes Reiche tracht'«), EKG 216,4 (»breite ... dein Reich bald aus«). – Wochenlied: EKG 247,1–3 (»Herzlich lieb hab ich dich, o Herr«).

Wochenspruch

Dies Gebot haben wir von ihm, daß, wer Gott liebt, daß der auch seinen Bruder liebe (1. Joh 4,21).

Eingangsvotum

Christus spricht: Den Frieden lasse ich euch, meinen Frieden gebe ich euch ... (Joh 14,21). – Dazu weitere biblische Stichworte (auch zur Predigt): Christus spricht: Solches habe ich zu euch geredet, daß ihr in mir Frieden habet (Joh 16,33). – Die Frucht des Geistes ist Liebe, Freude, Geduld, Freundlichkeit, Güte, Treue (Gal 5,22). – Der Gerechtigkeit Frucht wird Friede sein ... (Jes 32,17). – Christus spricht: Trachtet zuerst nach dem Reich Gottes und nach seiner Gerechtigkeit ... (Mt 6,33). – Selig sind, die da hungert und dürstet nach Gerechtigkeit; denn sie werden satt werden. Selig sind die Friedfertigen; denn sie werden Gottes Kinder heißen (Mt 5,6.9).

Evangelium

Mk 12,28–34; auch Mt 5,(22f.)23–26 ist geeignet.

Epistel

1. Kor 1,4–9.

Eingangsgebet

Barmherziger Gott und Vater, wir stehen ratlos da, wenn wir Auskunft geben sollen, wie und wo wir Deine guten Absichten in die Tat umgesetzt haben. Wir können nur stammeln und bekennen, daß wir kaum versucht haben, Dich in unsere Überlegungen einzubeziehen. Gegenüber unseren Mitmenschen und Deiner Schöpfung gegenüber haben wir versagt. Ja, wir leben selbst unter anhaltenden Spannungen und in vergifteten Beziehungen. Mit uns selbst sind wir uneins und scheitern wiederholt an dem Versuch, einen Ausweg aus dem Labyrinth unserer Probleme zu finden. Deshalb wenden wir uns an Dich und bitten um Erbarmen und Vergebung unserer

Gleichgültigkeit, Gedankenlosigkeit und Geringschätzung, die wir uns Dir gegenüber geleistet haben. Wir rufen zu Dir: Herr erbarme Dich!

Gnadenspruch
Gott, der Herr, spricht: Mir hast du Arbeit gemacht mit deinen Sünden und hast mir Mühe gemacht mit deinen Missetaten. Ich, ich tilge deine Übertretungen um meinetwillen und gedenke deiner Sünden nicht (Jes 43,24b.25).
oder:
Der Herr ist nahe denen, die zerbrochenen Herzens sind, und hilft denen, die ein zerschlagenes Gemüt haben (Ps 34,19).

Kollekte
Großer Gott, Du Vater aller Güte, Du hast uns durch Deine Zusage, unsere Schuld völlig auszulöschen, das Leben noch einmal geschenkt. Dafür danken wir Dir von Herzen. Mit Freuden loben wir Dich, der Du mit Jesus Christus, Deinem Sohn, und mit dem Heiligen Geist in Einheit lebst und Deiner Welt mit Liebe begegnest, bis Du sie vollendest in Ewigkeit.

Schlußgebet
Gott der Liebe, Du Vater der Barmherzigkeit, Du hast uns dazu bestimmt, Gerechtigkeit gegen Machtansprüche zu verwirklichen, Frieden gegen Widerstände zu stiften und Freude wie einen Flächenbrand auszubreiten, damit sich Dein Reich wirksam erweise und bahnbrechend Hilfe leiste, wo Verzweiflung, Verschuldung und Verelendung herrschen.
Wir bitten Dich, nimm uns zu Zeugen Deiner Liebe, die unbeirrt Bedrohte aus Gefahr retten will und alle Energie einsetzt, um allem, was lebt, zur Entfaltung zu verhelfen. Überwinde unsere Angst, wir könnten dabei zu Verlierern werden, den guten Ruf oder auch Freundschaften einbüßen, nötige Unterstützung verlieren oder unsere Kräfte ganz und gar verausgaben. Gib uns gute Ideen und Mitstreiter, damit wir unverzagt die Initiative ergreifen, wenn niemand wagt, Deine Interessen zugunsten anderer zu vertreten. Ja, stärke in uns das Bewußtsein, daß wir Farbe bekennen müssen, wenn wir uns zu Jesus zählen, damit nicht in Zweifel gerät, daß wir Salz der Erde und Licht der Welt sein sollen. Großer Gott, wir bitten Dich für Menschen, die nur Deine Hilfe noch retten kann: für die Verschleppten und Gefangenen, Opfer von Terror und Unrecht, Erniedrigte und Hoffnungslose. Mache uns zu Solidarität und Partnerschaft fähig und willig, damit Arme, Hungernde, Kranke und Flüchtende nicht um Lebensrecht und Würde betrogen bleiben. Guter Gott, stehe auch an unserer Seite, wenn wir uns den Aufgaben und Problemen nicht gewachsen fühlen, die sich vor uns auftürmen. Gib uns Deinen Heiligen Geist, den Jesus uns zusprach, damit Frieden für alle Menschen dauerhaft gedeihe und Verständigung und soziale Gerechtigkeit nirgends fehlen. Sei bei uns auf unseren Wegen und segne Arbeit und Erholung. Schenke uns Hoffnung auf Deine Stärke und Vertrauen zu Deiner Liebe!

Vorschläge für die Predigt

Möglicher Anfang

Wir werden beobachtet! Schon seit langer Zeit richten sich viele Augen auf uns! Ja, wir Christen wurden und werden noch immer von zahlreichen Menschen mit großer Aufmerksamkeit begutachtet.

Aus mancherlei Gründen, und nicht immer den schlechtesten. Man erwartet etwas von den Christen. Vielleicht dies, daß sie so sind, wie man selbst gern wäre. Aber sind sie so? Was haben sie vorzuweisen? Zeigt es sich, daß sie »den Grund gefunden« haben: eine tragfähige Überzeugung, ein befriedigendes Engagement, eine Lebensweise, von der die meisten leider nur träumen können? Mancher mußte wohl herbe Enttäuschungen hinnehmen und bittere Erkenntnisse herunterschlucken, sooft der Versuch unternommen worden war, sich blindlings fallenzulassen und bedingungslos zu vertrauen. Gerade deshalb schauen solche Menschen genau hin, stellen kritische Anfragen an uns und prüfen, wieweit Christen ihren Worten gemäß auch handeln und ihren Lebensstil konsequent auf das Lebensrecht aller Geschöpfe und die Würde aller Menschen ausrichten.

Wir sollten froh darüber sein, daß andere Menschen von uns Positives erwarten! Doch was werden unsere Beobachter über uns zu berichten wissen? Können sie mit dem Ergebnis ihrer Nachforschungen über uns zufrieden sein? Sind wir gute, überzeugende Christen vor der Öffentlichkeit gewesen, die unerschrocken Farbe bekannt haben? Die sich etwa für die Belange derer eingesetzt haben, die keinen Anwalt und Partner, auch keine Lobby hinter sich hatten?

Zum weiteren Verlauf

Auch unter Christen gibt es Zwietracht. Auch sie sind keine Heiligen. Es gibt Mißverständnisse, berechtigten und – von den Beweggründen her – unverständlichen Ärger. Es gibt nicht nur konfessionelle Unterschiede und Streitereien; es gibt eindeutiges Unrecht, das »gegen Geist und Buchstabe« des Neuen Testaments, gegen den Geist Jesu verstößt. Zugegebenermaßen hat auch manche kirchliche Institution ein gerüttelt Maß an Versagen – manche urteilen noch härter – aufzuweisen!

Auch in den engsten Kreisen evangelischer Gemeinden sind unüberbrückbare Gegensätze und bedenklich stimmender Streit auszumachen. Das Klima ist wie vergiftet. Für eine Position des Ausgleichs, der Vermittlung und des wohlüberlegten Kompromisses wird in den jeweils entgegengesetzten Lagern kein Verständnis gezeigt. Bisweilen ist nicht einmal Verständnis für die Notwendigkeit der ›Aufarbeitung‹ eines Problems zu erzielen.

In dieser Situation ist es nicht selten, daß Außenstehende zur Verstärkung von zwei rivalisierenden Gruppen heiß umworben werden, obwohl doch eine Wahl zwischen Freund auf dieser Seite und Feind auf jener Seite absurd erscheint.

Es gilt, Auseinandersetzungen zu ent-feinden! Dazu gehört, daß zwischen Person und Meinung unterschieden wird. – Dies wäre ein erster Lernschritt, um zu ›vernünftigen Ergebnissen‹ kommen zu können.
Liebe Gemeinde, es gibt tatsächlich manche brandaktuelle Frage, manches Problem, das zunächst umstritten ist und dennoch zu ›eindeutiger‹ Stellungnahme herausfordert. Z.B. die Frage, ob es künftig in diesem Lande zu einer Bestrafung kommen solle, wenn das Leben eines noch ungeborenen Kindes absichtlich beendet worden ist! Da schlagen die Wogen der Erregung hoch. An eine Einigung zwischen denen, die gegen eine Bestrafung sind, und den anderen, die ohne Bestrafung das werdende Leben nicht ausreichend geschützt glauben, ist nicht zu denken. Wie gehen Christen mit ihren so gegensätzlichen Standpunkten und widerstrebenden Interessen um?
Bitte, bedenken Sie, liebe Gemeinde! Die Ausgangslage ist für alle an der Auseinandersetzung Beteiligten klar: Es gilt das Gebot Gottes: »Du sollst nicht töten!« Doch nun folgen Beteuerungen und Argumente auf jeder Seite! Sie kennen das vermutlich. Für diejenigen ›stillen Beobachter‹, von denen wir am Anfang gesprochen haben, ist möglicherweise weniger das Ergebnis der Auseinandersetzung von Bedeutung als viel mehr die Art und Weise, wie Christen in dieser Angelegenheit miteinander umgehen! Wie groß ist die Selbstverständlichkeit, die Person des andern trotz gegenteiliger Meinung zu achten, vielleicht sogar gegen Angriffe zu verteidigen und ihre Lauterkeit, Würde und Ehre zu respektieren? Oder sollte es doch vorkommen, daß um des sicheren Erfolges willen eben doch ein anderer verletzt werden darf?
Jede der beiden Seiten nimmt für sich in Anspruch, das Recht und viele gute Gründe auf eigner Seite zu haben: Man habe lautere Absichten, wolle Frieden und Gerechtigkeit verfolgen, überhaupt das Wohl fördern und Gefahren abwehren, wie z.B. Spaltung, Zerrüttung, Mißwirtschaft, Untergang und Krise. In letzter Minute habe man eingreifen müssen – aus purer Verantwortung, versteht sich! In solcher Weise wird auch unter Christen gestritten, ganz wie in der »Welt« draußen! Dabei gibt man sich nicht selten der Hoffnung hin, durch Verdächtigungen den Gegner zu treffen; dazu werden Unterstellungen ›gezielt abgefeuert‹ – nach dem Motto: Ist der Gegner erst einmal ausgeschaltet, ist die Angelegenheit in meinem Sinne entschieden!
Liebe Gemeinde, wenn es um das Reich Gottes geht, dann kann die Wahl der einzusetzenden Mittel nicht beliebig sein! Der Apostel Paulus bringt das Reich Gottes mit dem heiligen Geist und mit dem Dienst für Christus in unauflösbare Verbindung. Die Rede von Frieden und Gerechtigkeit mitsamt entsprechenden Aktionen wird – so wird es in Krisen- und Konfliktherden leider allzu oft bestätigt – zur gängigen Propaganda-Masche: Absichten werden verschleiert; die Worte Frieden und Gerechtigkeit werden durch Mißbrauch entwertet. Doch wie steht es, wenn innerhalb einer Gemeinde, zwi-

schen Mitarbeitern und Gemeindegliedern, die miteinander Gottesdienst gefeiert haben und weiterhin gemeinsam feiern sollten, ein Graben besteht? Wer darf für sich in Anspruch nehmen, das ›Reich Gottes‹ besser verstanden, angemessener vertreten oder ›ziel-genauer‹ im Visier zu haben? Wer muß ›passen‹?
In der Theorie fällt die Antwort leicht: Die theologisch begründete Position setzt sich durch gegenüber nur oberflächlichen, vordergründigen Interessen und durchsichtigen Manövern. Doch in der Praxis obsiegt der Stärkere über den Schwächeren! Von Theologie, von Versöhnung und Gnade, von Glaube, Hoffnung und Liebe ist kaum etwas zu spüren.
Liebe Gemeinde, wenn Paulus im Ringen um Gerechtigkeit, Frieden und Freude im heiligen Geist den Christus gebührenden Dienst der Christen erkennt, dann kann die Durchsetzung von noch so »besonderen Interessen« nur ein deutliches Abweichen von der Zielvorstellung des »Reiches Gottes« bedeuten.
Damit wäre aber auch die Feststellung des Paulus gegenstandslos und unzutreffend: »Der ist Gott wohlgefällig und bei den Menschen geachtet«. Wo das Reich Gottes nicht mehr ausschließlich verfolgt wird, bleibt es um den Frieden dürftig bestellt und gerät die »Erbauung untereinander« ins Stocken. Ja, neue Gewitterwolken zeichnen sich am Horizont kirchlichen Alltags ab, die den Frieden erst recht nachhaltig bedrohen.
Friede beginnt nicht dort, wo Konflikte gewaltsam verdrängt und verschwiegen werden; auch nicht dort, wo ein anderer, der als Gegner fixiert worden ist, ausradiert wird. Frieden verträgt ausdrücklich die Andersartigkeit eines anderen und kann diese als Reichtum verstehen und würdigen. Frieden hat dort eine Chance, wo die Überzeugungen anderer toleriert werden und das Recht auf abweichende Meinung von der Position einer Mehrheit auch verteidigt werden könnte. – »Gemeinsam unter dein Wort!«
Auch in der sog. »Asylanten-Frage« scheiden sich die Geister der Christen. Staaten mit geringerer Wirtschaftskraft als hierzulande haben mehr Flüchtende aufgenommen als die Bundesrepublik. Von uns könnte mit wünschenwerter Klarheit und Lautstärke erklärt werden, daß wir zur Solidarität bereit sind. Jawohl, neuer Streit könnte aufbrechen! Es wäre unumgänglich. Christus wird nur gedient, wenn wir mit Gerechtigkeit und Frieden ernst machen, obwohl wir dafür nicht von allen Menschen geachtet würden. Doch der Heilige Geist hätte daran seine ›helle Freude‹.

Kontexte

Aus »Souvenir Normand«, etwa 1913, irrtümlich Franz von Assisi zugeschrieben; Anhang '77:

O Herr, mache mich zum Werkzeug deines Friedens,
    daß ich Liebe übe, wo man sich haßt,
daß ich verzeihe, wo man sich beleidigt,
    daß ich verbinde, wo Streit ist,

daß ich die Wahrheit sage, wo der Irrtum herrscht,
    daß ich den Glauben bringe, wo der Zweifel drückt,
daß ich Hoffnung wecke, wo Verzweiflung quält,
    daß ich ein Licht anzünde, wo die Finsternis regiert,
daß ich Freude bringe, wo der Kummer wohnt …
Denn wer da hingibt, der empfängt, wer sich selbst vergißt, der findet,
wer verzeiht, dem wird verziehen …

Anhang '77: »Pontifex«-(Bischof-)Lied: »Herr, gib mir Mut zum Brücken-bauen«, K. Rommel

Aktuelle Kontexte finden sich in fast jeder Tageszeitung zu »Asyl« usw.; »Leserbriefe«!
z.B. aus Rhein-Neckar-Zeitung Nr. 190/1991 – B. L., Heidelberg:
»Wer das Überhandnehmen von Scheinasylanten verurteilt und diesen Mißstand durch die Politiker abgeschafft wissen will, ist nicht gleichzeitig ein Ausländerfeind, kein Verweigerer christlicher Nächstenliebe, oder gar Rassist oder Nationalist.«
Oder E.B., Neckargemünd (a.a.O.):
»Unsere Rechtsordnung wird sich nach den Gegebenheiten, nicht diese nach der Rechtsordnung richten müssen. Das Asylrecht muß wie in anderen Ländern der Exekutive anheimgegeben, die Rechtswegegarantie muß beseitigt werden …«

19. Sonntag nach Trinitatis

Predigttext: Epheser 4,22–32

Manfred Günther

Theologisch-homiletische Skizze

Dieser Text ruft in mir Bilder auf: Ich sehe mich am Sonntag in der Kirche. Frau Maier – die aus der vorletzten Bankreihe hinten rechts – reckt den Hals. »Leget die Lüge ab«, hat der Pfarrer eben gesagt. Ob sie das gehört hat, die Frau Schmidt, die immer so verdächtig weit vorne beim Pfarrer sitzt? Ob sie wohl mal darüber nachdenkt, was sie da neulich angerichtet hat mit ihrem bösen Geschwätz über ihre Nachbarin? Ob sie das wohl zu Herzen nimmt: »... und redet die Wahrheit, jeder mit seinem Nächsten«? Und ich sehe den alten Müller drüben auf der Empore. »Mögt ihr zürnen, nur sündiget nicht!« Sein Gesicht ist steinern; er zeigt keine Wirkung. Hat er vergessen, wie er seine Frau behandelt hat in 40 Jahren Ehe? Es war ein offenes Geheimnis im Dorf, daß er sie oft geschlagen hat. Beim Trauergespräch vorigen Herbst war Müller in Tränen. Buchstäblich zu Tode gegrämt hatte sie sich; 40 Jahre an der Seite eines Despoten. Wie oft mag die »Sonne über seinem Zorn untergegangen sein«?

Und dort – direkt unter der Kanzel – mein Konfirmand, Markus B. Hat er das auf sich bezogen: »Wer ein Dieb ist, der stehle nicht mehr«? Die ganze Konfirmandengruppe hat es ja vermutet, und ich weiß es: Er war der gewesen auf der Konfirmandenfreizeit, der drei Kameraden das Taschengeld aus dem Koffer genommen hat. Jetzt aber blättert er im Gesangbuch wie meistens während der Predigt.

Und dann sind da noch die vielen da und dort und drüben und hinten, die immer wieder Gerüchte in Umlauf setzen, die mit ihrem Gerede kränken und verletzen, die Meinungen anderer ungeprüft als Wahrheiten annehmen und weiterreichen ... Nehmen sie jetzt auch das an: »Aus eurem Munde komme kein faules Wort ...«?

Aber nicht nur Bilder entstehen in mir, auch Gefühle: Der Mut sinkt – was soll ich diesen Menschen predigen? Die Zweifel werden groß – kann ich etwas sagen, was froh macht, wenn doch so gar kein Bewußtsein da ist, daß man so nicht recht ist, wie man ist? Resignation will mich lähmen – warum nur gibt uns Gott in dieser Zeit eine Aufgabe, die doch so offensichtlich nicht zu erfüllen ist: sein Wort bis unter die Haut der Menschen zu bringen? Und nicht zuletzt empfinde ich auch Scham. Mußte ich nicht auch neulich lügen? Gleich fällt mir »... aus Barmherzigkeit« ein und »Notlüge«. Aber ich versuche auch selbst dem Zugriff dieses Wortes zu entgehen: »Redet die Wahrheit, jeder mit seinem Nächsten.« Und »faule Worte«? Die gehen und gingen wohl fast täglich auch von mir aus! Aber will ich die Botschaft hören, die mich über mich hinaus führt?

Dabei müßten wir doch gar nicht mehr bei unseren Fehlern und unserer Schuld stehenbleiben. Wie hieß das eben?: »Seid vielmehr gegeneinander gütig, barmherzig, und vergebt einander, wie auch Gott durch Christus euch vergeben hat!« Hält Frau Maier nicht der Frau Schmidt vielleicht das Geschwätz vor, das schon Gottes Vergebung gefunden hat? Und: Muß der alte Müller denn zerknirscht aussehen? Wie oft hat er seit dem Tod der Frau dort drüben gesessen? Wie oft mag er etwas von der Güte Gottes gehört haben? Wenn er sie nun in Anspruch genommen hat? Wenn er

nun so gleich-gültig dreinblickt, weil er weiß, daß er vor Gott »gleich gültig« ist wie jeder andere Sünder, der Erbarmen erlangt hat? Schließlich: Mein Konfirmand, Markus. Wenn er doch seitdem nichts mehr gestohlen hat? Wenn unser Gespräch damals für ihn heilsam und ein neuer Anfang gewesen ist? Will ich ihm verdenken, daß er sich mit seinem Gesangbuch beschäftigt? So geeignet für Konfirmanden ist meine Predigt heute nun auch wieder nicht!
Auch mit mir selbst gehe ich nicht so freundlich um, wie Gott sich mir gegenüber verhält. Und wenn es jetzt wäre, daß ich damit beginne: »Die Wahrheit reden ... schaffen, was gut ist ... Worte, gut zur Erbauung ...« Und wenn es jetzt wäre! Wäre mir nicht auch vergeben, was war? Hätte ich noch Grund zur Scham?
Aber dann wieder: Höre ich denn die Botschaft? Beherzige ich die Worte, die mir wie jenen gesagt sind? Und ziehen meine Hörer denn wirklich den »neuen Menschen« an oder sitzen sie nicht vor mir – wie eh und je – im »alten Kleid« der Lüge, des Zorns, des Diebstahls und der faulen Worte? Was soll ich predigen? – Der Text ist gelesen, ich muß jetzt anfangen. Die Köpfe werden gehoben: »Was sagt uns das für unser Leben, Herr Pfarrer?« Ja, was sagt uns das? »Liebe Gemeinde ...«

Vorschläge zur Liturgie

Eingangslied zum Wochenpsalm (32):
(nach EKG 251 »Meinen Jesum laß ich nicht«)

Wohl den Menschen, die befreit
schon als Kinder Gottes leben.
Denen er die Schuld verzeiht,
deren Sünden er vergeben:
Gott will ihre Hoffnung sein,
seine Güte hüllt sie ein.

Wehe aber, wer verschweigt,
wo er Schuld sich aufgeladen.
Seine Angst, sein Klagen zeigt,
daß er fern von Trost und Gnaden.
Mut entflieht, es weicht die Kraft,
bis ihm Gott Vergebung schafft.

Unvergeb'ne Sünde bleibt;
lösen wird dich das Bekennen!
Gottes Hand, sein Drängen treibt,
geh' ihm deine Schulden nennen!
Sprich und werde froh dabei;
Gottes Gnade macht dich frei.

(Aus: Manfred Günther, Stimmt an für Gott ein Lied. Die Wochenpsalmen, verreimt und auf EKG-Weisen singbar gemacht. Zu beziehen beim Verf.)

Schriftlesung
Jak 5,13–16

Predigttext nach Züricher Bibel

Lied nach der Predigt
(nach EKG 50 »O Jesu Christe, wahres Licht«)

Herr, deine Güte reicht so weit,
umgibt und schützt uns wie ein Kleid;
von Ost nach Westen spannt sie sich,
hilft Mensch und Tier und trägt auch mich.

Auch deiner Wahrheit Sonne strahlt,
hat deines Himmels Rund bemalt,
beglänzt und wärmt uns täglich neu,
zieht ihre Bahn und bleibt uns treu.

Dein Recht steht unverrückbar fest;
du hast das Wort, das leben läßt,
sprichst Sünder los, sagst Gnade zu;
wie herrlich, Gott, wie groß bist du!

In deinen Armen bin ich frei:
Die Last, die Angst, die Schuld ... vorbei!
Die Güte, die kein Ende hat,
tränkt wie ein Strom, macht reich und satt.

Des Lebens Quelle ist bei dir;
du bist mein Licht und leuchtest mir.
Sei allen Menschen Weg und Glanz,
mach' deine Erde heil und ganz.

(Manfred Günther, Quelle wie vor)

Vorschläge zur Predigt

Möglicher Anfang
Liebe Gemeinde! Stellen Sie sich vor, Sie bekommen zum Geburtstag einen neuen Anzug, ein neues Kleid geschenkt. Ihr Konfirmanden denkt vielleicht an eine schicke Kluft, mit der man sich auf jeder Fete sehen lassen kann.
Was machen Sie damit? – Sie hängen sie in den Schrank und gehen weiter in Ihren alten Kleidern unter die Leute! Und – nein! – das neue Kleidungsstück ist nicht unmodern, im Gegenteil. Es steht Ihnen auch. Jeder würde sagen: Das paßt ja ganz großartig zu dir! Und diese Farben! – Sie aber lassen

es im Schrank verschwinden und tragen lieber die alten Sachen, voller schadhafter Stellen und Flecke, farblos, ohne Form und Sitz. Seltsam, nicht wahr? Wer kann das begreifen?
Und übrigens: Ich habe auch so einen Anzug zu Hause! Ich habe ihn aber auch noch nie angehabt, jedenfalls nicht, wenn ich öffentlich auftrete, beim Gemeindefest oder beim Bunten Abend des Gesangvereins. Mein schöner Anzug hängt auch nur im Schrank. Ich lüfte ihn nur von Zeit zu Zeit. Aber sonst? Wirklich: Ich muß auch über mich selbst den Kopf schütteln. Was ist das doch für ein merkwürdiges Verhalten!
Wie bitte? Sie wissen nichts von einem neuen Kleid, einem neuen Anzug? Ihr Konfirmanden meint, wenn euch doch nur jemand die flotte Kluft schenken wollte?
Aber wir haben das doch eben alle gehört: »Zieht den neuen Menschen an, der nach Gott geschaffen ist!« Und wir wissen doch auch, wie dieses neue Kleidungsstück aussieht; wir kennen seine Farben: »Wahrheit, dem Bedürftigen geben, Worte der Erbauung«. Und wir wissen sogar, warum wir dieses Kleid geschenkt bekommen haben, den Anlaß sozusagen: »Seid vielmehr gegeneinander gütig, barmherzig, und vergebet einander, wie auch Gott durch Christus euch vergeben hat!«
Wir haben also diese Kluft, dieses Kleid, diesen Anzug. Er gehört uns und paßt uns. Wir sähen gut damit aus und wir könnten ihn berechtigterweise tragen. Aber wir lassen ihn zu Hause im Schrank hängen!?
Ja, auch heute morgen haben wir diese schönen Sachen nicht angezogen! Es ist das alte, fleckige Kleid, das wir auf dem Leib haben, der zerschlissene Rock, die speckig-graue Hose: Eben bei der Lesung des Textes zu dieser Predigt haben wir uns in diesen alten Kleidern in Positur gesetzt, haben sie um uns gestrafft, sie am Revers oder Kragen gepackt – so als wollten wir nicht von ihnen lassen. Die eine unter uns hat dabei den Gedanken gehabt: »Was paßt dieser alte Text doch so gut für die oder den!« Daß er vielleicht auch für sie selbst gemeint war, ist ihr nicht aufgegangen. Ein anderer hat bei »Zorn« oder »Diebstahl« oder »faulen Worten« wieder Erinnerungen heraufgeholt an Erfahrungen mit Menschen … Vielleicht ist das alles überholt und abgetan und auch bei Gott vergeben? Wir aber – in unserem alten Kleid – wollen sie nicht loslassen, nicht vergeben und vergessen sein lassen. Noch einer hier hat bei sich gedacht: »Was hat das alles denn für einen Sinn? Hören die Leute diese Botschaft des Wortes Gottes überhaupt? Wollen sie diese Botschaft hören? Und sperre ich mich nicht auch selbst immer wieder gegen Gottes Wort, wenn es mich verändern will, mir das neue Kleid hinhält und das alte von mir nehmen will?« Der so gedacht hat, der bin ich gewesen!

Zum weiteren Verlauf

– Warum hängen wir eigentlich so an den alten Kleidern? Das hat wohl viel mit Gewohnheit zu tun. (Beispiele: Immer derselbe – vielleicht weitere – Weg zum Arbeitsplatz. Erst eine Baustelle läßt den kürzeren Weg entdecken.

– Sitzen jetzt hier im Gottesdienst nicht auch alle immer wieder auf denselben Plätzen? Und im Bibelkreis? Bei der Vorstandssitzung? Im Seniorenclub? – Die neue Matratze im Bett mag ja gesünderes Liegen versprechen, man denkt aber noch lange voll Sehnsucht an die alte: die hatte die Kuhle an der richtigen Stelle!)
– Andererseits stürzen wir uns doch auch gern auf alles »Moderne«, alles Neue! (Beispiele: Die Werbung weiß genau, warum sie das Wörtchen »neu« so gern verwendet! – Wer fährt mit seinem neuen Auto nicht auch einmal völlig unnötig spazieren? Wer läßt es nicht seinen Nachbarn sehen, daß er einen neuen, teuren Wagen angeschafft hat? – Sehen wir an Heiligabend in der Christvesper nicht auch jedes Jahr so manchen Pelz, so manche Kette, die hier vorgeführt werden, weil sie neu sind?)
– Warum also lassen wir das neue Kleid, den neuen Anzug, die schicke Kluft, die uns Gott geschenkt hat, zu Hause im Schrank verborgen? Gut: Wir hängen an den alten Sachen. Sie sind uns vertraut, die Lüge, der Zorn, das faule Geschwätz ... Aber diese Kleider sind unansehnlich, stehen uns nicht, passen nicht zu uns! Und die neuen Sachen dagegen sind uns wie angemessen, bringen unseren Typ zur Geltung, sitzen wie angegossen! Und keiner kann sagen, wir wollten damit nur herausstreichen, was wir uns leisten können: Die Kleider sind uns geschenkt worden! Und den anderen auch! Keiner muß diese neuen Kleider den anderen voraushaben! Und noch etwas: »Und betrübet nicht den heiligen Geist Gottes!« Das muß schon den Schenker kränken, wenn wir die schönen Sachen, die er uns gibt, nur in den Kleiderschrank hängen!
– Vielleicht hilft uns ja dieser Gedanke: Wir legen alle hier dasselbe merkwürdige Verhalten an den Tag! Wir sitzen alle hier in den alten Kleidern und wollen nicht von ihnen lassen. Und so entspricht es ja auch dem Bild, das wir voneinander haben: Der hat immer das an. Die trägt immer jenes. Der hat dies oder das an sich. – Wenn wir nun alle auch gemeinsam diesen Entschluß fassen: Weg mit den alten Sachen! Zur Altkleidersammlung damit! Und her mit den neuen Kleidern, die uns Gott angemessen und geschenkt hat!: den Anzug der »Wahrheit«. Den Rock der »Güte«. Die Hose der »Barmherzigkeit«. Die neue, weite Kluft der »Vergebung«. Und haben wir nicht nur endlich den Mut, selbst diese Sachen anzuziehen! Geben wir auch einander Raum und Möglichkeit, Altes abzustreifen und das Neue anzulegen. Seien wir gefaßt, daß wir einander ein völlig neues Bild abgeben. Seien wir offen für die neuen Kleider unserer Schwestern und Brüder!

Möglicher Schluß
Liebe Gemeinde, wollen wir das nicht wirklich heute vereinbaren: Am kommenden Sonntag treffen wir uns alle wieder hier – und tragen die neuen Sachen! Wenn keiner von uns kneift, müßten wir den Mut finden! Stellen Sie sich vor: Die eine in dem lichtweißen Gewand der Wahrheit! Die Empore drüben strahlte vom Hellblau der Güte! Hier und dort und vorn

und hinten das Bunte der gegenseitigen Liebe. Und überall das Gold der Vergebung – der Vergebung Gottes und untereinander! Welche Pracht würde dieses Gotteshaus füllen!
Und auch ich will – wenigstens unter meinem Talar – meinen neuen Anzug tragen. Wenn ich in die Kirche komme und wenn ich hernach wieder gehe, sollen sie ihn sehen: das Grün meiner Hoffnung, daß Gott selbst die Menschen bewegen kann und verändert! Das Gelb meines neuen Muts, daß nicht umsonst ist, was ich hier im Auftrag Gottes predige. Und das Violett auch der eigenen Umkehr: Es ist kein Grund zu resignieren und zu meinen, die Botschaft Gottes käme nicht mehr an die Menschen.
Und geben wir diese Gedanken doch auch noch weiter – auch an alle, die heute nicht hier sind. Sagen wir ihnen: Ihr könnt auch endlich das alte Kleid abtun. Gott hat uns ein neues geschenkt. Laßt es nicht länger nutzlos im Schrank. Zieht es an und laßt euch damit sehen. Und zeigen wir ihnen, daß wir sie nicht länger auf die »alten Kleider« festlegen. Ver-geben wir und geben wir so dem neuen Kleid Raum!
Ich glaube fest, das wir dem »heiligen Geist Gottes« Freude machen. So wird in unserer Feier auch noch das Rot seiner Liebe kommen. Wie prächtig wird das hier in unserer Kirche werden – und auch draußen!
Bis nächsten Sonntag also, liebe Gemeinde – im neuen Kleid! Abgemacht?

Kontexte

Das Wiedersehen

Ein Mann, der Herrn K. lange nicht gesehen hatte, begrüßte ihn mit den Worten: »Sie haben sich gar nicht verändert.« »Oh!« sagte Herr K. und erbleichte.

Bertolt Brecht

Herzklopfen

Im Vogelhaus des
Zoologischen Gartens sah ich
fasziniert,
wie aus einem Hühnerei
unter wärmendem Licht
ein Küken ausschlüpft.
Von innen klopft es
mit seinem Schnabel
an die weiße Schale
und will ans Licht.

Daran muß ich denken,
als ich predigen hörte,
der Heilige Geist, der
weiße Vogel,
wohne in mir und
wolle kommen
in die Welt.

Mein Herzklopfen
vor einer mir zugemuteten
neuen Aufgabe –
muß ich das deuten
als das drängende Klopfen
eines unsichtbaren Schnabels
in mir?

Lothar Zenetti
Aus: Sieben Farben hat das Licht, Verlag J. Pfeiffer, München

Reformationsfest

Predigttext: Römer 3,21–28
Theodor Bohlen

Theologisch-homiletische Skizze

Der bekannte, programmatische Text Römer 3,21–28 bereitet manchen Auslegern Schwierigkeiten. Sie beklagen den komplizierten Satzbau, der das Verstehen erschwere, die überfrachtete Sprache und die als abstrakt empfundene Theologie. Sie stellen darüber hinaus fest, daß der Grundgedanke des Abschnittes, die Frage nach der Rechtfertigung »allein aus Gnaden, allein aus Glauben« die modernen Menschen nicht mehr umtreibe.

Ich kann diesen Beobachtungen nur teilweise zustimmen. Die Frage nach der Rechtfertigung des Menschen halte ich auch für unsere Zeit für aktuell und wichtig. Der Wunsch, mir selbst und dem anderen/der anderen und Gott recht zu sein, ist und bleibt eine der Grundfragen meines Lebens. Damit ist das Problem der Identitätserfahrung angesprochen: Das Leben soll stimmen, im Verhältnis zu mir selbst, zum Nächsten, zur Umwelt und zu Gott. Welches sind die Normen für solches Leben? Dort, wo die Leistung, die Rechtfertigung durch Werke zur Norm meines Lebens wird, und dort, wo ich andere nach ihrer Leistung beurteile, gerät das Leben ins Stocken. Ein Denken, das den Wert des Menschen nach seiner Leistung, seinem Prestige, seiner Anerkennung bemißt, führt den Erfolgreichen und Selbstbewußten zu Selbstgerechtigkeit und Pharisäertum und den Erfolglosen zum Ausgestoßensein und zur Frustration.

In der Predigt möchte ich den Hörern die alte und immer wieder neue Verheißung und Zusage des Textes nahebringen: Ich bin angenommen, ich bin bejaht, von Gott, »ohn' all mein Verdienst und Würdigkeit«. Ich kann ja sagen, zu mir, zum Mitmenschen und zu Gott, weil ich Gott recht bin. Dieser Glaube setzt neuen Lebenssinn, neue Kräfte frei, bringt Hoffnung und Geduld, gibt Impulse zu verantwortlichem Handeln und macht Mut zu guten Werken. Paulus beschreibt diesen Glauben im Predigttext mit den Schlüsselworten ›Rechtfertigung‹ und ›Gnade‹.

Für den Prediger wird es entscheidend darauf ankommen, das Verhältnis der ›Rechtfertigung aus Gnaden‹ nicht theoretisch – wie in vielen Auslegungen – sondern konkret darzulegen.

Ich sehe für mich zwei Möglichkeiten der Konkretion.

1. Ich möchte diesen Glauben, dieses Lebensverständnis an der Person Jesu von Nazareth exemplifizieren: Jesus weiß sich von Gott, den er Vater nennen kann, angenommen, bejaht. Gott ist mit ihm, seinem Reden und seinem Handeln. Das gibt ihm die Kraft, sich selbst und den Nächsten anzunehmen bis in den Tod.

2. Mit der Botschaft von der Rechtfertgigung »ist ein Problem verbunden. Wer sich lange Zeit nicht angenommen und heimatlos weiß, kann nicht ohne weiteres mit Bibelworten getröstet werden. Sie hängen viel zu hoch über seinem Haupt ... Es bleibt nur eine Möglichkeit: Menschen müssen das Evangelium ins Leben hinein übersetzen und anderen das Gefühl geben: Ich bin bejaht, jemand mag mich. An den barmherzigen Gott kann ein Mensch nur dann glauben, wenn sich Gottes Barmherzigkeit im Verhalten der Christen widerspiegelt.« (H.G. Lubkoll in Gottesdienstpraxis II,3,1980).

Ich möchte deshalb die Frage der Rechtfertigung an unserem Verhältnis zu den »Armen« verdeutlichen. In Hannover nimmt die Zahl der Obdachlosen und der Sozialhilfeempfänger in einem nicht mehr zu verantwortenden Ausmaß zu. Ich möchte deutlich machen, wie sehr unser Leistungsdenken bewußt oder unbewßt aus Gewohnheit und Gleichgültigkeit diesen Menschen auch in unseren Kirchengemeinden immer häufiger ein Recht auf Wohnung, auf Kultur, auf eine persönliche, menschenwürdige Lebensgestaltung abspricht.

Vorschläge zur Liturgie

Lesungen

Epistel: Römer 3,21–28 (Predigttext); Evangelium: Matthäus 5,1–10 (11–12); Eingangspsalm: Psalm 46, Psalm 103,1–13.

Lieder

All Morgen ist ganz frisch und neu (EKG 336); Er weckt mich alle Morgen (Ev. Gesangbuch, Vorentwurf 1988, Nrf. 447); Nun freut euch, lieben Christen gmein (EKG 239); Ach bleib mit deiner Gnade (EKG 208); Selig sind (Ev. Gesangbuch, Vorentwurf 1988, Nr. 300); Vertrauen wagen dürfen wir getrost (Beiheft zum EKG, 1983, Nr. 604).

Gebete

1.
Vater im Himmel,
wo es dunkel ist, willst du es Licht werden lassen. Wo Angst ist, willst du Freude bringen. Wo Sinnlosigkeit ist, willst du ein Ziel zu schauen geben. Du rettest, was verloren ist. Du richtest auf, was gebrochen ist. Du machst lebendig, was erstorben ist. Wir danken dir durch Jesus Christus, unseren Bruder.
Amen

2.
Gott,
du weißt, was wir brauchen:
Worte des Lebens, die nicht belanglos sind, den Trost, der uns ermutigt und weiterbringt, eine Hand, die ruhig unsere Angst wegnimmt, ein großes Ohr, in das wir unsere Sorgen flüstern können, ein Feuer, das Schuldscheine verbrennt, ein Haus, in dem wir wohnen können.
Du hast uns versprochen zu geben, was wir brauchen. Laß uns auch heute deine Nähe und Gnade neu erfahren. Amen.

3.
Guter Gott,
wir suchen und erfahren Zeichen deiner Nähe in unserer Zeit. Wir danken für Worte, die uns berühren und aufrichten, für Menschen, die uns zuhören und begleiten.

Wir bitten für Menschen, die allein sind, die dein Wort nicht erreicht. Laß uns Worte finden, die weiterhelfen, Menschen sein, die andere begleiten. Laß uns Christus vertrauen und Vertrauen weitergeben.
Guter Gott, wir danken für Gemeinschaft, die uns Heimat gibt und bestärkt auf deinem Weg, Kirche, die lebendig ist und deine Güte weitergibt.
Wir bitten für Menschen, die unter erstarrten Formen leiden. Laß uns Gemeinde sein, die Heimat gibt, und Kirche sein, die Leben verstärkt. Laß uns geborgen sein in dir, mit dir Kirche erneuern.
Guter Gott, wir danken für Vertrauen, das geweckt und entgegengebracht wird, für Versöhnung über Grenzen und Mauern hinaus.
Wir bitten für Menschen, die unterdrückt werden, dem Krieg und der Gewalt zum Opfer fallen. Laß uns nicht immer Recht behalten wollen, sondern auch anderen Recht geben. Laß uns Frieden finden in dir und Frieden stiften.
Guter Gott, wir danken für die Schönheit und Vollkommenheit deiner Schöpfung, für das Leben, das wir empfangen und das uns erfüllt.
Wir bitten für uns und alle Kreatur, bedroht von Giften und Raubbau. Laß uns verantwortlich umgehen mit den Gütern der Erde, damit genug bleibt für alle, die nach uns kommen. Laß uns dein Bild bleiben und die Schöpfung bewahren.
(Nach jeder Bitte kann die Gemeinde singen: »Kehret um, kehret um, und ihr werdet leben« [Beiheft zum EKG, Nr. 612])

Vorschläge für die Predigt

Möglicher Preditanfang
Richard Kobbe bezahlte 8 Mark und 50 Pfennig. Nur ein Markstück war unter den Münzen. Das andere waren Groschen und Pfennige. Als Kobbe das Geld auf den rotbraunen Gummiteller an der Kinokasse legte, war seine zerfledderte Geldbörse leer. »Einmal Loge!« sagte Richad Kobbe deutlich. Der alte Mann kostete das Zeremoniell aus. Er schritt in der Lichtbahn einer Taschenlampe bis zu dem leeren, gepolsterten Sitz. Langsam setzte er sich, die Ellenbogen auf die weichen Lehnen legend. Auf der Leinwand: befrackte Männer mit sauberen glatten Gesichtern, Damen in Abendkleidern, das weite Rund der Welt. Richard Kobbe freute sich. Er war wegen dieser sauberen Gesichter und gut sitzenden Kleider gekommen, um seine eigene fahle Haut zu vergessen und den abgetragenen Anzug.
In der Pause erkannte Richard Kobbe in den Mittelreihen zu seiner Freude Herrn Diepenbrock vom Sozialamt. Kobbe hob kurz die Hand und winkte. Das Lächeln auf Diepenbrocks Gesicht erlosch augenblicklich.
»Nun ja, wir müssen uns sehr wundern, ob wir Ihnen noch etwas geben dürfen, Herr Kobbe«, sagte Herr Diepenbrock auf dem Sozialamt zwei Tage

später. »Aber Sie wissen doch genau, wieviel ich bekomme und daß es vorne und hinten nicht reicht!« entgegnete der alte Mann. »Darum geht's nicht, Herr Kobbe. Was mir gar nicht gefallen hat, ganz und gar nicht, war, daß der Herr Kobbe von unserer Sozialhilfe ins Kino läuft. Und was macht der Herr Generaldirektor Kobbe? Er nimmt Loge, ausgerechnet Loge! Mußte das sein?« »Ja, es mußte!« sagte der Alte und jetzt sehr bestimmt: »Ich mußte! Sonst steht mir alles bis hier!« Und er machte mit der flachen Hand ein Zeichen am Hals.
»Nun«, sagte Diepenbrock, »wir werden Ihre Unterstützungsangelegenheit nochmal überprüfen lassen. Ich begreife Ihr befremdendes Handeln nicht!« »Nein«, sagte der alte Mann. Seine Stimme hatte einen Sprung dabei. »Nein, Sie begreifen mich nicht!« (Nach einer Erzählung von Josef Reding)

Zum weiteren Verlauf
Ist unser Denken, Reden und Handeln so sehr von Leistung, Besitz, Prestige und Anerkennung bestimmt, daß wir den anderen Menschen mit seinen Fragen und Sehnsüchten und Nöten gar nicht mehr erkennen? Steckt dahinter nicht die eigene Angst, nicht anerkannt, nicht bejaht zu werden? Grenzen wir uns nicht deshalb von den scheinbar Erfolglosen ab und machen auf unsere Leistungen, unser Prestige aufmerksam, um diese Angst zu verdrängen oder zu kompensieren? »Gott ich danke dir, daß ich nicht bin wie die anderen Leute« (Lukas 18,11) oder wie dieser Herr Kobbe (Predigtanfang)!? Diese Fragen möchte ich – behutsam und ohne den erhobenen Zeigefinger – mir und den Hörern im folgenden stellen.
Unser Glaube, unser Predigttext lädt zu einer anderen Lebenseinstellung und zu einem anderen Verhalten dem Mitmenschen gegenüber ein. Das ist der weitere wichtige Gedanke, den ich zu entfalten versuche. Die Einladung, die Ermutigung, die von Gott kommt, lautet: »Ich nehme dich an, lieber Mensch, so wie du bist, ohne Bedingung. Ich lege dir keine Bewährungsfrist auf. Du brauchst nicht immerzu hinter deinen Leistungen herzujagen, dich nicht ständig abzustrampeln, um die Erfolgsleiter ein paar Stufen höher hinaufzuklettern. Du bist bejaht. Du darfst aufatmen, durchatmen. Du bist frei, ohne Druck, ohne Angst, dein Leben zu gestalten, deinem Nächsten zu begegnen.« Lothar Zenetti sagt das mit seinen Worten so: »Einmal wird es Zeit, daß wir aufbrechen und bezahlen. Bitte die Rechnung. Doch wir haben sie ohne den Wirt gemacht: Ich habe euch eingeladen, sagt der und lacht, soweit die Erde reicht: Es war mir ein Vergnügen!«
An der Person Jesus von Nazareth ist diese Freiheit zu leben ablesbar. Jesus weiß sich von Gott angenommen. Er kann zu Gott Vater sagen. Er kann sich den Menschen so unbefangen zuwenden, weil er an sich selber nicht zu denken braucht. Er weiß, Gott ist mit ihm, mit seinem Tun, mit seinem Reden, unsichtbar, aber wirksam. Er handelt so, als käme es ganz auf ihn an, und doch weiß er: Gott ist da und handelt und wirkt mit ihm und

durch ihn. So kann er mitteilen und verschenken: Annahme und Verständnis, Gerechtigkeit und Liebe, Mut und Hoffnung.

Möglicher Schluß
Dort, wo ich diesen Glauben, diese Annahme erfahre, dort ist es, als wenn ich schweres Gepäck abgenommen bekomme. Es ist, als wenn einer sagt: »Du mußt nicht ständig auf dich aufmerksam machen, etwas vorstellen, etwas sein wollen. Du mußt auch nicht vor dir davonlaufen. Du kannst ja zu dir sagen. Du kannst dich deiner Welt, deinen Mitmenschen neu zuwenden. Du darfst in deiner Hoffnung getroster, mutiger sein, als dir deine Angst erlaubt. Denn ich bin mit dir.«
Als Predigtabschluß kann ich mir auch den in den Kontexten zitierten Text von Christa Weiß vorstellen.

Kontexte

»Jeder braucht einen, der ihn kennt!
Seit Jahren schon laufe ich mit einer Maske umher, die ist mein zweites Gesicht geworden.
Ich habe gelernt, wie man es macht, seine Schwächen zuzudecken und die Gefühle zu verbergen. – Ich lächle verbindlich, aber mein Lachen ist nicht echt; ich lege Sicherheit an den Tag, aber in Wirklichkeit spiele ich Theater.
Ich tue so, als fiele mir alles in den Schoß, als irrte ich niemals, als hätte ich weder Sehnsucht noch Heimweh.
Warum bin ich nicht so, wie ich wirklich bin?
Wenn ich allein und für mich bin, fällt mir die Maske vom Gesicht.
Wenn dann einer käme und sagte: Ich mag dich trotzdem, ich will dich so, wie du bist, ich brauche dich.« (Christa Weiß)

»In einer Gesellschaft, in der man von seinen Kindern wohl erzählt, daß sie eine Prüfung bestanden haben, nicht aber, wenn sie in der Schule sitzen geblieben sind; in einer Gesellschaft, in der man vom Autounfall nur erzählt, wenn es am anderen oder am Glatteis lag, nicht aber, wenn man selbst töricht und übermüdet war; in einer Gesellschaft, in der man seiner Nachbarin wohl die Beförderung des Mannes mitteilt, aber die Gefährdung oder den Verlust des Arbeitsplatzes möglichst verschweigt; in einer Gesellschaft, in der die bunte Reklame gewissermaßen unsere Bilderbibel bedeutet, in der wir uns also bekennen zu den Menschen, die jung und frisch, hübsch und gesund sind, fleißig und erfolgreich, aber niemals müde; rauchend und trinkfest, aber niemals süchtig; in einer solchen Gesellschaft können Behinderte nicht zuhause sein. Heimat hätten wir aber wohl in einer Gesellschaft, in der man sagen darf: Ich habe Angst vor dem Sterben. Denn in einer solchen Gesellschaft dürften die Eltern eines behinderten Kindes ja wohl auch sagen: Wir sind oft machtlos gegen den Neid, wenn wir die gesunden Nachbarkinder sehen. Und der Rollstuhlfahrer wird sagen dürfen: Ich bin manchmal stundenlang innerlich blockiert, weil mir plötzlich wieder einmal bewußt wurde: Ich werde nie mehr das Laub in einem herbstlichen Wald mit meinen Füßen hochwirbeln. Wenn man spürt: Ich bleibe angenommen, auch wenn ich so etwas sage – dann wird es leichter, sich und seine Umwelt anzunehmen!« (Ulrich Bach)

20. Sonntag nach Trinitatis

Predigttext: 1. Thessalonicher 4,1–8
Dietrich Zeilinger

Theologisch-homiletische Skizze

1. Zum Text: Paulus erinnert die Gemeinde in Saloniki an die »Katechismus-Wahrheiten«, die das gesamte Alltagsverhalten betreffen. Es soll der Berufung durch Gott entsprechen (deshalb »Heiligung«) und deshalb in jeder Beziehung die Liebe als Beweggrund haben (vgl. Kontext): sei es im ehelichen, im geschäftlichen oder im gemeindlichen Zusammenleben. Die doppelte Engführung des Textes – Männer als Adressaten und Sexualkritik als Thema – mag beim Hören befremden; noch problematischer erscheint die Gleichsetzung Gefäß = Frau in Vers 4. Gerhard Bauer (GPM 1980) weitet den griechischen Begriff zum »leibhaftig-gesellschaftlichen Leben« und übersetzt Unzucht mit »treuloser Entfremdung«.

2. Homiletische Grundentscheidung: Wer nicht an der Gottesdienstgemeinde vorbei Sexualmoral predigen will, der/die hat nur die Alternative, die G. Bauer vorschlägt: Heiligung als Schlüsselbegriff zu nehmen und je nach Situation zu konkretisieren; durchaus auch im Blick auf eine neue Gemeinschaft zwischen Frauen und Männern. Luther erklärte, was Heiligung meint, so: »Der Sauerteig (fermentum) muß in Seel und Leib und alles durchdringen. So empfängt die Vernunft neue Erkenntnis durch den Sauerteig des Evangeliums. Danach soll er dringen durch Willen, Hand und Mund usw., damit der Glaube wirksam werde und krieche durch den ganzen Körper.« (WA 46,214)

3. Zum Kasus: Der 20. nach Trinitatis fällt 1992 zugleich auf Reformationssonntag und Allerheiligen. Das ist, nicht nur für Ökumeniker, Chance und Herausforderung zugleich, vom Schlüsselwort Heiligung ausgehend auf die »Gemeinschaft der Heiligen« (kath. Motiv) und die »ecclesia semper reformanda« (ev. Motiv) einzugehen.

4. Predigt- und Gottesdienstgestaltung: Die Vorschläge zur Predigt skizzieren Bausteine, die das Grundthema variieren und die je nach eigener Einsicht und Situationsanalyse verwendet, kombiniert und ausgebaut werden mögen. Meine Leitmotive waren: A) Das neue Leben der ersten Christen, B) Zeugnis für Nachfolge im 20. Jahrhundert, C) Gedenkjahr 1992, Impuls zur politischen Umkehr, D) Persönliche Wandlung zur Ganzheit, E) Neue Gemeinschaft zwischen Frauen und Männern, dazu das Bild von F. Marc. Mit dieser Auswahl wollte ich der Textanwendung einen weiten Horizont geben. Damit die Heiligung durch den ganzen Gottesdienst »kriechen« kann (vgl. Luther, s.o.), empfehle ich, entweder die Eucharistie oder eine Tauferneuerung zu feiern.

Zur Liturgie

Lieder

EKG Wochenlied 190 / 241 (Luther) / 264 / 280 / 336 / 348 Ende. Neue Lieder: Hilf, Herr meines Lebens / Liebe ist nicht nur ein Wort / Selig seid ihr /

Ubi caritas / Jeder Teil dieser Erde ist meinem Gott (statt Volk!) heilig / Abendmahlslied von Canberra: Du bist heilig, heilig, Herr.

Wochenspruch Micha 6,8

Kyriegebet
Ich möchte gerne stark sein, Herr, und bin doch oft so schwach. Ich habe große Ziele und bleibe immer wieder hinter ihnen zurück. Ich möchte meinen Mitmenschen hilfreich begegnen und denke dann doch nur an mich. Ich möchte mein Leben sinnvoll verbringen, aber ich sehe, wie oft ich meine Tage vertue. Herr, erbarme dich. Gib mir neuen Mut und neue Hoffnung.
(Karl-Heinz Ronecker, aus: Neige dein Ohr, Kaiser-Verlag, S. 31)

Zuspruch
Jesus Christus ist uns von Gott gemacht zur Weisheit und zur Gerechtigkeit und zur Heiligung und zur Erlösung (1. Kor 1,30), oder Hesekiel 36, 26–28.

Bekenntnis
Barmer Theol. Erklärung (These 2): Wie Jesus Christus Gottes Zuspruch der Vergebung aller unserer Sünden ist, so und mit gleichem Ernst ist er auch Gottes kräftiger Anspruch auf unser ganzes Leben; durch ihn widerfährt uns frohe Befreiung aus den gottlosen Bindungen dieser Welt zu freiem, dankbarem Dienst an seinen Geschöpfen. Wir verwerfen die falsche Lehre, als gebe es Bereiche unseres Lebens, in denen wir nicht Jesus Christus, sondern anderen Herren zu eigen wären. Bereiche, in denen wir nicht der Rechtfertigung und Heiligung durch ihn bedürfen.

Lesung
Mark 12,28–34 oder Matth 5,1–16 oder Römer 12,1–2

Schlußgebete
O Herr, mach mich zu einem Werkzeug deines Friedens …
(F. v. Assisi zugeschrieben) oder:
Es gibt so vieles, Herr, dem ich gerecht werden soll. Ich höre so viele Stimmen, sehe so viele Aufgaben, entdecke so viele Mühen. Daraus möchte ich so manches Mal einfach fliehen. Ich möchte tun, was alle tun, reden, was bei allen ankommt. Ich möchte angenehm auffallen und anerkannt sein. Du aber hast mich in diese Welt gestellt, damit ich an meinem Platz tue, was du willst. So bitte ich dich: Laß mich bei der Wahrheit bleiben, auch wenn sie weh tut. Laß mich den anderen gerecht werden, auch wenn ich mein Recht aufgeben muß. Laß mich dir in den Verachteten und Hilflosen dienen und mache mich frei von der Angst, dabei selbst mißachtet zu werden. Zeige mir den Ort, Herr, an dem du mich haben willst. Laß mich meine

Kräfte richtig einschätzen, laß mich lernen, meine Grenzen zu erkennen. Und dann hilf mir zu tun, was getan werden muß, ohne Überheblichkeit und ohne Angst.
(Karl-Heinz Ronecker, s.o., S. 59)

Herr, ewiger und allmächtiger Gott. Wir danken dir, daß wir mit allen Geschöpfen in deiner Welt leben dürfen. Wir leben als Mann oder als Frau. Das trennt uns voneinander. Das treibt uns zueinander. Das macht uns Angst, und das macht uns Lust. Trotz aller Schwierigkeiten, die wir in unserer Lebensgeschichte erfahren, trotz aller gesellschaftlicher Probleme: Wir danken dir, daß wir so sind, wie wir sind, Mann oder Frau. Und wir danken dir dafür, daß es auch die anderen gibt. Von dir geschaffen. Von dir gerufen. Für dein Reich bestimmt. Wir bitten dich heute besonders für alle, die als Mann und Frau miteinander leben. Für die, die aufeinander zugehen. Für die, die an ihren Alltagsproblemen leiden. Für die, die in einer Krise sind. Auch für die, die sich trennen müssen. Daß Männer und Frauen Bindung nicht als Abhängigkeit erleben. Daß sie Treue nicht als Verlust erfahren. Daß sie einander geben und voneinander nehmen können. Daß sie herausfinden aus dem Kreislauf wechselseitiger Vorwürfe. Daß sie nach Abschied und Tod einander in guter Erinnerung behalten. Wir bitten dich für die Jugendlichen, die zu entdecken beginnen, was es heißt, Mann oder Frau zu sein. Wir bitten dich für alle, die an ihrer Einsamkeit leiden, für Trauernde, Verlassene, Verzweifelte. Wir bitten für die, die in unserer Gesellschaft verachtet sind. Wir bitten dich für alle, die Gewalt leiden: für die geschlagenen Frauen und Kinder, für alle, die ihren Kummer betäuben müssen mit Alkohol und anderen Drogen. Hilf ihnen allen und steh denen bei, die ihnen zu helfen versuchen.
(Manfred Josuttis, Über alle Engel, Politische Predigten zum Hebräerbrief, Chr. Kaiser Verlag, München 1990, S. 159f.

Vorschläge für die Predigt

Einleitung
Alle 5 bis 11 Jahre nur fallen Reformationssonntag und Allerheiligenfest zusammen. Gemeinschaft der Heiligen, der begnadigten Sünder, das könnte gemeinsames Thema sein.
Aber was ist das – heilig? Und wie geschieht das – Heiligung?
Was den Deutschen heilig und unantastbar ist, das wurde vor einiger Zeit in einer Umfrage ermittelt. Weit vor den religiösen Werten – Vaterunser, Kirchgang und Bibel – lagen persönliche wie soziale Freiheit und familiäre, freundschaftliche Bindungen. Trotz der »sexuellen Revolution« jener Jahre blieb Treue ein wichtiger Wunsch auch der jungen Menschen. Und Taufe als Verankerung in der christlichen Wertegemeinschaft erhielt in der Umfrage eine gute Mittelstellung.

»Des Menschen Wille ist sein Himmelreich.« So lautet ein altes Sprichwort. Paulus sagt: »Gottes Wille ist eure Heiligung.«
Wie kommen nun göttlicher und menschlicher Wille zusammen? Und wie sollen sich Christen von ihrer Umwelt unterscheiden, damals und heute?
Baustein A (Blickpunkt Frühe Kirche) Paulus gibt uns mit seinen Mahnungen Einblick in den Erziehungsprozeß der urchristlichen Gemeinden: vom gesellschaftlich Üblichen hin zu dem für Christen Typischen. Damals begann ja mit der Taufe ein neues Leben. Getaufte konnten gewiß sein, den heiligen Geist empfangen zu haben. Und diese Kraft machte sie zunehmend fähig, ein Leben zu führen, wie es Paulus später (Galater 5, 22–23) skizziert: Liebe, Freude, Friede, Geduld, Freundlichkeit, Güte, Treue, Sanftmut, Keuschheit. All dies in Erwartung des nahen Endes der Welt. Von daher wuchs ihnen auch der Mut zu, das Martyrium zu erleiden.
Weil die Christen anders lebten, wurden sie gehaßt und von Zeit zu Zeit verfolgt. Doch die Bluttaufe besiegelte vollends das bei der Wassertaufe gegebene Versprechen, Gott und Christus allein zu gehören.
Baustein B (Blickpunkt Erneuerte Kirche) Was blieb von dieser Gemeinschaft der Heiligen, Geheiligten, Christus Geweihten über die Jahrhunderte hinweg?
Nur Heilige als einzelne religiöse Sonderexistenzen wie Franz von Assisi und Elisabeth von Thüringen? Oder der Ruf der Frommen unter den Christen als »sonderbare Heilige«, gar Scheinheilige?
Einer der Heiligen des 20. Jahrhunderts (nach einer Umfrage des DAS), Dietrich Bonhoeffer, schrieb aus dem Gefängnis:
Christsein heißt nicht in einer bestimmten Weise religiös sein, auf Grund irgendeiner Methodik etwas aus sich machen (einen Sünder, Büßer oder einen Heiligen), sondern es heißt Menschsein, nicht einen Menschentypus, sondern den Menschen schafft Christus in uns. Nicht der religiöse Akt macht den Christen, sondern das Teilnehmen am Leiden Gottes im weltlichen Leben.
Und doch fügt er zwei Wochen später hinzu:
Speziell wird unsere Kirche den Lastern der Hybris, der Anbetung der Kraft und des Neides und des Illusionismus als den Wurzeln alles Übels entgegentreten müssen. Sie wird von Maß, Echtheit, Vertrauen, Treue, Stetigkeit, Geduld, Zucht, Demut, Genügsamkeit, Bescheidenheit sprechen müssen. Sie wird die Bedeutung des menschlichen »Vorbildes« (das in der Menschheit Jesu seinen Ursprung hat und bei Paulus so wichtig ist!) nicht unterschätzen dürfen, nicht durch Begriffe, sondern durch »Vorbild« bekommt ihr Wort Nachdruck und Kraft. (aus: Widerstand und Ergebung, 1967, S. 180 und 193)
Bonhoeffer selbst wurde ein Zeuge für Nachfolge Christi, für ein ganzheitliches Christsein, für ein Leben unter der Verheißung der Seligpreisungen. Das alles kann »Heiligung« bedeuten.

Baustein C (Blickpunkt Politische Heiligung) Das Problem, mit dem die Christen in Saloniki zu kämpfen hatten, war die Unersättlichkeit, die Habsucht. Das wirkte sich aus im Verhältnis Mann und Frau und im Finanziell-Geschäftlichen. »Unreinheit« meint geteiltes, getrenntes Dasein. Denken wir an das Bild der Ehe bei Hosea für die ungeteilte Gottesbeziehung und an Jesu Wort: »Ihr könnt nicht Gott dienen und dem Mammon!«

1992 wird das Gedenken an die Entdeckung Amerikas vor 500 Jahren gefeiert. Für die einen, die sich als Sieger und Nutznießer fühlen, Anlaß zum Triumph. Für die andern, die sich mit den Opfern solidarisieren, ein Anlaß zur Klage – und zur Anfrage an uns:

Ist soziale Ungerechtigkeit und Unterdrückung, ist wirtschaftliche Habsucht und Ausbeutung, ist ökologisches Verderben nicht ebenso Anlaß, nach Heiligung zu rufen wie damals, als der Radius der Christen noch bescheidener war und ihre Sünden begrenzter!

Es fehlt nicht an Appellen zum Miteinanderteilen auch in der wirtschaftlichen Struktur. Vielleicht verabreden wir uns zuwenig zu kleinen Schritten auf dem Weg zu neuer Gerechtigkeit? (Beispiele aus dem regionalen Erfahrungsbereich)

Baustein D (Blickpunkt Persönliche Wandlung) Kardinal John Newman hat einmal gesagt: »Vollkommen sein heißt, sich oft gewandelt zu haben.« Das ist wohl auch das Geheimnis der viel beschworenen Ganzheitlichkeit: Inneres Wachsen, Entfalten der bisher verborgenen Gaben, Loslassen von Prestige-Werten, Reifen im Annehmen der dunklen Seiten des Lebens, Mit-Mensch werden, offen für Gott (vgl. die Lebensphasen nach A. Vetter im EEK 502ff.)

Dazu empfiehlt es sich, ein Lebensbeispiel zu erzählen oder folgende Geschichte:

Ein Strom, so erzählt die alte Geschichte eines Sufimeisters, hatte auf seinem Weg auch eine Wüste zu durchqueren. Er fühlte, daß es seine Bestimmung sei, obwohl er keinen geeigneten Weg sah und fürchten mußte, im unendlichen Sand auszutrocknen. Da hörte er, wie ihn eine verborgene Stimme aufforderte, sich dem Wüstenwind anzuvertrauen, der ihn zu seinem Bestimmungsort hinübertragen könne, ohne daß seine Wasser von der Wüste aufgesogen würden. Der Fluß aber hatte Angst, dabei seine Identität zu verlieren. Die Stimme erklärte ihm, daß der Wind das Wasser aufnehmen, es über die Wüste tragen und es danach als Regen wieder fallen lassen werde. »In keinem Fall kannst du bleiben, was du bist«, flüsterte es. Und der Strom vertraute sich den Armen des Windes an und erkannte nach der Verwandlung in Wolken, Regen und wieder in strömenden Fluß: »Ja, jetzt bin ich wirklich ich selbst« (Idries Shah, Das Geheimnis der Derwische, Freiburg 1982).

Baustein E (Blickpunkt Neue Gemeinschaft von Frauen und Männern): Stichworte zum Betrachten des Bildes von Franz Marc (Versöhnung).

Viele Monde lange Trennung, Kälte, Nichtverstehen, Verkrümmung. Die Kreatur leidet mit. Doch nun das neue Licht, Gesten der Abwehr wandeln sich in Gebärden zärtlicher Zuwendung. Am Himmel der Bogen des neuen Bundes ...

Schluß

Allerheiligen und Reformation, Heiligung und Erneuerung sind verbunden durch die Taufe. Das hat Martin Luther unübertroffen kräftig ausgesprochen (im Großen Katechismus): »So sieht man, ein wie hoch trefflich Ding es um die Taufe ist, die uns dem Teufel aus dem Hals reißt, Gott zu eigen macht, die Sünde dämpft und wegnimmt, danach täglich den neuen Menschen stärkt und immer dauert und bleibt, bis wir aus diesem Elend zur ewigen Herrlichkeit kommen. Darum soll ein jeglicher die Taufe als sein tägliches Kleid halten, darin er immerdar gehen soll, daß er sich allezeit in dem Glauben und seinen Früchten finden lasse, daß er den alten Menschen dämpfe und im neuen erwachse.«

Also laßt uns als Getaufte bitten um die Kraft des heiligen Geistes! Sie möge unsre Gemeinde in ihren Gegensätzen versöhnen und erneuern. Sie möge uns persönlich mit unseren Widersprüchen heilen und zu ganzen Menschen machen. Und sie möge diese Welt aus ihren Krisen retten und bewahren.

Kontexte

Mit Christi Stimme im Gewissen können wir auch die Triebansprüche neu gewichten. Wenn sie uns letztlich gegeben sind, um Verbundenheit zu schaffen, dann könnte unsere Aggression verwandelt werden in Lust zu Kommunikation. Und unsere vielleicht streunenwollende Geschlechtlichkeit könnte verwandelt werden in Freundlichkeit zu allem Lebendigen. Und unsere Machtwünsche, sie könnten verwandelt werden zu Verantwortungslust. Und unsere Besitzwünsche könnten verwandelt werden in den Fleiß, auch anderen nützlich zu sein. Mit Christi Stimme im Gewissen haben wir einen Vertrauten gegen die Ansprüche aus angelernten Befehlen und gegen die Triebe, die überfluten und wegreißen. Wir haben sogar einen Vertrauten, der uns die Zehn Gebote auslegt als befreiende Regel fürs Zusammenleben – und nicht als Zwangsjacke.

Traugott Giesen, aus: »Gott liebt Dich und braucht Dich«, Radius-Verlag, Stuttgart 1987, 3. Aufl. 1989, S. 169

Spiritualität und Glaube haben mehr zu tun mit Subtraktion, mit weniger werden, als mit Addition, mit mehr werden. Echter Spiritualität geht es immer ums Loslassen. ... Wir müssen alle davon ausgehen, daß uns auch unser Weg in die Wüste führt und daß wir genau diesen drei Dämonen ins Auge sehen müssen: dem Bedürfnis, Erfolg zu haben; dem Bedürfnis, richtig zu liegen und dem Bedürfnis, Macht zu haben und alles in den Griff zu kriegen.

Richard Rohr, Von der Freiheit loszulassen – Letting go, Claudius Verlag, München 1990, S. 147 u. 149

An nur einem Abend sah ich in der Fernsehreklame ein Angebot von Luxusgütern, das die kühnsten Träume jeder früheren Generation weit übertroffen hätte. Produkte, die sich einst nicht einmal ein König hätte leisten können, werden nun den Wohlhabenden unseres westlichen Konsumparadieses als Weihnachtsgeschenke

angepriesen ... Aber das ist nur die eine Seite unserer Luxus-Wirtschaft. Dieselben Firmen, die Waren herstellen, die den Reichen Spaß machen, produzieren auch Dinge, um deren Wohlstand zu verteidigen. Texas-Instruments, Hersteller von elektronischem Kinderspielzeug, liefert gleichzeitig Raketensysteme, die auf die Kinder anderer Menschen gerichtet sind. ...
Jener Fernsehabend wurde für mich zu einem geistlichen Schlüsselerlebnis. Mir wurde bewußt, daß diese permanente elektronische Berieselung die Werte, das Denken und den Geist von uns allen weit mehr formt als direkte brutale Unterdrückung. Eine solche Gehirnwäsche weckt in uns Appetit auf immer mehr, während sie gleichzeitig unsere Augen verschließt und unsere Herzen verhärtet, so daß wir die weltweiten Konsequenzen unseres materialistischen Lebensstils gar nicht mehr wahrnehmen können. Tatsächlich appelliert der größte Teil der Reklame an eine oder mehrere der sieben klassischen »Todsünden«: Stolz, Gier, Neid, Zorn, Habsucht, Völlerei und Trägheit.
Wie bekehrt und verwandelt müssen wir werden! Nur eine grundlegende Änderung unseres jetzigen Denkens und Lebens kann wirkliche Hoffnung schaffen.
Aus: Jim Wallis, Bekehrung zum Leben, Copyright by Brendow Verlag, Moers 1983, S. 13/14

Drittletzter Sonntag im Kirchenjahr

Predigttext: Römer 14,1–9

Helmut Siegel

Theologisch-homiletische Skizze

Beim ersten Hören des Textes ergaben sich folgende drei Spontan-Reaktionen:

1. »Du meine Güte! Geht es nun schon auch am Sonntagmorgen um Beerdigung?«
2. »Das ist nicht wahr. Und wenn es wahr ist, dann macht es mich wütend. Ich versuche doch gerade mühsam, selbstbestimmt zu leben, und nun: Lebe nicht dir selbst!«
3. »Langsam, langsam! Laßt uns erst mal klären: Was bedeutet eigentlich der Dativ in Vers 7f.?«

Mag sein, daß dies typische »Theologen-Spontan-Reaktionen« sind. Als Reaktionen bei den Gottesdienstbesuchern wurde angenommen: »Ach ja, kenn ich!« und »Muß denn in der Kirche immer vom Sterben geredet werden?!« und »Ist Christus mein Herr?« Für die auch zahlenmäßig nicht unwichtige Hörergruppe der Konfirmanden vermuten wir, daß sie infolge der Sprachgestalt des Textes einfach abschalten, obwohl das Thema »Wem lebst du?« eigentlich ein wichtiges Thema dieser Altersstufe ist.

Jeder beklagte den Zuschnitt der Perikope, und das mit Recht. Geht es in Röm 14 um Regelungen des Lebens, so suggeriert die Plazierung auf den drittletzten Sonntag des Kirchenjahres und die Verkürzung des Textes das Motto: »Es geht um Sterben und Tod.«

Unumgänglich scheint uns, daß die Predigerin bzw. der Prediger sich entscheiden muß:

1. Will ich über die Regelung von Konflikten in der Gemeinde reden, muß ich Vers 1–6 dazu nehmen, um überhaupt kenntlich zu machen, daß es bei diesen grundsätzlichen Äußerungen um die Lösung eines Konfliktes geht.
2. Will ich mit meiner Gemeinde über das Thema »Selbstbestimmung« und »Bestimmung durch Christus« nachdenken, in ihrem Gegensatz und Zusammenhang, dann reichen die Verse 7 und 8 und haben eigentlich nur die Funktion, das Thema anzugeben.
3. Will ich die Kirchenjahreszeit aufnehmen und das Thema »Tod und Ewigkeit« anstimmen und darüber predigen, wie sich die Beziehung zu Christus im Leben und im Sterben durchhält, dann ist Vers 7–9 für mich die richtige Textabgrenzung.

Wir haben uns für die erste Lösung entschieden. Einmal halten wir sie für textgemäßer. Vor allem aber: Unser Vikarskurs, der den Ausbruch des Golfkrieges miterlebte, war zeitweise geprägt von der Auseinandersetzung: Was ist nun die christliche Lösung? Die Gegengewalt gegen den Diktator als ultima ratio? Oder darf Krieg nach Gottes Willen auf gar keinen Fall sein? Auch bei dieser Auseinandersetzung waren zeitweise dieselben Mechanismen zu erleben, die den Streit in der römischen Gemeinde prägten. Zudem wurde ein Teilnehmer spontan an einen Lebenskonflikt erinnert: In seiner Familie, die sich zur charismatischen Erneuerungsbewegung hält, wird ihm sein Christsein abgesprochen. Der damit verbundene Abbruch aller Kommunikation macht ihn hilflos und aggressiv zugleich. Bei seiner Schilderung fielen

nun jedem Situationen ein, bei denen er über jemanden anderen gedacht hatte: »Du bist aber kein richtiger Christ!« oder »Das geht zu weit!« bzw. erlebt hatte, daß andere ihm gegenüber so reagierten.
Gerade diese Art des Streites aber, die dem anderen den Glauben abspricht, trifft der Text. Damit, daß Paulus alle auf die gleiche Grundlage stellt: »Ihr alle seid Sklaven Christi. Ihr steht und fallt mit ihm!«, stellt er nicht nur die darin begründete Einheit über auch noch so gravierende Unterschiede, sondern er stellt auch eine Art »Streit-Symmetrie« her. Wurde vorher unter Vernachlässigung dieser gemeinsamen Grundlage Kommunikation abgebrochen und Streit unmöglich gemacht, so wird nun Streit erst ermöglicht, als »Auseinander-Setzung« ohne Aufkündigung des gemeinsamen Fundaments.
Wir entdecken, daß wir bei solch einem Streit immer wieder innerlich doch eine Asymmetrie herstellen: »Als Christ bin ich eben großzügig, auch dann, wenn ich total im Recht bin und der andere im Unrecht.« Oder rein säkular argumentiert: »Der Klügere gibt nach – und der bin eben ich.« Unseres Erachtens ist bei Paulus selbst schon diese Asymmetrie und das heimliche Verurteilen angelegt, wenn er von den »Starken« und »Schwachen« spricht. So gilt es, Paulus gegen Paulus zu kehren und festzuhalten: Ziel ist, sich auch nicht das Urteil darüber herauszunehmen, wer nun »stark« oder »schwach« ist, sondern dies eben Christus zu überlassen.
Unser Predigtvorschlag hat folgendes Ziel:
Wir möchten die Hörerinnen und Hörer ermutigen, in Konflikten nicht durch Verdammungen den Streit abzubrechen, sondern ihn in der Besinnung auf die Grundlage aller fortzuführen, und zwar so, daß keiner für sich beansprucht, »stark« (das heißt: allein in der Wahrheit) zu sein, sondern jeder dies Urteil Christus als dem Richter überläßt.
Der Predigtentwurf soll dabei so angelegt sein, daß die Predigerin bzw. der Prediger als Konkretion auch einen anderen als den von uns gewählten Konflikt als exemplarisch auswählen kann.

Zur Liturgie

Kollektengebet
Gott,
in Jesus Christus wird deine Liebe zu uns deutlich.
Wir bitten dich, schenke uns diese Liebe, die uns verwandelt,
daß wir uns selber annehmen können und auch unsere Mitmenschen.
Laß uns spüren, daß wir eine Gemeinschaft sind.
Amen

Schlußgebet
Gott, deine Güte umgreift die Erde. In deinem Namen leben und wirken, kommen und gehen wir. Du bist weit und groß, weiter und größer, als wir es sind.
Du begegnest uns im anderen: im anderen Menschen, in einer anderen Art zu glauben, in anderen Meinungen und Urteilen.

Gib doch, daß wir verstehen lernen und denen entgegenkommen, die uns fremd und so anders erscheinen, die unsere Urteile in Frage stellen und anders denken als wir.
Weil wir immer wieder vergessen, daß deine Wahrheit größer ist als unsere Einsicht und das Vertrauen auf dich mehr als unser kleiner Glaube, brauchen wir deine Zurechtweisung und Führung, wieder hin zu denen, mit denen wir am liebsten nicht mehr reden wollen, weil sie dich anders verstehen als wir.
Schenk uns deinen Geist, der uns zusammenfügt zu Schwestern und Brüdern, Geschwistern unseres gekreuzigten Herrn. Er hat uns gelehrt, so zu Dir zu beten:
Vaterunser ...

Liedvorschläge
EKG 208; EKG 214,3; EKG 217; EKG 218,3; EKG 221,1+2. Von neueren Liedern: »Herr, gib mir Mut zum Brücken bauen ...« Das Lied »An einem Tisch ...« (z.B. in: »Mein Liederbuch für heute und morgen, tvd-Verlag, Düsseldorf, Nr. B 90) mit der entscheidenden Textänderung in der 2. Zeile: Statt »gegen den Feind« singe: »auch mit dem Feind«!
Nota bene: EKG 207 macht deutlich, welche Geisteshaltung zu den Trennungen in der Gemeinde führt.

Zur Predigt

Wer von uns streitet sich schon noch über die Beachtung von Feiertagen oder über die Speisekarte?! Und doch: Zum letzten Mal begegnete mir ein solcher Streit beim Essen:
Es war auf dem Kirchentag. Auf die Bank neben mich setzten sich zwei Jugendliche, auch sie hatten sich eine Portion aus der Reispfanne geholt. Während ich meine Portion löffelte, hörte ich ihrem Gespräch zu. Offensichtlich waren sie in der Halle gewesen, in der über die Situation nach dem Golfkrieg diskutiert wurde:
»Das ist doch ganz einfach«, sagte der eine, »Krieg darf um Gottes Willen nicht sein, ist also für Christen niemals eine Möglichkeit.« Der andere zögerte, dann sagte er: »Ich glaube, du machst dir das zu einfach. Es kann durchaus Situationen geben, da ...« »Also, Christus sagt: ›Liebet eure Feinde!‹«, unterbrach ihn der andere: »Was ist daran kompliziert! Du argumentierst wie ein Politiker, sage ich dir, nicht wie ein Christ! Für einen Christen ist ein Krieg nicht möglich!« »Also, ich meine, ich bin ein genauso guter Christ wie Du!« erregte sich der andere. »In diesem Punkt eben nicht!« wurde er gekontert. Dann sagte er nichts mehr, sondern löffelte schweigend seinen Reis. Es war kein gutes Schweigen, das da zwischen beiden herrschte, das konnte jeder merken.

Da war es wieder! Solch ein Streit, von dem Paulus wußte, als er den Brief an die Gemeinde in Rom schrieb. Ein Streit, der sich nicht durch eine einfache Regel aus der Bibel entscheiden läßt, sondern ein neues Urteil erfordert. Und weil die Urteile verschieden sind, spricht einer dem andern dann das Christsein ab.
So einen Streit gibt es ja bei uns Christen heute nicht nur bei der Frage nach Krieg und Frieden ... Vielleicht fallen Ihnen noch andere Streitpunkte ein, bei denen gesagt wird: »Wenn ihr dies tut oder jenes nicht tut, dann seid ihr keine Christen mehr ...«
Ich merke: Bei diesem Streit stehe ich meist nicht ganz klar auf einer Seite, sondern es zerreißt mich selbst, die Front geht mitten durch mich durch. Geht Ihnen das auch so?
Da sagte ich: »Man darf nicht alles vereinfachen. Es ist viel komplizierter, als daß man dafür einfach eine Regel aus der Bibel ableiten könnte!« Mag sein, daß ich damit sogar recht habe. Aber ich merke: Das Abwägen der verschiedenen Lösungen und der Versuch, die Situation zu entwirren, verbraucht alle meine Kraft und blockiert mich. Auch da, wo ich handeln müßte, denke ich stattdessen weiter nach. Und manchmal erkenne ich: Ich wehre so leidenschaftlich die einfachen Lösungen als unangemessen ab, weil ich mich gegen meine eigene Sehnsucht nach dem Einfachen, Eindeutigen wehre. Wenn Sie mal überlegen: Sieht das in Ihnen auch manchmal so aus? Wenn ja, dann kennen Sie auch die andere Seite:
Da ist mir dann alles scheinbar ganz klar, und ich sage: »Es ist alles ganz einfach. So hat man als Christ in dieser Frage zu handeln, zu reden und zu denken!« Wenn ich aber dann mal für mich ganz in Ruhe darüber nachdenke, dann entdecke ich: »Eigentlich war diese Klarheit nur eine Flucht nach vorn, so nach der Devise: ›Hauptsache, es wird etwas getan oder entschieden.‹ Du wolltest eben, daß es einfach und klar ist. Und doch wußtest du im Innern: ›Das ist viel komplizierter.‹«
Wie komme ich heraus aus diesem Dilemma? Wie lösen wir als Gemeinde solch einen Streit, ohne das Tischtuch zwischen uns zu zerschneiden? In dem, was Paulus damals an die zerstrittene Gemeinde in Rom schrieb, finde ich bemerkenswerte Hinweise:
Mit dem ersten setzte und setzt Paulus sich vermutlich zwischen alle Stühle. Denn wer hört schon gern in einem leidenschaftlichen Streit: »Das ist nicht die allerwichtigste Sache! Viel wichtiger als die Tatsache, daß ihr in dieser Frage uneins seid, ist doch, daß ihr alle zu Christus als eurem Herrn gehört!« Der zweite Hinweis lautet: »Weil dies die uns vorgegebene Grundlage ist, ist euch von vorneherein das Urteil verboten: »Wer so denkt, redet oder handelt, der gehört nicht zu Christus!« Damit brecht ihr ja nicht nur jedes weitere Gespräch mit den anderen ab, sondern dies Urteil steht nur Christus allein zu, niemandem sonst.«
Eigentlich ist das ja einleuchtend, nicht wahr? Und trotzdem ...

Wie schwer der Verzicht auf solch ein Urteil ist, macht Paulus wider Willen selbst klar: Er redet nämlich von den »Starken«. Das sind die, die sich nicht an irgendwelche religiösen Speisevorschriften halten. Die andern nennt er »Schwache«. Und fällt damit ein Urteil, das ihm eigentlich nicht zusteht. Denn wer »stark« oder »schwach« ist, auch das entscheidet nicht irgendeiner, auch nicht ein Apostel, sondern allein Christus, der Herr. Peinlich für Paulus, meinen Sie? Nun, ist Ihnen das noch nie selbst so gegangen? Daß Sie gedacht haben: »Natürlich ist der andere im Unrecht. Und ich bin im Recht. Aber um Christi willen bin ich eben großzügig!« Ich ertappe mich jedenfalls öfter bei solch einem Gedanken, als mir lieb ist.
Der Hinweis, der mir am meisten weiterhilft, den habe ich im Schlußsatz gefunden: »Denn dazu ist Christus gestorben und wieder lebendig geworden, daß er über Tote und Lebende Herr sei.«
Was das nun mit unseren Streitigkeiten und dem Streit in uns selbst zu tun hat, fragen Sie? Ich habe entdeckt: Sehr viel, ja alles wird entschieden mit diesem Hinweis auf Kreuz und Auferweckung Jesu. Das Kreuz Jesu setzt nämlich alle ins Unrecht: Die Anhänger der sogenannten einfachen und klaren Lösungen ebenso wie die differenzierenden Denker. Es ist das unübersehbare Mahnzeichen der Schuld aller. Und ob ich nun sage: »Unrecht erleiden ist immer besser, als Unrecht tun« oder sage: »Man muß dem, der Unrecht und Gewalt tut, in den Arm fallen, und sei es mit Gegengewalt!«. Ich werde immer schuldig, brauche den, der da am Kreuz hängt, als den, der für mich vor Gott eintritt und bittet: »Vater, vergib ihm, denn er weiß nicht, was er tut!«
So ist für uns Christen in allen Streitfragen die triumphierende Ich-habe-doch-Recht-gehabt-Haltung verboten, ist die andere Meinung meiner christlichen Schwestern und Brüder Anlaß zu der Frage: »Und wenn du dich nun irrst?«
So wie das Kreuz alle Meinungsverschiedenheiten durchkreuzt und uns als Gemeinschaft der Schuldigen zusammenschließt, so richtet uns die Auferweckung Jesu als die Gemeinschaft der Erlösten auf: Daß Gott den gekreuzigten Jesu vom Tod auferweckt hat, befreit von aller Lähmung durch Unübersichtlichkeit und Kompliziertheit der Situation. Ich darf auch das einfache Handeln wagen, nach meiner Überzeugung. Nicht weil es eben doch die richtige Überzeugung ist, sondern weil ich nicht der Heiland der Welt bin, der alles richtig machen muß. Weil nicht ich, sondern Jesus Christus der Heiland dieser Welt ist, kann mein Handeln auch das Wagnis des Fehlers tragen.
Und umgekehrt: Ich muß nicht schwarz–weiß malen, vereinfachen. Ich kann auch die Kompliziertheit der Welt ertragen, die einen klaren, eindeutigen Weg verwehrt. Diese Unüberschaubarkeit der Welt muß mich nicht schrecken, eben weil es einen Heiland für diese Welt gibt, der in seiner Herrschaft die Widersprüche versöhnt.

Und? Was ist nun christlich? Absolut gegen den Krieg und die Gewalt sein? Oder den Einsatz von Gewalt als letztes Mittel abwägen von Situation zu Situation? Meine Antwort: Darüber muß unter uns gestritten werden. Ja, Sie hören richtig: Es muß weiter gestritten werden, aber eben: untereinander, nicht gegeneinander! Und jeder muß auch für sich zu einer Entscheidung kommen. Doch wie er auch entscheidet: Es ist eine vorletzte Entscheidung, sie hat die andere Position der Schwester oder des Bruders als Anfrage bei sich und sie hat die Vergebung des Gekreuzigten und die Stärkung durch den Auferstandenen nötig.

Alternative

Als Alternative möchten wir eine Predigt anbieten, die als Bildbetrachtung des unten abgebildeten Linolschnitts des afrikanischen Künstlers Azaria Mbatha gestaltet ist. Besitzen Sie das Buch »Lebendige Konfirmandenarbeit« (hg. v. H.G. Maser und H.H. Reimer, Gütersloh 1985), so finden Sie auf den Seiten 103ff. das Grundgerüst für eine solche Bildpredigt. Für die, die das Buch nicht besitzen oder sich ausleihen können, hier einige Hinweise:

Vergrößern Sie die Bildvorlage (bei jedem Copy-Shop möglich) und lassen Sie von der vergrößerten Vorlage eine Tageslicht-Projektor-Folie herstellen. Diese zerschneiden Sie in 3 Teile:

Teil 1: Bild oben links bis zum linken Rand der senkrechten Kopfreihe, *Teil 2:* Von der senkrechten Kopfreihe bis zum rechten Rand. Den unteren Rand von Teil 1 und 2 bilden die Kopfbegrenzungen der beiden großen Gesichter, wobei das Gesicht, das die Züge beider Gruppierungen trägt, zu den beiden großen Köpfen dazu gehört. *(Teil 3)* Dann brauchen Sie nur noch eine Leinwand und einen Tageslichtprojektor.

Predigtskizze in Stichworten

Bildteil 1 wird nach der Textverlesung gezeigt:

So könnte man den Streit in der christlichen Gemeinde in Rom illustrieren. Zwei Gruppen, durch einen Graben getrennt. Aber so wie dies ein Holzschnitt aus unseren Tagen ist, ist dies auch eine Illustration unserer Konflikte, die die Gemeinden zu spalten drohen …

Bildteil 2 wird gezeigt:

Dies nun ist fast eine optische Umsetzung dessen, was Paulus an die Streitenden schreibt. Durch den Gekreuzigten, der mit weit ausgebreiteen Armen am Kreuz hängt und die Gesichtszüge beider Gruppierungen trägt, werden die vorher Getrennten zu einer Gemeinschaft vereinigt. Das ist das Fundament in jedem Streit. Paulus erinnert die Gemeinde an diese Grundlage, daran, daß sie diesem Herrn gehören, er ist groß, sie (und ihre Streitigkeiten und Verschiedenheiten) sind klein …

Linolschnitt aus Azaria Mbatha »Versöhnung«
aus: Im Herzen des Tigers, Peter Hammer Verlag, Wuppertal 1968.

Bildteil 3 wird gezeigt:
Und dies nun illustriert, wie es in der Gemeinde aussieht, wenn die Gemeinde sich auf ihr Fundament besinnt: Die Unterschiede sind noch vorhanden, aber trennen nicht mehr. Im Gegenteil, sie sind nun einander zugewandt, sehen sich (siehe die großen Augen), hören aufeinander (die Betonung der Ohren), nun ist eigentlich erst ein konstruktiver Streit möglich, der sich bemüht, den anderen als Bruder oder Schwester zu verstehen. Ermöglicht ist dies durch die Gegenwart des auferstandenen Christus (das Gesicht, in dem die beiden verschiedenen Gruppierungen vereint sind, siehe auch das Gesicht des Gekreuzigten) ...

Bei kleinen Gottesdienstgemeinden oder Sondergottesdiensten auf Freizeiten und Tagungen wäre die Predigt auch als Gespräch mit der Gemeinde möglich, in dem die Gottesdienstbesucher zur Kommentierung dessen, was sie sehen, und dem Mitteilen ihrer Deutungen und Übertragungen auf unsere Situation ermutigt werden.

Autoren: Pastor Helmut Siegel mit Vikarinnen und Vikaren des Predigerseminars Hildesheim: Susanne Pflanz, Charlotte Raddatz, Uwe Goschzik, Michael Kranzusch, Markus Wackernabel, Joachim Wolff

Vorletzter Sonntag im Kirchenjahr

Predigttext: Römer 8,18–23(24 und 25)

Klaus Schimpf

Theologisch-homiletische Skizze

Von der eschatologischen Hoffnung ist am Anfang und am Ende der Perikope die Rede. So bildet die Hoffnung den umgreifenden Rahmen, wenn Paulus über die Befindlichkeit von Mensch und Schöpfung redet. Die Existenzerfahrung des Menschen, daß er rational unbegründbarem Leiden unterworfen ist, wird zusammengeschaut mit dem Stöhnen der Schöpfung unter der Vergänglichkeit. Während das Leiden der Glaubenden als vorhanden konstatiert, aber nicht auf eine Ursache (z.B. der Tod ist der Sünde Sold ... Röm 6,23) zurückgeführt wird, begründet Paulus seltsamerweise das Stöhnen der Schöpfung unter der Vergänglichkeit mit dem Urteil Gottes über den Ungehorsam des Menschen. Das Ziel, das Paulus damit verfolgt, nämlich den universalen Heilswillen Gottes, der Mensch und Kreatur umfaßt, anzusagen, ist einsichtig. Uneinsichtig und mir unzugänglich ist dagegen der Begründungszusammenhang. So sehr F. Vouga recht zu geben ist, daß es Anachronismus sei, in Röm 8,18ff. eine Thematisierung der Umweltproblematik zu sehen (vgl. Exegese Bd. 4), so wird man doch der Umweltproblematik in der Predigt nicht ganz ausweichen können. Wir Heutigen werden, wenn wir vom Stöhnen der Schöpfung hören, nicht an das über sie verhängte Geschick der Vergänglichkeit denken, sondern an das ihr von Menschen (auch Christen) verursachte Leiden. Das »Stirb und Werde«, das »Fressen und Gefressenwerden«, den sog. »Kampf aller gegen alle«, den unsere Väter in der Natur festgestellt haben, interpretieren wir Heutigen als ökologisches Gleichgewicht, das die Schöpfungsordnung erhält. Diese Ordnung wird durch niemanden als den Menschen gestört. Wenn Paulus von einer Solidaritätsgemeinschaft im Leiden spricht, so gewinnt das heute neue Aktualität: Das der Schöpfung durch Menschen zugefügte Leiden schlägt auf den Menschen zurück (die Natur braucht den Menschen nicht, wohl aber der Mensch die Natur). Umgekehrt gilt aber auch: Der aus der eschatologischen Hoffnung lebende Mensch ordnet nicht nur sein persönliches Leiden in den Heilswillen Gottes ein, sondern er wird auch zum Hoffnungsträger für die Schöpfung (Vers 19). Wer mit dem »Geist als Erstlingsgabe« (Vers 23) lebt, wird nicht nur solidarisch sein mit dem leidenden Mitmenschen und der leidenden Kreatur, sondern er wird auch vermeidbarem Leiden aktiv entgegentreten und so konkrete Zeichen der Hoffnung setzen.

Trotz der breiten Ausführungen zur Umweltthematik steht m.E. für Paulus das Leiden der Glaubenden im Mittelpunkt seiner Erwägungen. Ob es allerdings in seinem Sinne ist, wenn ich das Seufzen und Stöhnen und das Bild von den Geburtswehen als ein Aufbegehren, als einen Protest des Lebens gegen den Tod »schon jetzt« verstehe, weiß ich nicht so genau. Aber ich predige auch nicht den Römern von damals, sondern den Menschen meiner Gemeinde, die heute dem Widerspruch von Leiden und Hoffnung unterworfen sind.

Für meinen Predigtvorschlag kristallisieren sich drei Stichworte heraus:

1. »Dieser Zeit Leiden« meint die eigene Leidenserfahrung ebenso wie das Leiden der anderen, dem ich mit dem Gefühl der Hilflosigkeit gegenüberstehe, sowie das Leiden der Schöpfung.

2. Das Bild von den Geburtswehen (Vers 22) macht deutlich, daß trotz des Leidens Neues entstehen will. In der Klage meldet sich das Leben zu Wort. Im Aufbegehren steckt der Protest gegen die Anerkenntnis des Leidens als unumkehrbares Verhängnis.
3. Die christliche Hoffnung (Vers 18 + 24f.), die sich einzig und allein auf Jesus Christus beruft (Vers 17), kennt das »noch nicht« ebenso wie das »schon jetzt«. Das zweite ist gegen alle rational begründbare Hoffnungslosigkeit und gegen das Wissen um das mögliche Ende der menschlichen Geschichte anzusagen. Deshalb sind konkrete Hoffnungszeichen – und seien sie noch so bescheiden – als Einspruch und Gegenrede zu benennen. »Die Botschaft, die Paulus und wir zu verkündigen haben, ist das genaue Gegenteil unserer Schlußfolgerungen und die Umkehr unserer Logik.« (K. Hüttel von Heidenfeld, EPM 1985/86 II) Die in Jesus Christus begründete Hoffnung auf die zukünftige Herrlichkeit leuchtet schon auf, wo Leiden nicht dumpf und apathisch hingenommen, sondern solidarisch getragen und überwunden wird.

Zur Liturgie

Eingangspsalm
Ps 130, auch 13 ist möglich

Lesung
Jeremia 35 oder Offenbarung 21,1–7

Lieder
EKG 106, 288, 330. Neue Lieder: »Das Zeichen« (Text: S. Ben-Chorin, Mel.: Baltruweit), »Soviele warten im Land auf bessere Zeit ...« (Text: H.-J. Netz, Mel.: H. Clausen), »Wir haben Gottes Spuren festgestellt ...« (Text: M. Scouarnec, Mel.: L. Akepsimas). Alle aus »Mein Liederbuch für heute und morgen«, tvd-Verlag, Düsseldorf.

Eingangsgebet
Unser Gott, wir bitten dich: Leite uns durch deinen Geist, daß wir bereit sind, deinem Sohn zu begegnen. Wo Menschen unserer Hilfe bedürfen, öffne uns die Augen für ihn, der sich in brüderlicher Liebe zu ihnen stellt. Gib uns teil an seiner Zukunft und an der Freude, die ohne Ende ist. Amen.

Schlußgebet
Herr Jesus Christus, wir verlassen uns darauf, daß deine Liebe siegt und am Ende alle Leiden überwinden wird. Das macht uns frei, dich um Hilfe anzurufen und die Hoffnung nicht aufzugeben.
Breite deinen Frieden aus in unseren Wohn- und Lebensgemeinschaften, in den Gruppen unserer Gesellschaft, in Arbeit und Beruf, Staat und Behörde. Wir bitten dich um Gerechtigkeit, die du allen Menschen zugedacht

hast, damit in den Gesetzen und Ordnungen unseres Volkes und anderer Länder dem Bösen Einhalt geboten werde und die Willkür der Mächtigen ihre Grenze findet.
Wir beten um die Kraft, die aus deiner Liebe kommt, für alle Menschen in Not, für die Kranken, Alten und Sterbenden, die Heimatlosen und die Hungernden, für die Gefangenen und ihre Angehörigen, für die Verstörten und Verängstigten, für die Gefolterten und alle, die gehindert werden, ihrem Gewissen zu folgen.
Wir bitten dich auch für die Gesunden und Starken, für die heranwachsende Jugend und die Kinder. Hilf uns, daß wir alle miteinander deinem Tag entgegengehen, an dem du alles in allem sein wirst. Dir sei Ehre in Ewigkeit.
(Beide Gebete aus: Vorentwurf zur Erneuerten Agende der EKU)

Vorschläge für die Predigt

Möglicher Anfang
Martin liegt still auf der Couch. Ich kann sein Gesicht nicht sehen, denn er hat es zur Wand gedreht. Hinter seinem Rücken spielt die kleine Schwester unbeschwert mit dem Besucher. Martin ist vier Jahre alt, an Krebs erkrankt, und die Ärzte geben ihm noch 14 Tage bis sechs Wochen. Wie er so daliegt, scheint es, als habe er dem Leben schon den Rücken gekehrt.
Die Eltern haben schon viele Male miteinander und mit anderen über ihre Ängste und Leiden geredet. Trotzdem nehmen sie sich die Zeit, noch einmal ausführlich über das zu sprechen, was sie bewegt. Eindrücklich ist, wie bei ihnen in der Zeit des Mitleidens mit dem Kind Glauben und Hoffnung gewachsen sind. Es ist nicht die Hoffnung auf eine wunderbare Gesundung. Es ist eine Hoffnung anderer Qualität, eine Hoffnung, die der des Paulus vergleichbar ist, der sagt: »Ich bin überzeugt, daß dieser Zeit Leiden nicht ins Gewicht fallen gegenüber der Herrlichkeit, die an uns offenbar werden soll.«

Weiterführende Gedanken
Dieser Zeit Leiden – Paulus weiß, wovon er redet. Er war kein strahlender Sieger und trotz seiner unbestreitbaren Missionserfolge oft genug ein Verlierer. Erfahrungen, die an keinem von uns vorübergehen. Mit dem eigenen Leid zurechtzukommen ist schwer genug. Die Vergeblichkeit und Erfolglosigkeit des eigenen Tuns liegt wie eine Last auf den Schultern. Man möchte sinnvoll und erfüllt leben, aber wieviel Leerlauf ist da. Man gibt sich Mühe bei der Arbeit und im Umgang mit anderen Menschen, aber die erwartete Anerkennung bleibt aus. Wieder ist es da, das Gefühl, versagt zu haben. Türen schlagen zu, und gerade war noch alles voller Hoffnung. Man hat das Gefühl, zwischen den Scherben des eigenen Lebens zu sitzen. Und

die Zukunft? Gar nicht verheißungsvoll, sondern so trübe wie die Tage im November.

»Ich bin Ende vierzig«, sagt die Frau aus Cottbus beim Radiointerview, »27 Jahre habe ich in meinem Beruf gearbeitet; nun bin ich seit Monaten arbeitslos. Chancen habe ich keine mehr. Zu Hause starren mich die Wände vorwurfsvoll an. Keiner braucht mich. Für diese neue Republik bin ich überflüssig. Wie ich mich fühle? Da fragen Sie noch?«

Da bleibt jedes Wort im Halse stecken. »Auf Regen folgt Sonne« oder »Die Zeit heilt alle Wunden«, solche und ähnliche Sprüche aus Großmutters Zeit helfen nicht weiter, verschlimmern das Leiden nur. Einem leidenden Menschen zu helfen ist unendlich schwer. Wer es versucht hat, kann das bestätigen. Gutes Zureden oder gar Bagatellisieren ändert wenig an Krankheit, Traurigkeit, Schmerz oder Einsamkeit.

Wer leidet, wandert gleichsam aus in ein anderes Land. Da schreibt eine junge Frau: »Bin nur eine körperlich Behinderte. Bin nur eine, die daneben sitzt, immer nur daneben und nie mittendrin. Bin nur eine, die man gerade noch zur Kenntnis nimmt. Als Partnerin komme ich nicht in Frage. Die anderen vergnügen sich auf Parties, und ich bin allein in meinem Zimmer und führe Selbstgespräche. Ich wäre ein glänzender Euthanasiefall. Manchmal wechseln sehr nette Menschen ein paar Worte mit mir, so wie man ein paar Schillinge in den Opferstock wirft.«

Leiden als persönliche Erfahrung und als Mitleiden am Leiden des anderen Menschen, ohne helfen zu können, ohne einen Ausweg zu wissen, davon ist unsere Existenz geprägt, sagt Paulus. Er beschönigt nichts, er tröstet nicht vorschnell nach dem Motto: Je größer das Leiden hier, desto größer die Herrlichkeit dort.

Also Resignation? Stilles Sich-Bescheiden? Dumpfes Sich-Fügen in die Unabänderlichkeit?

»Muß ich stumm die Zähne zusammenbeißen?« fragt die Mutter des kleinen Martin, »oder darf ich klagen? Darf ich Gott anklagen? mit ihm ins Gericht gehen? mich wehren?« »Ja«, habe ich gesagt, »Sie dürfen!« – weil mir nichts Besseres einfiel!

Paulus spricht vom Seufzen, vom Klagen unter dem Leiden, von der Sehnsucht nach Erlösung. Darin regt sich der Widerstand des Lebens. Wer leidet, wandert aus in ein anderes Land, habe ich oben gesagt. Es gibt eine Grenze zwischen ihm und den anderen; aber eine, die nicht unüberwindlich ist. Das Klagen und Seufzen ist jenseits der Grenze zu hören, und das Hören und Ernstnehmen der Klage macht die Grenze durchlässig.

So wie Jesus das Leid anderer zu seinem eigenen gemacht hat, so sind wir in seiner Nachfolge hineingerufen in die Solidargemeinschaft mit den Leidenden. Ein sterbender Mensch sucht nach einer Hand, die ihm Nähe vermittelt. Wenn ich leide, brauche ich die Nähe eines anderen Menschen, nicht so sehr seine Worte als das Gefühl seiner Solidarität. Was ich unter keinen Umständen brauche, ist billiger Trost.

Solche Solidargemeinschaft besteht nicht nur unter Menschen, sondern mit der ganzen Schöpfung, sagt Paulus. Auch die Kreatur ächzt und stöhnt unter ihrer Vergänglichkeit. Sie sehnt sich nach Erlösung. Paulus nimmt ein mythisches Bild aus alter Zeit auf. Aber was heißt hier schon mythisches Bild! Was unseren Vätern sonderbar vorkam, ist für uns schreckliche Banalität.

Das Seufzen und Leiden der Schöpfung läßt sich zum Zeitpunkt des Verfassens dieser Meditation festmachen an:

- den brennenden Ölfeldern in Kuweit,
- der Sturmflut in Bangladesch und den Überschwemmungen in China,
- dem Vulkanausbruch auf den Philippinen.

Ende 1992 mögen andere Katastrophen eingetreten sein, mögen vielleicht sogar – schnellebig wie wir sind – die Bilder des Golfkrieges vergessen sein, die eindrücklich deutlich gemacht haben, daß die Natur in den Krieg und das Sterben der Menschen hineingezogen ist. Konkretionen, die die Schicksalsgemeinschaft von Mensch und Schöpfung aufzeigen, werden sich auch 1992 zur Genüge finden lassen – leider!

In diesem Zusammenhang geht es wohl nicht darum, einem Aktionismus das Wort zu reden. Es geht vielmehr darum, Sensibilität für das Leiden der Kreatur zu entwickeln und mit der Solidarisierung einen ersten Schritt in Richtung Hoffnung zu tun.

»Die ganze Schöpfung stöhnt und liegt in den Wehen« – so kann man den Vers 22 auch übersetzen. Mit dem Bild von den Geburtswehen macht Paulus deutlich, daß etwas ans Ende kommt und Neues entsteht. Gerade in der Tiefe klingt das Lied der Hoffnung auf (dazu lassen sich biblische Beispiele finden, z.B. Psalm 22, Paulus und Silas im Gefängnis etc.). Größte Schmerzen und intensivstes Hoffen ereignen sich gleichzeitig; Tod und Leben in einem Atemzug. Paulus appelliert nicht an das Durchhaltevermögen, sondern ermutigt zur Hoffnung. Er sieht sie begründet im allumfassenden Heilswillen Gottes. Dabei greift er nicht auf die bisherige Menschheitsgeschichte zurück, um seine Hoffnung zu beweisesn – das wäre ein hoffnungsloses Unterfangen. Er beruft sich allein auf die dreißig Lebensjahre eines, der Mensch war und Gottes Sohn ist, der Unheilbare heilte und Tote lebendig machte, der Schuld vergab und seine Feinde liebte. Im Leiden, dieser nicht wegzudiskutierenden Erfahrung, sind wir ihm nähergekommen – nicht nur dem Gekreuzigten, auch dem Wiederkommenden.

Gegen alle Todeserfahrung setzt Paulus die Hoffnung auf Leben. Wer von Hoffnung erfüllt ist, der kann die Wehen durchleiden. Unsere christliche Hoffnung kann sich berufen auf die Taufe, auf das Ja Gottes zu uns, das er durchhält, wie er das Ja zu seinem Sohn durchgehalten hat. Luther hat darauf hingewiesen, daß beides in uns vereint ist, der alte Adam und der neue Mensch. Unser Zeugnis gegenüber der Welt kann nur sein, deutlich zu machen, daß der neue Mensch allein Zukunft hat. So gilt es für uns, von der Hoffnung zu reden und zu leben. Es gilt, Hoffnungszeichen zu entdecken und selbst Hoffnungszeichen zu setzen.

Möglicher Schluß

»Freunde, daß der Mandelzweig sich in Blüten wiegt, bleibe uns ein Fingerzeig, daß das Leben siegt«, dichtet Shalom Ben-Chorin gegen den Krieg und den Holocaust seines Volkes. Solch ein Lied ist ein Hoffnungszeichen. Ein anderes: Vor einiger Zeit hat in unserer Gemeinde eine Therapieeinrichtung für geistig behinderte Menschen ihre Arbeit aufgenommen. Die Menschen, die in der Nachbarschaft leben, haben nicht – wie anderen Orts – dagegen protestiert, sondern sie lernen, mit diesen Menschen zu leben, ihnen menschlich zu begegnen, wenn sie sie auf der Straße oder im Supermarkt treffen.

Zugegeben, das ist nur ein kleines Hoffnungszeichen – aber es ist da. Wo wir selbst solche Zeichen setzen, wird etwas sichtbar von der herrlichen Freiheit der Kinder Gottes, die nicht dem Tod, sondern dem Leben verpflichtet sind.

Kontexte

»O nein, o nein / ich hab mein Leben / nicht im Griff, / überhaupt nicht. / Eher umgekehrt: / ES hat MICH. Es: / das Leben jetzt / das Sterben einst, / und darin, hoff' ich / DU.«

Kurt Marti: »O Gott«, Radius-Verlag 1986

reisegepäck

in zwei großen koffern / und einer reisetasche / habe ich meine hoffnungen verstaut

ich sehe / daß sich viele / mit noch mehr gepäck / abmühen

den gepräckträger / der mir behilflich sein will / weise ich höflich / aber bestimmt ab: / meine hoffnungen / gebe ich nicht / aus der hand.«

M. Hausin bei D. Block (Hg.): Nichts und doch alles zu haben. Gedichte zum Thema Hoffnung. 1977

Bußtag

Predigttext: Römer 2,1–11

Henning Theurich

Theologisch-homiletische Skizze

1. Der früher von deutscher Obrigkeit in Zeiten der Gefahr dem ganzen Volk verordnete Bußtag (zuletzt am 5. August 1914 bei Kriegsbeginn!) hat es als jour fixe im November zwischen Volkstrauertag und Totensonntag schwer, evangelische »Freude der Buße« (J. Schniewind) aufkommen zu lassen. In der Tradition protestantischer Bußmentalität liegt an diesem Tag eine nur schwer greifbare Stimmung aus diffusem Schuldbewußtsein und unklarem Gefühl eigenen Ungenügens auf der gottesdienstlichen Gemeinde und ihrem Abendmahlsgang, während »das Volk« sich den unbegriffenen Feiertag lediglich noch als sozialen Besitzstand gefallen läßt. Wenn also heute nur die (anwesenden) Christen anzusprechen sind, dann dies – über sie hinaus – dem ursprünglich politischen Charakter des Tages entsprechend – mit dem Willen zur Verantwortung in der Gesellschaft und durchaus auch mit dem Aufweis sozialethischer Defizite. »In unserem Lande ist Umkehr angesagt«, meinte Erhard Eppler in aller Öffentlichkeit zum Schluß des Kirchentages 1991 im Blick auf das Verhältnis von West- und Ostdeutschen. Welche Umkehr am Bußtag 1992 konkret anzusagen ist, wird sich noch zeigen – auch ohne Rückgriff auf traditionelle Lasterkataloge und Beichtspiegel.

2. Dabei kann Röm 2,1–11 dafür sorgen, daß sich die Predigt nicht in überheblichem Besserwissen ergeht, wenn sie sich nicht mit ihrem Text das Urteil selbst sprechen will (Vers 1): Was psychologisch als allgegenwärtiger, unausweichlicher und nur schwer durchschaubarer Mechanismus der Übertragung wirkt, nämlich eigene Fehler mit Vorliebe bei anderen zu sehen und zu bekämpfen, das kann theologisch zur Einsicht in die Solidarität der Sünder (vgl. Mt 5,21–22; 7,1–5; Joh 8,7) vor Gott führen und zur Erfahrung seiner Güte; denn das Urteil dieses Richters (Weltgeschichte ist nicht Weltgericht!) ist »recht«, weil auch sein gerechter Zorn nicht gleichwertig neben seiner Liebe steht, sondern sie als Gemeinschaft stiftende qualifiziert, indem sie allem (un)menschlichen »Richtgeist« widersteht. Der einleuchtende und auch für unser Rechtsempfinden grundlegende Satz, daß es »kein Ansehen der Person vor Gott« gibt – wobei unbestritten ist, daß Gottes Gerechtigkeit sich gerade in der Akzeptanz der Person zeigt –, hat zur Kehrseite, daß es sehr wohl »ein Ansehen der Werke« gibt, die auch vor Gott nicht einfach gleichgültig sind. In diesem Sinn steht der Bußtag besonders gegen jede Form von Gleichgültigkeit, auch gegen die der Resignation, weil »Umkehr zum Leben« (Kirchentag Hannover 1983) angesagt bleibt.

Vorschläge zur Liturgie

Schuldbekenntnis (von mehreren im Wechsel zu sprechen)

Mein Gott,
meine Augen aufzuheben zu dir,

muß ich mich scheuen.
Denn Schuld lastet auf mir.
Was ich getan habe, war nicht gut.
Meine Werke stören deine Ordnung.
Ich habe keinen Frieden gestiftet.
Ich habe keine Liebe geübt.
Ich habe keine Tür geöffnet.
Ich habe kein Wort gesagt.
Ich habe keine Hand gerührt.
Ich habe keinen Schritt getan.
Ich habe keinen Einspruch erhoben.
Ich habe nicht nachgegeben.
Ich habe nicht verziehen.
Ich habe nicht gelacht.
Ich habe nicht getröstet.
Ich habe nicht versöhnt.
Ich habe nicht verbunden.
Ich habe nicht geschlichtet.
Ich habe geschwiegen.
Ich habe weggesehen.
Ich habe bagatellisiert.
Ich habe Ausreden.
Ich habe Alibis.
Ich habe Termine.
Ich habe Familie.
Ich habe Schuld.
Da ist sie.
Nimm sie weg, mein Gott, und tilge sie.
(aus: Gottesdienstgestaltung. Ein ökumenisches Werkbuch, [2]1987, 192)

Gebet im Anschluß an die Lesung Joh 8,1–11

Herr mein Gott
ich habe nicht mit Steinen geworfen
aber meine Worte trafen
gezielt und genau und verletzend
Ich habe sie nicht
zurückholen können

Herr mein Gott
ich habe nicht mit Steinen geworfen
aber meine Blicke trafen
überheblich und kalt und vernichtend
in der Verfolgung
meines Ziels

Herr mein Gott
ich habe nicht mit Steinen geworfen
aber meine Hände ballten sich
zur Faust in der Tasche
Die entgegengestreckte Hand
übersah ich

Herr mein Gott
ich habe nicht mit Steinen geworfen
aber ich bin stehengeblieben
habe meinen Standpunkt nicht verlassen
Den ersten Schritt
wagte ich nicht

Herr mein Gott
ermutige meine zögernden Schritte
Gib mir den offenen Blick
die angebotene Hand zu ergreifen
Öffne meinen Mund
zum verstehenden Wort
(Kurt Wolff, Der lange Atem. Oder das Wort beim Wort genommen, Texte, Predigten, Fürbittengebete, Neukirchener Verlag, Neukirchen-Vluyn 1984, 276).

Ruf zur Umkehr

Kehr um,
sonst bleibt alles beim alten!
Kehr um,
sonst ändert sich nichts!
Kehr um,
sonst entfernst du dich von dir!
Kehr um,
sonst siehst du alles
von der falschen Seite!
Kehr um,
sonst entgeht dir das Wichtigste!
Kehr um,
sonst bemerkst du nichts vom Ganzen!
Kehr um,
sonst bleibt dir Gott verborgen!
Kehr um,
sonst spielt sich alles hinter deinem Rücken ab!
(aus: Beten durch die Schallmauer. Impulse und Texte, ^{3}1986, 91)

Lied
Wach auf, wach auf, du deutsches Land (EKG 390)

Vorschläge zur Predigt

Möglicher Predigtanfang

Im vergangenen Jahr wurde der Mörder zweier Kinder zu lebenslanger Haft verurteilt. Als im Verhandlungssaal viele der Zuhörer das Urteil lautstark beklatschten, rief der Richter streng: »Dies ist keine öffentliche Veranstaltung zur Belustigung. Bei einer so ernsten Sache sollten Sie sich zurückhalten« (Rheinische Post, 5.7.1991).

Wieso zurückhalten? Darf sich denn die Entrüstung über ein so abscheuliches Verbrechen nicht wenigstens durch Beifall für ein gerechtes Urteil äußern? Warum rügt der Richter das Publikum für seine doch verständliche Reaktion? Sollte bei ihm vielleicht im Hintergrund noch eine Ahnung von dem sein, was Paulus meint: »Mit dem Gericht über den andern sprichst du dir selbst das Urteil; dasselbe machst ja du, der du richtest« (F. Stier)? Aber wehe dem Richter, wenn er es im Verhandlungssaal gewagt hätte, den Leuten dieses Pauluswort vorzuhalten. Ein Sturm der Entrüstung wäre gegen ihn losgegangen: »Wir lassen uns nicht mit Mördern gleichsetzen!« Und wären sie nicht zu Recht entrüstet, und wir mit ihnen!?

Liebe Gemeinde, noch aus meiner Schulzeit kenne ich eine Erzählung, die ich seitdem nicht vergessen konnte. Sie handelt von der Hinrichtung eines Muttermörders. Der Staatsanwalt selber wohnte der Hinrichtung auf dem Gefängnishof bei. Er berichtet:

»Die Tür öffnete sich, der Verurteilte kam heraus, im bloßen Kopf, mit rasiertem Nacken und ohne Kragen, die Hände auf den Rücken gebunden. Neben ihm ging auf der einen Seite ein Wärter in Uniform, auf der andern Seite der Gefängnisgeistliche, welcher laut betete. Der Angeklagte sah flüchtig nach uns hin und grüßte durch ein Kopfnicken; das Gebet des Geistlichen stockte, wir zogen verlegen unsere Zylinderhüte. Tiefer als alles andere, das nachher kam, wirkte auf mich diese alberne Situation des Grüßens, die niemand erwartet hatte. Ich fühlte, daß der Geistliche sein Gebet nur mechanisch sprach. Plötzlich zog der rasierte Nacken alle meine Aufmerksamkeit auf sich. Der Verbrecher ging mit raschen und großen Schritten zum Gerüst, seine beiden Begleiter mußten fast laufen. Vor der Treppe blieb er plötzlich stehen, die Gehilfen kamen herunter und ergriffen ihn. Ich zog das unterschriebene Urteil aus der Brusttasche und winkte dem Scharfrichter mit einem Blick zu; der Verbrecher fing den Blick auf, welchen der Scharfrichter zurücksendete. Plötzlich fing er an zu schreien: ›Mutter, Mutter, sie wollen mich morden, hilf mir, Mutter!‹ Uns allen zitterten die Knie; der junge Referendar, totenblaß, flüsterte: ›Er hat ja seine Mutter ermordet.‹ Sinnlos erwiderte ich flüsternd: ›Das weiß ich ja.‹ Das Geschrei des Mannes verstummte irgendwie, plötzlich hörten wir ganz laut die Stimme des Geistlichen, der in seiner Angst sein Gebet laut rief: ›Und so gehe ich denn, ich armer sündiger Mensch, und ich hoffe auf das Blut meines Herrn und Heilands ...‹ ›Mutter, Mu-‹, jammerte der Verurteilte,

indem er laut zähneklappernd schrie; er war festgebunden, das Beil fiel mit dumpfem Schlage nieder. – Ich hatte die Todesstrafe für den Hingerichteten beantragt, und ich war vor meinem Gewissen durchaus im Recht, denn der Mensch war der verabscheuungswürdigste Verbrecher gewesen ... Aber als er in seiner Verzweiflung schrie, nach der von ihm ermordeten Mutter, da spürte ich plötzlich im Herzen: er ist ich. Ich kann nichts weiter sagen als das: ich spürte, er ist ich.«
Später spricht der Staatsanwalt mit einem Psychologen über seine Empfindung: »Er ist ich«. Der antwortet ihm: »Ich habe dieselbe Empfindung, und ich glaube, jeder ehrliche Mensch muß zugeben, daß er sie hat. Wir kennen nichts von uns. Unsere Wissenschaft in diesen Dingen ist leere Scholastik. Was haben wir beide, die wir gute Menschen sind, mit diesem Burschen gemein? Scheinbar nichts, und in Wirklichkeit alles« (Paul Ernst [1866–1933]: Ein Muttermörder).

Zum weiteren Verlauf
Das unwillkürliche und im Grunde ja irrationale Gefühl: »er ist ich« führt uns auf eine Ebene, die »jenseits von Gut und Böse« liegt, weil auch berechtigte moralische Urteile das einfache Gefühl kreatürlicher Verbundenheit nicht ins Unrecht setzen können. Auch Paulus argumentiert auf dieser religiösen Ebene der Solidarität aller Kreaturen vor Gott, auf der kein Mensch dem andern etwas voraus hat. Es ist Gottes Güte, die uns auf diese Ebene führt und uns so umkehren läßt aus dem uns selbst gegenüber blinden »Richtgeist«, der die Wurzel vieler Übel in unserer Gesellschaft ist.

Möglicher Schluß
Aber ist es nicht gefährlich, so zu argumentieren? Kann es erlaubt sein, Täter und Opfer unterschiedslos auf eine Ebene zu stellen? Werden dabei Gut und Böse nicht gleichgültig? Wird dann nicht egal, was wir tun?
Im Gegenteil! Erst wenn unsere Taten davon frei sind, uns andauernd rechtfertigen zu müssen, weil wir vom moralischen Prüfstand einfach nicht runterkommen, erst dann bekommen sie wieder ihr eigenes Gewicht im Kampf gegen die Krankheit unserer Zeit: die Gleichgültigkeit.

Kontext

Eli Wiesel:
»Der Gegensatz von Liebe ist nicht Haß,
der Gegensatz von Hoffnung ist nicht Verzweiflung,
der Gegensatz von geistiger Gesundheit
und von gesundem Menschenverstand ist nicht Wahnsinn,
und der Gegensatz von Erinnerung heißt nicht Vergessen,
sondern es ist nichts anderes als jedes Mal
die Gleichgültigkeit.«

Gedenktag der Entschlafenen

Predigttext: 1. Korinther 15,35–38;42–44a

Martin Schindehütte

Theologisch-homiletische Skizze

Ein großer Teil der Gemeinde wird am Gedenktag der Entschlafenen in der trauernden Erinnerung an ihnen nahe Verstorbene zum Gottesdienst kommen. Wir haben es also mit einer Kasualgemeinde zu tun, die auf Trost und die Auseinandersetzung mit existentiellen Fragen von Leben und Tod hofft. Die im Text anklingenden Bilder vom Säen und Wachsen, vom natürlichen Werden und Vergehen spielen nach meinen Erfahrungen im Denken vieler Menschen eine große Rolle. Die Hörer werden also zu einem großen Teil von der Bildebene her unmittelbar angesprochen sein. In den wenigen verstreuten exegetischen Anmerkungen zu diesem Text in der Literatur wird häufig der Kontrast zwischen dieser Bildebene und der »eigentlichen« theologischen Absicht des Paulus betont. Paulus liege der moderne Entwicklungsgedanke zur Deutung natürlicher Prozesse ganz fern. Er betone gegen das von ihm selbst verwendete Bild vom Säen, Sterben und neu Wachsen den Bruch zwischen dem natürlichen und dem geistlichen Leib. Es gebe keinen Zusammenhang zwischen beiden. In einer creatio ex nihilo werde der geistliche Leib entsprechend der Auferweckung Jesu von Gott neu geschaffen. Diese theologische Grundfigur ist auch mir wichtig. Allerdings ist dann zu fragen, warum Paulus dieses Bild überhaupt verwendet, wenn es »eigentlich« gänzlich ungeeignet scheint.

Ich nehme beide Ebenen dieses Textes ernst und entdecke einen dialektischen Zusammenhang zwischen dem Bild des Wachsens des Neuen aus dem Sich-Opfern und Sterben des Alten und dem schöpferischen Akt des die Welt mit sich versöhnenden Gott. Gerade in dieser dialektischen Spannung bewegt sich menschliche Existenz zwischen eigener Leiblichkeit und eigener Verantwortung im geschichtlichen Prozeß auf der einen Seite und der Hoffnung auf die Verwandlung eben *dieses* Leibes in einer erlösenden Neuschöpfung zu Gott hin auf der anderen Seite. »*Leiblichkeit* und *Zukünftigkeit* der Vollendung sind für Paulus entscheidend. Er meint die *neue Schöpfung* Gottes, die kommt. Weil auch der erlösende Gott der Schöpfer bleibt, weil er in der ganzen Welt die Wunder seiner Werke sieht, weil Gott auch in der Auferstehung als der *Herr des Lebens* handelt, darum ist für Paulus der Schluß erlaubt und sinnvoll: Ist ein seelischer (irdischer) Leib, dann auch ein pneumatischer, ... Weil *geschaffen*, wird der Mensch *erlöst*, der *ganze* Mensch, nicht bloß eine ›Seele‹« (Heinz-Dietrich Wendland, NTD S. 134f.).

Homiletisch-seelsorgerliche Erwägungen bilden den Ausgangspunkt der Predigt. Die theologische Interpretation beschreibt das Ziel der Predigt: die Deutungsmuster der trauernden Predigthörer aufnehmen und in den tröstenden Zusammenhang der Botschaft von der verwandelnden Kraft des schöpferischen Erlösers stellen.

Vorschläge zur Liturgie

Gebet
Wir sehnen uns nach Leben, / gerade wenn Tod und Trauer uns drücken. / Zu dir wenden wir uns, / Herr, unser Gott.

Wieviel Traurigkeit ist da, / wenn wir an unsere Verstorbenen denken, / viele Tränen, viele zerstörte Hoffnungen. / Fragen, die keiner beantworten kann, / und Leid, das die Kräfte lähmt. / Und daneben Dankbarkeit für gemeinsam Erlebtes, / für empfangene Liebe und glückliche Tage. / Manchmal auch Erleichterung nach überstandenen Qualen.
Komm, Geist des Lebens, guter Gott, / tröste die Trauernden, / stärke alle, die wieder Fuß fassen wollen im Leben.

Mitten im Leben spüren wir den Tod: / wenn wir enttäuscht aneinander vorbeileben, / wenn wir verletzt sind und Versöhnung nicht gelingt, / wenn Lieblosigkeit, Haß und Vergeltung uns beherrschen.
Komm, Christus, Herr des Lebens, guter Gott, / laß uns auferstehen zur Liebe, die den anderen sucht, / und gib uns Mut zur Versöhnung.

Unsere Welt erstirbt an Feindschaft, an Gedankenlosigkeit, / daran, daß Menschen in hilfloser Angst einander bedrohen, / daß Feindseligkeiten sich vererben von einer Generation zur anderen, / daß Völker sich als Feinde begegnen.
Komm, Schöpfer des Lebens, guter Gott, / schaffe die guten Kräfte neu, die von Menschen zerstört sind, / damit wir in Frieden miteinander leben.

Gott, Vater, Sohn und Heiliger Geist, / trockne du die Tränen und beende das Leid, / das wir Menschen einander zufügen. Schaffe neu das Gesicht deiner Erde.
(Aus Agende I der Ev. Kirche von Kurhessen-Waldeck, Ergänzungen, 5.1.36)

Vorschläge zur Predigt

Möglicher Anfang
Den großen Theologen Karl Barth soll einmal eine Dame gefragt haben: »Werden wir unsere verstorbenen Lieben bei der Auferstehung auch wirklich wiedersehen?« »Ja, ganz gewiß!« soll er geantwortet haben, »aber die anderen auch!«
Nicht nur die Lieben also, liebe Gemeinde, die anderen, die Nicht-Lieben, eben auch. Karl Barth geht nachsichtiger um mit seiner Fragerin als der Apostel mit jenen, die ihn fragen könnten: »Wie werden die Toten auferstehen, und mit was für einem Leib werden sie kommen?« Narren nennt er sie, die offensichtlich über ihre eigenen Vorstellungen, die »Lieben«

eben, nicht hinausdenken können. Aber beide nehmen doch zugleich die Fragen nach der Auferstehung und dem, was dann sein wird, sehr ernst. Und in der Tat beschäftigen uns alle, uneingestanden oder ganz offen, diese Fragen. Das gilt natürlich ganz besonders an einem Tag wie heute, dem Gedenktag der Entschlafenen. Viele von uns sind in ihren Erinnerungen heute bei lieben Menschen, die sie verloren haben – kürzlich erst, in diesem vergangenen Jahr, oder vielleicht auch schon viele Jahre. Was sein wird nach dem Tode und ob und wie wir mit diesen Menschen verbunden sein werden, das sind uns tief bewegende Fragen.

Weiterer Verlauf

Entfaltung des Bildes: Vom Säen, »Sterben« des Samenkorns und neuem Wachsen.

Transfer des Bildes: Weiterleben in den Nachkommen, Aufopfern für eine große Idee, Begrenzung des eigenen Lebens um der kommenden Generationen willen.

Zerbrechen des Bildes: Leben nach dem Tode nicht einfach die Verlängerung und Idealisierung unserer Vorstellungen; keine Projektion in den Himmel, die die Leiden dieser Welt vergessen läßt. Unsere Bilder zerbrechen alle. Wir bleiben »Narren«. Gott schafft unser Leben und unsere Welt neu.

Dialektische Vermittlung von entfaltetem und zerbrochenem Bild: Paulus benutzt das gleiche Bild vom Leib für unser irdisches und himmlisches Leben. Es gibt einen Zusammenhang zwischen beiden: Der auferstandene Christus ist der am Kreuz gestorbene Jesus, der Mensch Gottes in unserer Leiblichkeit und Geschichte. Der Liebe Jesu, seinem Schalom, die historisch zu scheitern scheinen, tritt Gott zur Seite. Seine Vaterliebe hält zusammen, was für uns Menschen immer wieder auseinanderzufallen und zu scheitern scheint.

Transer für uns: Was wir tun und sind, woran wir glauben, wen wir lieben, wie wir handeln, erhält Bedeutung über unseren Tod hinaus. Nicht weil in uns Unsterbliches wäre, sondern weil wir von Gott als dieser je besondere Mensch geliebt werden. Denn wirkliche Liebe läßt dem Geliebten das je Eigene, Besondere, ja sogar das Fremde. So wird Gott in seinem Neuschaffen unser Personsein, unsere Individualität zu sich selbst vollenden. In dieser Liebe sind wir auch mit allen anderen verbunden, die wir lieben. In seiner Liebe begegnen wir denen, die von uns gegangen sind.

Möglicher Schluß

Der Prophet Jeremia hat Gott einmal mit einem Töpfer verglichen. Wie der Töpfer einen Tonkrug formt und ihm seine Schönheit und Funktion gibt, so schafft Gott sein Volk und alle Menschen. Wenn der Krug zerbricht, von jemandem oder sogar vom Töpfer selber zerschmettert wird, so bleibt nichts als tausend Scherben. Der Krug kann sich niemals selbst wieder zusammensetzen. Der Töpfer aber hat diesen Tonkrug mit seiner besonderen Form, seiner besonderen Schönheit und Farbe, seiner besonderen Aufgabe als schöpferischen Gedanken in sich, in seinem Kopf, seinem Herzen und seinen Händen. Er kann ihn erneut formen, so daß er so schön und vollendet wie je, ja vielleicht noch schöner wieder existiert. Freilich ist auch dies nur ein Bild, das zerbricht wie ein Tonkrug. Aber ich finde es ein tröstliches Bild: Jeder von uns ist ein liebevoller »Gedanke« Gottes. Er kann uns neu schaffen, jeden von uns. Er schafft nicht irgend etwas anderes, obwohl er auch das kann. Er schafft uns, seine geliebten Geschöpfe, und mit uns alles Geschaffene neu. Für mich ist das ein Gedanke, der mir hilft in Angst und Trauer. Ein Gedanke, in den ich mich bergen kann. Vielleicht hilft er auch Ihnen.

Kontexte

Der SA-Posten hatte schon aufgehört, sich über den Regen zu wundern. Er drehte sich plötzlich um, um uns bei etwas Verbotenem zu überraschen. Er brüllte los und verteilte gleich ein paar Strafen. Wir lagen zehn Minuten später auf den Pritschen. Das letzte Fünkchen im Ofen verglühte. Wir ahnten, was für Nächte uns bevorstanden. Die nasse Herbstkälte drang durch die Decken, durch unsere Hemden, durch die Haut. Wir fühlten alle, wie tief und furchtbar äußere Mächte in den Menschen eingreifen können, bis in sein Innerstes, aber wir fühlten auch, daß es im Innersten etwas gab, was unangreifbar war und unverletzbar.
(Letzter Absatz aus Anna Seghers Roman »Das siebte Kreuz«)

Man hat mir vielfach mit dem Tode gedroht. Als Christ muß ich Ihnen sagen, daß ich an einen Tod ohne Auferstehung nicht glaube. Wenn man mich tötet, werde ich im Volk von El Salvador wiederauferstehen. Das sage ich ohne die geringste Wichtigtuerei, sondern mit der größten Demut. Als Hirt bin ich durch ein göttliches Gebot verpflichtet, mein Leben für die zu geben, die ich liebe, und das sind alle Einwohner von El Salvador. Auch für die, die mich möglicherweise töten werden. Falls die Drohungen Wirklichkeit werden sollten, biete ich Gott heute schon mein Blut an – zur Erlösung von El Salvador. Das Martyrium ist eine Gnade Gottes, von der ich annehme, daß ich sie nicht verdiene. Aber wenn Gott das Opfer meines Lebens annimmt, dann soll mein Blut Samenkorn der Freiheit und Zeichen dafür sein, daß die Hoffnung bald Wirklichkeit wird. Mein Tod – sofern Gott ihn will – gereiche meinem Volk zur Befreiung und sei ein Zeugnis der Hoffnung auf die Zukunft. Sie können sagen: Wenn man mich umbringt, verzeihe ich denen, die das tun, und segne sie. Aber sie sollen wissen, daß sie ihre Zeit vertun: Ein Bischof, ja, der mag sterben, aber die Kirche Gottes, die das Volk ist, die wird nie untergehen.
(Arnulfo Romero, Erzbischof von El Salvador, zitiert nach: Taga zwischen Tod und Auferstehung, hrsg. von Horst Goldstein, Düsseldorf 1984, S. 134)

Die Auferstehung Jesu ist der Triumph derer, die entgegen jeder Hoffnung hoffen, derer, die glauben, ohne zu sehen, und derer, die das Unsichtbare lieben. Darum ist die Auferstehung die Konkretisierung des Gottesreiches unter den Menschen. Sie ist viel mehr als die Rückkehr eines Toten ins Leben; sie bedeutet die Erfüllung und Vollendung des menschichen Lebens in Gott.

Der Auferstandene war kein Sieger, der auf seine großen Triumphe zurückblickt, sondern ein Geschlagener; kein mächtiger, der nun seine Macht gesichert sieht, sondern ein Besiegter, der um Gottes willen und aus Liebe zu den Menschen, besonders den Ärmsten, gekreuzigt wurde. Aber Gott hat sich auf die Seite des Opfers gestellt.
Der Tote ist der Lebendige, der Geschlagene ist der Triumphierende. Gott hat durch die Auferstehung gezeigt, daß er das Alte neu machen, die Niederlage in den Sieg und den Tod ins Leben verwandeln kann. Daher verkündigen wir die Einheit des österlichen Ereignisses von Tod und Auferstehung als göttliches und menschliches Drama, in dem das Leiden, die Krise und der Tod eine Rolle spielen, die uns die Überraschung des neuen und siegreichen Lebens übermitteln.
Die Auferstehung erhellt den Sinn unseres Leidens. Sie ist die Antwort auf das Warum unserer Opfer und unseres Verzichtes. Sie deutet die Dunkelheit des Todes.
Im Genuß von so viel Leben und in der Freude über so viel Licht können wir sagen: Das Opfer lohnt sich, der Tod ist nicht mehr fürchterlich. Gepriesen seien sie!
(Leonardo Boff, zitiert nach: Tage zwischen Tod und Auferstehung, hrsg. v. Horst Goldstein, Düsseldorf 1984, S. 146)

Sotto voce

– als gält's,
vor Kirchenräten
ein obszönes Geständnis
zu machen –

gebe ich zu:

oft mag ich
das Wort von der
»Auferstehung des Fleisches«.

Ha! Wie verwirft
Freund I
seine Hände:

O Schnapsidee
verschrobener Mönche!

Dann eben,
nun gut:

doch ließ
mich die Schnapsidee
nie mehr
ganz los.

Um so mehr
bedrängt mich
Freund II:

Wie aber
und wo denn?

O Mann,
wenn ich
nur wüßte:

auch ich
vermag mir
nichts vorzustellen dabei.

Freund III
(ein Ireniker)
schlägt

Begriffserklärungen
vor:

Sagen wir nobler doch
»Auferstehung des Leibes«
oder noch besser vielleicht
»Auferstehung der Person« –

Da aber
und plötzlich
tauchen
vor meinem
Innenaug' auf:

die Frauen,
die Männer,
die Kinder,
blutig geschlagen
zu Krüppeln geschossen,
in Kerkern gefoltert
und
elend krepiert
oder
napalmverbrannt
oder strahlenverseucht:
zerfetztes,
gequältes,
betrogenes
Fleisch!

Und ich
frag' mich
und frage
die Freunde:

Verspricht »Auferstehung des
Fleisches«
am Ende vielleicht
den heiligen Zorn des verratenen
Schöpfers,
den Triumph des hingerichteten
Sohnes,
die Sehnsucht der exilierten
Geistin
nach einer Heimat endlich im
Fleisch?

(Kurt Marti, Ungrund Liebe, Klagen - Wünsche - Lieder, Radius-Verlag, Stuttgart 1987, 2. Aufl. 1989, S. 42ff.)

Der Toten gedenken

Morgenfeier
Christian Zippert

Orgelvorspiel »Wachet auf, ruft uns die Stimme« (H. F. Micheelsen)

Guten Tag, liebe Hörerinnen und Hörer. Aber – so fragen vielleicht einige von Ihnen – kann er denn gut werden, dieser traurige Tag? – »Totensonntag«: Viele meiden den alten Namen und sprechen lieber vom »Ewigkeitssonntag«. Ich finde ihn gut, den alten Namen, weil er deutlich ausspricht, worum es an diesem Sonntag gehen soll: um unsere Toten, um die Menschen, die der Tod uns genommen hat. Manche von uns wissen es, die meisten können es nur schwer glauben: Es ist gut für uns, an unsere Toten zu denken, auch wenn sie schon lange tot sind. Nicht ständig – das würde uns lähmen, an Vergangenes binden, aber immer wieder – das kann uns helfen, uns einen Weg in die Zukunft bahnen.

Vor einiger Zeit las ich auf einer Todesanzeige den Satz des Kirchenvaters Hieronymus: »Wir wollen nicht trauern, daß wir sie verloren haben, sondern dankbar sein dafür, daß wir sie gehabt haben, ja auch jetzt noch haben, denn wer heimkehrt zum Herrn, bleibt in der Gemeinschaft der Gottesfamilie und ist nur vorausgegangen.«

So schön das klingt: »Wir wollen nicht trauern« – ich bin damit nicht einverstanden. Wenn ich an meine eigenen Erfahrungen denke und an die Erfahrungen, die andere mit mir geteilt haben, dann muß ich sagen: Trauer hat ihr Recht und braucht ihre Zeit. Sie schließt Dankbarkeit nicht aus. Im Gegenteil: Sie macht uns überhaupt erst frei zur Dankbarkeit – trotz unserem Verlust. Und dann vielleicht auch zu der Hoffnung, mit denen, die wir verloren haben, verbunden zu bleiben und am Ende, nach allem, auf neue Weise mit ihnen verbunden zu sein.

Trauer, Dank, Hoffnung – eins nach dem andern, nicht alles auf einmal: So lehrt es uns die Erfahrung, so lehrt es uns auch die Bibel. Vor allem an den Psalmen kann man es lernen, daß die Trauer ihr Recht hat und ihre Zeit braucht. Und daß aus der Trauer der Dank erwachsen kann. Zum Beispiel am 103. Psalm, einem Loblied, in das die Klage einbricht:

> »Ein Mensch ist in seinem Leben wie Gras,
> er blüht wie eine Blume auf dem Felde;
> wenn der Wind darüber geht, so ist sie nicht mehr da,
> und ihre Stätte kennt sie nicht mehr.
> Die Gnade aber des Herrn währt von Ewigkeit zu Ewigkeit
> über denen, die ihn fürchten,

und seine Gerechtigkeit auf Kindeskind
bei denen, die seine Gebote halten,
daß sie danach tun.« (Psalm 103,15–18)

Mit einem schlichten »aber« geht die Trauer in den Dank über. Eine Vertonung dieser Sätze von Siegfried Reda macht deutlicher, was da geschieht, als das bloße Vorlesen.

»Ein Mensch ist in seinem Leben wie Gras« (S. Reda)

»Die Gnade des Herrn währt von Ewigkeit zu Ewigkeit«: Ein ruhiger, getroster und tröstender Satz. Eine Entdeckung, vielleicht erst nach langem Suchen. Wo läßt sich entdecken, daß die Gnade Gottes kein Ende hat, auch wenn der Tod seine schreckliche Macht erweist? Das Alte Testament sagt: In der Geschichte des Volkes Israel, auch in der Lebensgeschichte des einzelnen, von Eltern und Großeltern her, zu Kindern und Enkeln hin. Gott lohnt den Gehorsam – über den Tod hinaus – mit Segen; »seine Gerechtigkeit währt auf Kindeskind bei denen, die seine Gebote halten, daß sie danach tun«. Und bei denen, die seine Gebote nicht halten? In dem gleichen Psalm stehen die Worte.

»Barmherzig und gnädig ist der Herr,
geduldig und von großer Güte.
Er wird nicht für immer hadern
noch ewig zornig bleiben.
Er handelt nicht mit uns nach unsern Sünden
und vergilt uns nicht nach unsrer Missetat.
Denn so hoch der Himmel über der Erde ist,
läßt er seine Gnade walten über denen, die ihn fürchten.«
(Psalm 103,8–11)

Diesen Glauben, der schon im Alten Testament laut wird, sieht das Neue Testament in Jesus Christus begründet, in seinen Worten und Taten und dann noch einmal tiefer in seinem Tod und seiner Auferweckung von den Toten.

»Ich bin gewiß«, schreibt Paulus, »daß weder Tod noch Leben …
weder Gegenwärtiges noch Zukünftiges, weder Hohes noch Tiefes …
uns scheiden kann von der Liebe Gottes, die in Christus Jesus ist,
unserem Herrn« (Röm 8,38f.)

Wer in Jesus Christus die Liebe Gottes entdeckt und sich an ihr festhält, der lernt danken, auch wenn er trauert über den Tod eines Menschen, der ihm die Liebe Gottes anschaulich und begreifbar gemacht hat. Danken, daß er ihn gehabt hat, eine lange oder auch nur eine kurze Zeit. Und daß er ihn auch jetzt noch hat, daß er auf eine schwer beschreibbare Weise in Liebe mit ihm verbunden bleibt. Die Liebe hört ja nicht auf, wenn der Tod uns scheidet.

»Die Liebe hört niemals auf«, schreibt Paulus.
»Sie erträgt alles, sie glaubt alles, sie hofft alles,
sie duldet alles.« (1. Kor 13,7–8)

Alles – also auch den Tod eines geliebten Menschen! Sie duldet und erträgt ihn, so schwer ihr das fällt. Sie kann es, vorsichtiger gesagt: sie lernt es, weil sie glaubt, daß uns nichts scheiden kann von der Liebe Gottes – auch der Tod eines geliebten Menschen nicht. Und weil sie hofft, daß sich das zeigen wird – jetzt schon und dann am Ende erst recht.

So kann aus Trauer Dankbarkeit, aus Dankbarkeit Hoffnung erwachsen. Hoffnung, am Ende, nach allem, auf neue Weise mit dem geliebten Menschen verbunden zu sein. Aber wenn schon die Art und Weise der bleibenden Verbundenheit schwer zu beschreiben ist – die Art und Weise der darüber hinaus erhofften Verbundenheit ist es erst recht. Das letzte Buch der Bibel wagt es, sie zu beschreiben, in traumhaften Bildern:

»Ich sah einen neuen Himmel und eine neue Erde«, schreibt Johannes.
»Und ich sah die heilige Stadt, das neue Jerusalem, von Gott aus dem Himmel herabkommen …«

Was ist das für ein Sehen? – Und was für ein Hören, wenn er weiter schreibt:

»Ich hörte eine große Stimme von dem Thron her, die sprach: Siehe da, die Hütte Gottes bei den Menschen! Und er wird bei ihnen wohnen, und sie werden sein Volk sein, und er selbst, Gott mit ihnen, wird ihr Gott sein. Und Gott wird abwischen alle Tränen von ihren Augen, und der Tod wird nicht mehr sein, noch Leid noch Geschrei noch Schmerz wird mehr sein … Siehe, ich mache alles neu!« (Off 21,1–5)

Ist das ein Traum? Ist es die Wahrheit? Manchmal zeigen uns Träume die Wahrheit, andeutungsweise. Wenn das auch bei dem Traum des Johannes so wäre …? Ein Lied unseres Gesangbuchs nimmt ihn beim Wort: »Jerusalem, du hochgebaute Stadt, wollt Gott, ich wär in dir! Mein sehnlich Herz so groß Verlangen hat und ist nicht mehr bei mir …« Ich bin immer wieder Menschen begegnet, die in diesem Sinn nicht mehr »bei sich« waren, sondern bei denen, die ihnen der Tod genommen hatte. Wie hieß es in der Todesanzeige? »Wer heimkehrt zum Herrn, bleibt in der Gemeinschaft der Gottesfamilie und ist nur vorausgegangen.« Ich möchte so reden und singen, so hoffen lernen …

»Jerusalem, du hochgebaute Stadt« (320,1)

Die Hoffnung, die aus diesem Lied spricht, läßt sich nur schrittweise lernen: Trauer, Dank, Hoffnung – eins nach dem anderen, immer wieder, nicht alles auf einmal. So lehrt es uns die Bibel, so lehrt es uns auch die eigene Erfahrung. Ich will es möglichst persönlich sagen:

Ich denke heute vor allem an meine Eltern. Sie sind schon lange tot, mein Vater über 30, meine Mutter über 20 Jahre. Ich bin noch immer traurig, wenn ich an sie denke. Natürlich nicht mehr so, wie unmittelbar nach ihrem Tod. Da war meine Trauer ein wirres Gemisch: Erschrecken, Ohnmachtsgefühle, Angst, wie es weitergeht, Selbstmitleid, Schuldbewußtsein und was noch alles. Ja, auch ein Gefühl von Erleichterung war dabei: Ich konnte freier meinen eigenen Weg gehen. Deshalb brauchte ich sie oder auch Gott nicht anzuklagen: Warum hast du mich verlassen? – wie ich es von der ersten Trauer verlassener Ehepartner kenne. Aber auch ohne dies war es schlimm genug, so schlimm, daß ich die Trauer unterdrücken, mich von ihr ablenken und irgendwie zerstreuen mußte.

Aber sie kam wieder, immer wieder – jahrelang, nun schon jahrzehntelang. Immer wieder auf andere Weise, auch in Gestalt von Vorwürfen und Anklagen, nicht nur von Selbstvorwürfen und Selbstanklagen ... Sie mußte aus mir heraus, die Trauer. Es war gut, daß es Menschen gab, denen ich von meinen Eltern erzählen konnte. Manchmal waren es Menschen, die selbst Schwierigkeiten mit ihren Eltern hatten, ob sie nun noch lebten oder schon gestorben waren. Bei diesem Erzählen oder auch beim einsamen Nachdenken klärten sich meine Erinnerungen. Das Dunkle, das Bedrückende und Unerfreuliche setzte sich, wenn ich es lange genug angeschaut hatte; das Erfreuliche, Befreiende und Helle trat immer deutlicher hervor. Ich lernte, Gutes und Ungutes zu unterscheiden, für das Gute dankbar zu sein und das Ungute – nein, nicht zu vergessen, sondern zu verstehen. Mein Glaube hat mir dabei geholfen: »Barmherzig und gnädig ist der Herr, geduldig und von großer Güte ...« Heute denke ich gern an meine Eltern. Ich bin froh, daß ich sie gehabt habe und jetzt noch habe. Das Gespräch mit ihnen geht weiter, auch wenn sie auf meine Fragen keine Antwort geben. Ich bin auf eine schwer beschreibbare Weise mit ihnen verbunden, in Liebe.

Und ich hoffe, am Ende, nach allem auf neue Weise mit ihnen verbunden zu sein. Ich finde es seltsam, wenn ich auf alten Grabsteinen lese: »Auf Wiedersehen«. Aber ich kann auch nicht wie andere sagen: Meine Eltern sind »für immer von mir gegangen« oder so ähnlich. Ich denke an das Gespräch, das Jesus mit den Sadduzäern geführt hat, die nicht an die Auferstehung der Toten glaubten. Sie wollen ihn in Verlegenheit bringen mit der Geschichte von einer Frau, die siebenmal verheiratet war (Mk 12,18ff.).

> Sie fragen ihn: »Wessen Frau wird sie sein nach der Auferstehung?«
> Jesus antwortet: »Ihr kennt weder die Schrift noch die Kraft Gottes. Wenn sie von den Toten auferstehen, so werden sie weder heiraten noch sich heiraten lassen, sondern sie sind wie die Engel im Himmel.«

Also Vorsicht mit dem voreiligen »Auf Wiedersehen!« Aber damit ist Jesus noch nicht am Ziel. Er erinnert die Schriftgelehrten daran, daß geschrieben steht:

> »Ich bin der Gott Abrahams und der Gott Isaaks und der Gott Jakobs.«
> Und fügt hinzu: »Gott ist nicht ein Gott der Toten, sondern der Lebenden. Ihr irrt sehr.«

Also auch nicht: »Hin ist hin und tot ist tot.« So kann nicht reden, wer an Gott glaubt. Aber wie kann ich reden, ohne den Mund zu voll zu nehmen?

Ich begnüge mich mit dem Satz: Ich hoffe, am Ende, nach allem auf neue Weise mit meinen Eltern verbunden zu sein. Und mit den anderen, die mir der Tod nehmen wird, auch. Ich weiß nicht, wie. Aber ich glaube es, weil ich an Gott glaube, der »nicht ein Gott der Toten, sondern der Lebenden« ist, wie Jesus sagt. Vor einigen Tagen fand ich ein Gedicht, das – ohne von Gott zu sprechen – in diese Richtung weist. Seine Überschrift: »Grabspruch«. Es steht nicht dabei, an wen es sich richtet – jedenfalls an einen geliebten Menschen:

»Je länger du dort bist,
Umso mehr bist du hier,
Je weiter du fort bist,
umso näher bei mir.

Du wirst mir notwendiger,
Als das tägliche Brot ist –
Du wirst lebendiger,
Je länger du tot bist!«

(Börries von Münchhausen)

Erstaunliche Worte! Aber es gibt diese Erfahrung, auch außerhalb unseres Glaubens. Damit mir der Glaube nicht verlorengeht, wenn mich die Trauer überfällt, versuche ich weiter, die Worte des Alten und Neuen Testaments nachzusprechen. Und – das hilft manchmal noch weiter – die Lieder des Gesangbuchs nachzusingen. Ich habe sie noch lang nicht begriffen. Ich möchte sie aber gern begreifen, bevor ich – früher oder später – den gleichen Weg geh, den meine Eltern und Großeltern gegangen sind. Ich möchte doch nicht ohne Hoffnung sterben.

»Wenn dann zuletzt ich angelanget bin« (320,6f.)

Solche Hoffnung – ich sage es noch einmal – läßt sich nur langsam lernen, Schritt für Schritt, gegen äußere und innere Widerstände. Ich weiß keine bessere Hilfe als die Erinnerung an die Toten, an »meine« Toten. Wenn ich an sie denke, lerne ich hoffen – über den Tod hinaus, genauer: durch den Tod hindurch. Deshalb meine ich: Es ist gut für uns, an unsere Toten zu denken.

Aber – so frage ich zum Schluß: Kann es nicht auch gefährlich werden, an die Toten zu denken? Zieht es nicht zu viel Kraft von der nötigen Mühe um die Lebenden ab? Ich denke: Das kann sein, wenn es im Übermaß geschieht, es muß aber nicht sein. Es geht ja hier wie da um die gleiche Liebe. Und an unserer Liebe zu den Toten zeigt sich, was unsere Liebe zu den Lebenden wert ist.

Diese Erkenntnis verdanke ich dem dänischen Theologen Sören Kierkegaard. Er hat ein Buch über »der Liebe Tun« geschrieben und darin ein Kapitel über »der Liebe Tun, eines Verstorbenen zu gedenken«. Er schreibt:

> »Wahrlich willst du dich dessen recht vergewissern, was in dir oder einem anderen Menschen an Liebe ist, so achte darauf, wie er sich zu einem Verstorbenen verhält.«

Dann beschreibt er, wie uneigennützig, wie frei und wie treu die Liebe zu einem Verstorbenen sein kann. Der Verstorbene kann die Liebe ja nicht erwidern, er kann sie uns nicht abnötigen, er kann sich nicht dagegen wehren, daß wir ihn vergessen, er ist ganz auf unsere Treue angewiesen. Ich lese:

»So ist nun der Liebe Tun, eines Verstorbenen zu gedenken, ein Tun der uneigennützigsten, der freiesten, der treuesten Liebe. So gehe denn hin und tue gleich also; gedenke des Verstorbenen, und lerne eben dadurch, die Lebenden uneigennützig, frei, treulich zu lieben.«

In diesem Sinne wünsche ich Ihnen, liebe Hörerinnen und Hörer, ganz ernst gemeint einen guten Totensonntag. Er mag nicht ohne Trauer vorübergehen, aber: Aus Trauer kann Dank erwachsen und aus Dank Hoffnung – auf einem langen Weg, bis wir selbst am Ziel sind und schauen, was wir zu glauben gelernt haben.

»Gloria sei dir gesungen« (121,3)

Letzter Sonntag des Kirchenjahres

Predigttext: Offenbarung 21,1–7

Klaus Reblin

Theologisch-homiletische Skizze

In meinem Arbeitsauftrag steht, ich solle eine »Ausarbeitung für den Ewigkeitssonntag« schreiben. Das ist eine klare Sache. Indessen, meine Gemeinde – auch die Menschen, die nur »aus gegebenem Anlaß« am letzten Sonntag des Kirchenjahres zum Gottesdienst kommen – denkt anders. Jedenfalls redet sie anders und läßt sich ihre eigene Sprachregelung auch nicht austreiben. Für sie heißt der Sonntag »Totensonntag«, Theologie hin, Theologie her. Denn das ist für sie der Sinn dieses Tages (und der Feiertage davor): Die Gräber versorgen. Den Toten noch etwas Gutes tun. Der Toten gedenken. Noch einmal alle ihre Namen hören. Sich den Erinnerungen stellen, den schönen und den schmerzlichen auch. Selbst die Kinder fragen an diesem Tag nach den Toten. »Sie schlafen unten, und wir halten sie warm.« Mit Gestecken und Kränzen und brennenden Kerzen. Für das eigene Leben wird der Tod nicht bedacht. Aber was ist mit den Toten? Auflösung, Verwesung, was denn sonst? Und das andere: der Geist, die Seele, das Weiterleben, der Himmel, so wie der Pfarrer sagt. Kann ich mich als Prediger dieser Bewußtseinslage der Menschen entziehen? Wohl kaum. Und ich weiß nicht einmal, ob ich es wollte, wenn ich es könnte. Ich warte schließlich an diesem Sonntag selbst auf Menschen, mit denen mich konkrete Erlebnisse mit dem Sterben verbinden: Gespräche mit Tränen, mit Schweigen, mit Bitterkeit oft, auch heitere Gespräche mit herzlichem Lachen. Begegnungen am Grab und danach. Ohnmachtsgefühle. Aber auch: daß Worte manchmal durchaus Brücken bauen können. Und dies: »Machen Sie's kurz, Herr Pastor, bitte ganz kurz!« Und die Information eines Bestattungsunternehmers auf dem Rückweg vom Grab zur Halle: In Hamburg werde nur noch für ein Viertel der Verstorbenen eine – kirchliche oder »freie« – Trauerfeier gewünscht, fünfundsiebzig Prozent dagegen würden nur noch »entsorgt«.

Was also soll ich predigen? Mehr »Totensonntag« oder mehr »Ewigkeitssonntag«? Ich weiß natürlich, daß beides zusammengehört. Und doch ist die Frage nach dem Schwergewicht wichtig. Ich denke, ich werde mich für die Auseinandersetzung mit der Todesfrage entscheiden, wohl wissend, daß diese nur sachgemäß erörtert werden kann, wenn sie aufgerissen wird für den Blick in die Weite dessen, was wir »Ewigkeit« nennen und was das letzte Kapitel der Bibel in den Bildern von der neuen Stadt und von der Hochzeit, vom neuen Himmel und der neuen, vom Meer (Genesis 1 und 7) nicht mehr bedrohten Erde malt. Ich entscheide mich für diese Akzentuierung, weil Sterben und Tod die großen Ratlosigkeiten des Menschen sind, der den Tod einerseits verdrängt und gleichzeitig in einer Art Haßliebe davon fasziniert ist wie nie zuvor. »Der Tod wird nicht mehr sein«, verheißt die Apokalypse. Aber wie läßt sich mit dem Tode leben, solange er noch ist und das Leben infiziert? Die eschatologische Überwindung des Todes ist eine wichtige Hoffnung. Aber wie kommen wir – jenseits von Verdrängung und heimlich-öffentlicher Bewunderung – zu größerer Gelassenheit und Nüchternheit gegenüber dieser letzten Bedrohung? Ich denke, diesen Fragen müßten wir standhalten. Frühere Generationen sahen ihren eigentlichen Ort,

ihre Heimat im »Himmel«, was auch immer sie darunter verstanden und wo auch immer sie ihn lokalisierten. Wir dagegen sind durch und durch diesseitige Wesen geworden, nicht heimatlos, nicht unbehaust, aber diesseitig. Niemand hat dies klarer und schärfer formuliert als Albert Camus in »Hochzeit des Lichts«:
»Wenn es eine Sünde gegen das Leben gibt, so besteht sie vielleicht nicht so sehr darin, an ihm zu verzweifeln, als darin, auf ein anderes Leben zu hoffen und sich der unerbittlichen Größe dieses Lebens zu entziehen ... Aus der Büchse der Pandora, in der alle Übel der leidenden Menschheit wimmelten, ließen die Griechen als letztes und schrecklichstes die Hoffnung schlüpfen. Ich kenne kein erschütternderes Symbol. Denn hoffen heißt zuletzt entsagen, wenn man auch das Gegenteil zu glauben pflegt! Und leben heißt: nicht entsagen!« (Literarische Essays, S. 107 f.)
Wie läßt sich angesichts einer solchen – bewußten oder auch nicht bewußten, aber praktizierten – Grundeinstellung christliche Lebenshoffnung predigen? Leben ist sicher nur dann ganz und reif, wenn es den Tod in sich aufgenommen hat. Aber ist Tod die Vollendung, das Ziel des Lebens? Ich finde es befreiend, was Luther dereinst zur Sache sagte: »Ein Christenmensch lebt nicht in sich selbst, sondern in Christus und in seinem Nächsten, in Christus durch den Glauben, im Nächsten durch die Liebe. Durch den Glauben fährt er über sich in Gott, aus Gott fährt er wieder unter sich durch die Liebe und bleibt doch immer in Gott und göttlicher Liebe.«
Christliches Lebensgefühl und Auferstehungsdenken hat sich in der Tradition oft eine Blöße gegeben, als es das Leben, das in Wahrheit eine Einheit ist, dividierte und irdisches und ewiges Leben gegeneinander ausspielte. Dadurch haben wir dem Atheismus seine Polemik leicht gemacht. Sehr viel schwerer dürfte sie ihm werden, wenn wir das ursprüngliche christliche Lebensverständnis zurückgewönnen, das nicht dividiert, sondern integriert. Michael Quoist hat es einmal in einem seiner schönsten Gebete so formuliert:

»Als ob es die Toten gäbe!
Herr, es gibt keine Toten,
es gibt nur Lebende, auf unserer Erde und im Jenseits.
Herr, den Tod gibt es,
aber er ist nur ein Moment,
ein Augenblick, eine Sekunde, ein Schritt,
der Schritt vom Vorläufigen ins Endgültige,
der Schritt vom Zeitlichen ins Ewige.«

Vorschläge zur Liturgie

Als *Introitus-Psalm* ist Psalm 126 vorgesehen. Zum Predigttext paßt indessen Psalm 122 noch besser.

Zu Kyrie und Gloria lese ich, um einen Bezugsrahmen herzustellen, in der Regel einen kurzen, meist weltlichen Text. So bietet sich vor dem Kyrie dieser Vers aus einem Gedicht von Mascha Kaleko an:

Vor meinem eignen Tod ist mir nicht bang,
nur vor dem Tode derer, die mir nah sind.
Wie soll ich leben, wenn sie nicht mehr da sind?
Bedenkt, den eignen Tod, den stirbt man nur,
doch mit dem Tod der andern muß man leben.

Vor dem Gloria lese ich das folgende Gedicht von Marie Luise Kaschnitz:

Die Mutigen wissen,
daß sie nicht auferstehen,
daß kein Fleisch um sie wächst
am jüngsten Morgen,
daß sie nichs mehr erinnern,
niemandem wiederbegegnen,
daß nichts ihrer wartet,
keine Seligkeit,
keine Folter.
Ich
bin nicht mutig.

Als *Evangelienlesung* ist Matthäus 25,1–13 unverzichtbar.

Kollektengebet
»Ewiger, guter Gott, du hast durch Jesus Christus eine neue Welt begonnen, in der Gerechtigkeit und Liebe herrschen. Nimm uns mit unserem Leben hinein in das Kommen deines Reiches. Dir sei Ehre in Ewigkeit.«

Zur Fürbitte
Hier sei auf ein sehr schönes Gebet in dem Band »Neue Kasualgebete« von Zippert/Frank, Gütersloh 1985, Seite 121 hingewiesen, das für den Gebrauch im Gottesdienst nur an wenigen Stellen geringfügig abgeändert werden muß.

Lieder
EKG 120 bis 123, 320, aber auch die Osterlieder.

Vorschläge zur Predigt

Möglicher Predigtanfang
Totensonntag, Ewigkeitssonntag – das ist für mich der Sonntag mit den weiten Ausblicken, der Sonntag, der alle Grenzen und Horizonte sprengt: neuer Himmel und neue Erde, himmlisches Jerusalem, das sind die Bilder, die die Apokalypse, das letzte Buch der Bibel, gebraucht, um uns vor Augen zu führen, was auf uns wartet. Auf den ersten Blick sind es Bilder in einer ungreifbaren Ferne, unendlich schön, aber auch sehr unwirklich. Aber wenn ich die Augen schließe und mich hineinträume in diese Bilder, dann beginnen sie plötzlich, sich zu bewegen. Dann kommen sie näher, und es ist, wie wenn ich in einer sternklaren Nacht auf einem hohen Berg stehe: tief unter mir die Dörfer und Städte mit den Lichtern der Menschen, und über mir die Lichter des Himmels, unvermittelt nah. Ich wende mich in die

vier Richtungen des Himmels, und an allen Seiten, an allen Ecken und Enden leuchten die Sterne – und als breiter Strom ergießt sich die Milchstraße über den Horizont, wie Glas oder Silber. Und die Gestirne tropfen wie Perlen aus der Nacht, und die Sternbilder sind wie Tore. Und ich: mitten darin.

Neuer Himmel, neue Erde, himmlisches Jerusalem – ist das nur ein Nachttraum, der verschwimmt und vergeht, wenn das Licht des Tages wieder scheint? Ich denke, wenn einer die Apokalypse einmal von Anfang an, Kapitel für Kapitel liest, sie wirklich durchwandert, durch alle Tiefen und Irrgärten der menschlichen Geschichte, wie sie da beschrieben werden, durch alle Plagen und Nöte, durch Stürme, Gerichte und Tode – wenn er dieses Buch Zeile für Zeile studiert, mit seinen Bildern für alle Krisen und Katastrophen, die je über die Menschen hereinbrachen, dann wird er das letzte Kapitel der Apokalypse vom neuen Himmel und der neuen Erde nicht mehr als vergänglichen, vergeblichen Traum empfinden, sondern als lebensnotwendige Erlösung: nach soviel Höllen endlich der Himmel, nach soviel Leid und Tränen endlich befreites Lachen und nicht mehr endende Freude.

Und ich wünschte, uns passierte am heutigen Toten- und Ewigkeitssonntag ähnliches. An diesem Sonntag ist es meine vornehmste Aufgabe, Euch die Auferstehung zu predigen, Gottes ewiges Leben: »Der Tod wird nicht mehr sein«, steht in der Apokalypse, und: »Siehe, ich mache alles neu!« Auch das sind Bilder, unsäglich weit von uns entfernt, unvorstellbar, unglaublich. Aber vielleicht begreifen wir, wovon die Rede ist, wenn wir – wie beim Lesen der Apokalypse – noch einmal die Wege gehen, die wir im vergangenen Jahr gegangen sind …

Zum weiteren Verlauf

An dieser Stelle haben nun die Begegnungen des Predigers mit Kranken, Sterbenden und Hinterbliebenen im letzten Jahr ihren Ort: miterlebte Schmerzen, Hader, Zweifel und Verzweiflung, Sterben, Verstummen, Tränen – aber auch Aufatmen nach Jahren dauernder Enttäuschungen, nach Jahren der Knechtschaft. Und dann die Leiden, die den Prediger und seine Hörer nicht unmittelbar berührten, das Erschrecken über Ereignisse, die andernorts geschahen. Und das Eingeständnis von Teilnahmslosigkeit und Gleichgültigkeit, auch der Unfähigkeit zu trauern, weil zu viele Leiden über Menschen hereinbrachen.

Auf diesem Hintergrund wäre dann zu entfalten, was die Apokalypse unter einer neuen Schöpfung versteht, unter einem neuen Himmel und einer neuen Erde: nichts Statisches, Abgeschlossenes, sondern etwas sehr Dynamisches, Offenes. Der neue Himmel, das neue Jerusalem bewegt sich auf uns zu, so wie der große Radleuchter in der Pfalzkapelle des Aachener Domes mit seinen »Mauern« und »Toren«, seinen Türmchen und Zinnen und mit den unzähligen brennenden Kerzen darauf als Symbol des himmli-

schen Jerusalem im Mittelalter in der Weihnachtsnacht aus dem Gewölbe heruntergelassen wurde, bis er unmittelbar über dem Altar hing: Nicht wir müssen aufsteigen zu Gott, sondern Gott kommt mit seiner Stadt herunter zu uns, zu seinem irritierten, zweifelnden, trostbedürftigen Volk, um es menschlich zu machen, kommunikationsfähig, brüderlich-schwesterlich, um ihm Leben zu geben, ungeteiltes, unteilbares Leben: »Herr, es gibt keine Toten, es gibt nur Lebende, auf unserer Erde und im Jenseits.«
Gottes Stadt auf dem Weg hinab in die Städte der Menschen. Dieser Weg ist wohl kaum zu verstehen ohne Rekapitulation des Weges Christi, auch von oben nach unten, vom Leben in der Gegenwart Gottes hinunter in den Tod, der nun ausgespielt hat: er »wird nicht mehr sein«.

Möglicher Predigtschluß
Was ist das letzte Ziel dieser großen Bewegung von oben nach unten, dieser kosmischen Revolution? Dies: Gott wird bei ihnen, bei uns wohnen. Dies und nur dies: Gott bei uns, untrennbar, auf immer und ewig. Wir Menschen müssen einander irgendwann loslassen, müssen Abschied von einander nehmen. Den letzten Weg geht jeder allein. Gott bleibt. Gott läßt sich nicht von uns trennen. Er hält uns fest in seinen Schöpferhänden, um uns noch einmal neu zu schaffen, neu wie am ersten Tag, uns, die Unseren, alle Lebenden und Toten.
Das ist Totensonntag: Nicht nur der Toten trauernd gedenken, sondern die Zukunft sehen, die Ewigkeit, den letzten Tag der Welt und ihren ersten, an dem der Tod nicht mehr sein wird, ebensowenig wie Leid und Geschrei und Schmerz. Den Tag, der nur einen Morgen und keinen Abend hat, an dem die Lichter der Welt verlöschen und Gott scheint.

Kontexte
Bei meiner Arbeit an dieser homiletischen Hilfe bin ich auf zwei Predigten gestoßen, die des Lesens wert sind: einmal eine von Peter Kreyssig in seinem Predigtband »Bürgernähe« und zum anderen eine meisterliche von Hartmut Sierig in seinem Sammelband »Don Quixote und der Menschensohn«.
Sodann sei auf die Bibelarbeiten über Apokalypse 21 während des Deutschen Evangelischen Kirchentages in Nürnberg 1979 hingewiesen, und – nicht zu vergessen – auf Kurt Martis »Leichenreden« sowie auf die Gedichte von Marie Luise Kaschnitz zu den Themen Auferstehung, neues Leben, Diesseits und Jenseits.
Zum weiteren Nachdenken kann sicher auch ein Gedicht von Michael Groißmeier »Die Auferstehung der Toten« anregen:

Ich denke mir einen Ort,
belebe ihn mit meinen Abgeschiedenen,
sehe, wie sie mir zulächeln,
sich mir nähern.
Ich kann sie berühren.

Ich glaube
an die Auferstehung der Toten.
Sollte sie Gott nicht möglich sein,
wenn sie sogar mir gelingt?

Schließlich noch ein Auszug aus einer Predigt, die ich in Band IV der »Texte der Kirchenväter«, S. 518 f. fand, Reflexionen von Petrus Chrysologus, geschrieben im 2. Viertel des 5. Jahrhunderts:
»Es hat nicht nur vergebens geglaubt, sondern auch vergebens gelebt, wer sich nur dafür geboren glaubt, daß er untergehe. Mensch, was geht dir auf, das nicht auch wieder untergeht? Und was erhebt sich nicht für dich, das dir untergegangen ist? Der Tag steigt am Morgen auf und wird am Abend in die Nacht begraben, und am Morgen erhebt er sich wieder. Die Sonne wird täglich neu geboren, täglich stirbt sie und täglich ersteht sie wieder neu. Die Zeiten gehen unter, indem sie vorüberziehen, und leben wieder auf, indem sie wiederkehren. So auch die Samenkörner: Sie keimen, wachsen, sprossen empor, blühen herrlich auf, altern, fallen ab und sterben dahin. Und wiederum kehren sie, begraben in der lebenspendenden Furche, aufgelöst durch die Fäulnis, aus dem heilbringenden Tod zum Leben zurück. Aus ihrer Verwesung erheben sie sich in unvergänglicher Gestalt. Wenn nun die Stimme Gottes ... Tag für Tag, Monat für Monat, Zeit für Zeit, Jahr für Jahr dies alles herauf- und zurückruft, ins Dasein setzt und wieder ins Nichts, dem Tod überliefert und dem Leben wiedergibt – warum sollte er das, was er in allen Dingen immer tut, nicht einmal in uns vollbringen können? Mensch, wenn deinetwegen dies alles aus dem Tod wieder auflebt: warum solltest du nicht für Gott wieder aus dem Tod aufleben? Oder geht nur in dir allein Gottes Schöpfung verloren, um dessentwillen doch täglich die ganze Schöpfung besteht, sich bewegt, sich ändert und erneuert?«

Für diesen Band arbeiteten

Pfarrer Eschel Alpermann, Heidelberg. Pfarrer Heinz Behrends, Hannover. Pfarrer Willy Beppler, Eltville. Superintendent Theodor Bohlen, Hannover. Pfarrer Gottfried Brezger, Berlin. Professor Dr. Karl-Fritz Daiber, Hannover. Pfarrer Klaus Eulenberger, Hamburg. Pfarrer Manfred Günther, Mücke. Dekan i.R. Wolf-Dietrich Hardung, Tübingen. Pfarrer Hans-Jürgen Kant, Röcken. Pfarrerin Simone Kant, Röcken. Pfarrer Dr. Wolfgang Lipp, Ulm. Pfarrer Dr. Wolfgang Lück, Darmstadt. Pfarrer Michael Popke, Berlin. Pfarrer Joachim Puttkammer, Greifswald. Pfarrer Dr. Klaus Reblin, Hamburg. Pfarrer Christian Schad, Weingarten. Pfarrer Klaus Schimpf, Berlin. Pfarrer Martin Schindehütte, Hofgeismar. Dekan Johannes Seiß, Bamberg. Pfarrer Helmut Siegel, Hildesheim. Pfarrer Harald Storz, Cuxhaven. Pfarrer Jobst von Stuckrad-Barre, Göttingen. Pfarrer Dr. Henning Theurich, Haan. Pfarrer Dietrich Zeilinger, Neckargemünd. Propst Prof. Dr. Christian Zippert, Marburg.